国家自然科学基金项目（71771218、71971220、71901093）

长大货物联合运输

CHANGDA HUOWU LIANHE YUNSHU

张英贵　著

中南大学出版社
www.csupress.com.cn
·长沙·

图书在版编目(CIP)数据

长大货物联合运输／张英贵著. —长沙：中南大学
出版社，2021.6

ISBN 978-7-5487-4410-8

Ⅰ．①长… Ⅱ．①张… Ⅲ．①长大货物运输
Ⅳ．①U

中国版本图书馆 CIP 数据核字(2021)第 072325 号

长大货物联合运输·
CHANGDA HUOWU LIANHE YUNSHU

张英贵 著

□责任编辑	胡小锋	
□责任印制	唐　曦	
□出版发行	中南大学出版社	
	社址：长沙市麓山南路	邮编：410083
	发行科电话：0731-88876770	传真：0731-88710482
□印　　装	长沙印通印刷有限公司	

□开　　本	710 mm×1000 mm 1/16　□印张 15　□字数 301 千字	
□版　　次	2021 年 6 月第 1 版　□2021 年 6 月第 1 次印刷	
□书　　号	ISBN 978-7-5487-4410-8	
□定　　价	88.00 元	

前 言

　　公路大件货物、铁路超限超重货物、水路重大件货物统称为长大货物，具有笨重、长大和价格昂贵等特征，多数是工农业生产和军用的大型设备，对保障国家重点工程和国防建设需要、促进国民经济又好又快发展具有重要意义，常采用公路、铁路和水路运输来实现货物位移。公路运输具有相对完善的路网体系，因开放的运输环境致其安全性相对较差，运输成本高；铁路运输成本较低，因严格的限界制约致其可通行的长大货物品类较少，运输时效性较差；水路运输成本最低，因有限的航道资源致其运输可达性较差；长大货物联运可以充分发挥公路、铁路和水路交通的优势，已逐步成为长大货物运输的主要方式。

　　首先，长大货物联运是一种高风险运输。长大货物联运环节众多、影响因素复杂易变，任何一个环节或因素考虑不周，均可能造成一些无法预期的严重后果。长大货物的复杂性、装载工具的多样性和联运环境的不可控性，致使长大货物通过某些路段时，受装运工具的转向架层数、导向选取、销距长度、曲线半径和风浪等因素影响，致使外轮廓增大，尤其是受铁路桥隧与信号设备、公路限高限宽、水路净空高度等因素制约，部分长大货物无法顺利通行小限界路段，造成限速、绕道甚至不能安全通过。

　　其次，长大货物联运是一种挑战极限的高成本运输。长大货物联运是一种超国家标准建筑限界的运输，其装载配载、加固改造、路径优化和换装作业等联运组织需占用或耗费大量的联运资源，对环境亦会造成不同程度的影响，尤其是某些桥梁和线路的临时加固改造工程会大幅增加联运成本。

　　最后，长大货物联运是一种组织高度复杂的耗时运输。长大货物联运包括图（按方案执行）、限（限速运行）、绕（绕道运输）、禁（禁止会车）、疏（疏通河道或拆除沿途控制设备)、压(压低船舱穿过净空低的桥梁)、固(路基和桥梁加固)、拨(拨动正常轨道线路,扩大窄空间)、削(削隧道壁,扩大有效通行空间)、修(新修部分线路)等过程,涉及调度、车辆、机务、工务、电务等几乎所有的铁路运输部门,勘测、路政、公安、交警和交通等公路和水路管理部门和换装节点,是一项复杂的系统工程。

随着国家"一带一路"和"互联互通"倡议的落实,长大货物联运需求日益增长,长大货物联运能够引领装运工具、换装设备的制造和创新,为装备发展注入新动力,促进"制造强国"战略的实施。长大货物及其装运工具的内在特征和外在表现愈加复杂多样,长大货物运输逐步由单一向多种交通方式转变,即向联合运输方式转变。

本书主要汇聚课题组多年研究成果,从长大货物联运基本概念、装载加固、路径决策、风险管控等方面系统阐述长大货物联合运输问题,为本作者所在课题组多年研究成果的总结,可为长大货物运输领域的本科生和研究生教学、学者科研、企业决策提供参考。

本书的顺利出版,得到了国家自然科学基金委员会的支持,直接或间接引用了长大货物运输组织领域专家和学者的一些科研成果,在此深表感谢。特别感谢雷定猷教授对本书的指导,以及课题组全体成员对本书的付出,他们为本书的顺利出版做出了重要贡献。

由于作者水平有限,书中难免有错误和不妥之处,敬请广大读者批评指正。

张英贵

2020 年 12 月

目 录

第1章 绪 论 ……………………………………………………………… 1

  1.1 研究背景及意义 ………………………………………………… 1

  1.2 国内外研究现状 ………………………………………………… 2

    1.2.1 国外研究现状 ……………………………………………… 2

    1.2.2 国内研究现状 ……………………………………………… 6

第2章 公路长大货物运输 ……………………………………………… 12

  2.1 公路长大货物运输定义 ………………………………………… 12

  2.2 公路长大货物运输车辆 ………………………………………… 13

    2.2.1 重型牵引车 ………………………………………………… 13

    2.2.2 承载挂车 …………………………………………………… 14

  2.3 公路长大货物运输装载加固 …………………………………… 16

  2.4 公路长大货物运输网络 ………………………………………… 20

    2.4.1 公路大件运输线路选择流程 …………………………… 20

    2.4.2 公路大件运输线路选择的影响因素 …………………… 20

    2.4.3 公路大件运输线路选择原则 …………………………… 21

  2.5 公路长大货物运输组织 ………………………………………… 22

    2.5.1 大件运输组织协调模式 ………………………………… 22

    2.5.2 大件运输的组织过程 …………………………………… 23

第3章 铁路长大货物运输 ……………………………………………… 26

  3.1 铁路长大货物运输定义 ………………………………………… 26

3.2　铁路长大货物运输车辆 …………………………………………… 28

3.3　铁路长大货物运输装载加固 ………………………………………… 30

　　3.3.1　铁路运输大件货物装载 ……………………………………… 30

　　3.3.2　铁路运输大件货物加固 ……………………………………… 38

　　3.3.3　铁路运输大件货物装载加固方案的设计程序 ……………… 48

3.4　铁路长大货物运输网络 ……………………………………………… 50

3.5　铁路长大货物运输组织 ……………………………………………… 50

　　3.5.1　超限车的运行条件 …………………………………………… 51

　　3.5.2　超限车的检查和卸车 ………………………………………… 52

第4章　水路长大货物运输 …………………………………………………… 53

4.1　水路长大货物运输定义 ……………………………………………… 53

4.2　水路长大货物运输船只 ……………………………………………… 53

　　4.2.1　大件运输专用甲板驳船 ……………………………………… 54

　　4.2.2　重大件运输深舱船 …………………………………………… 54

　　4.2.3　重大件专用滚装船 …………………………………………… 55

　　4.2.4　重吊船 ………………………………………………………… 56

　　4.2.5　半潜船 ………………………………………………………… 57

　　4.2.6　集装箱船 ……………………………………………………… 58

4.3　水路长大货物运输装载加固 ………………………………………… 58

　　4.3.1　水路运输大件装载作业 ……………………………………… 58

　　4.3.2　水路运输大件货物绑扎加固 ………………………………… 62

4.4　水路长大货物运输网络 ……………………………………………… 67

4.5　水路长大货物运输组织 ……………………………………………… 67

第5章　长大货物联运特征分析 ……………………………………………… 71

5.1　长大货物运输的内涵与判定分析 …………………………………… 71

　　5.1.1　公路大件货物运输判定流程分析 …………………………… 71

　　5.1.2　铁路超限超重货物运输判定流程分析 ……………………… 73

　　5.1.3　水路笨重长大货物运输判定流程分析 ……………………… 74

　　5.1.4　长大货物联运的内涵与判定分析 …………………………… 75

5.2 长大货物联运线路特征分析 ················· 76
　　5.2.1 长大货物公路运输线路特征分析 ············· 76
　　5.2.2 长大货物铁路运输线路特征分析 ············· 77
　　5.2.3 长大货物水路运输线路特征分析 ············· 78
5.3 长大货物联运风险特征分析 ················· 79
　　5.3.1 风险的内涵 ······················ 79
　　5.3.2 长大货物联运风险特征 ················· 80

第6章 长大货物装载加固决策优化 ·············· 82
6.1 问题描述与分析 ······················ 82
　　6.1.1 问题描述 ······················· 82
　　6.1.2 长大货物装载加固技术条件分析 ············· 84
6.2 模型构建 ·························· 86
6.3 算法设计 ·························· 91
　　6.3.1 相似度算法 ······················ 91
　　6.3.2 可拓实例推理算法 ··················· 94

第7章 长大货物联运路径决策因素分析 ············ 96
7.1 长大货物联运路径决策内涵分析 ·············· 96
7.2 长大货物联运路径可行性因素分析 ············· 97
　　7.2.1 线路运输资质 ····················· 97
　　7.2.2 线路限界 ······················ 100
　　7.2.3 路基及桥梁承载能力 ················· 102
　　7.2.4 线路坡度 ······················ 102
　　7.2.5 航道水深 ······················ 103
　　7.2.6 曲线半径 ······················ 103
　　7.2.7 换装点换装能力 ··················· 105
7.3 长大货物联运路径合理性因素分析 ············ 106
　　7.3.1 运输时间 ······················ 107
　　7.3.2 运输费用 ······················ 108
　　7.3.3 运输风险 ······················ 108

第 8 章　考虑路网改造的长大货物联运路径决策 …………………………… 122

　8.1　问题描述与分析 ……………………………………………………… 122
　　8.1.1　问题描述 ……………………………………………………… 122
　　8.1.2　长大货物联运网络图分析与构建 …………………………… 123
　8.2　模型构建 ……………………………………………………………… 126
　　8.2.1　模型假设 ……………………………………………………… 126
　　8.2.2　模型符号说明 ………………………………………………… 126
　　8.2.3　原始决策模型 ………………………………………………… 128
　　8.2.4　扩展决策模型 ………………………………………………… 130
　　8.2.5　多目标决策模型简化 ………………………………………… 133
　8.3　算法设计 ……………………………………………………………… 137
　　8.3.1　联运网络子图生成算法 ……………………………………… 137
　　8.3.2　运输费用最短路算法 ………………………………………… 138
　　8.3.3　运输时间最短路算法 ………………………………………… 139
　　8.3.4　Pareto 最优路径集生成算法 ………………………………… 142
　　8.3.5　长大货物联运路径决策算法 ………………………………… 148

第 9 章　考虑干扰度的长大货物联运路径决策 …………………………… 150

　9.1　长大货物联运路径多目标优化模型构建 ………………………… 150
　　9.1.1　符号说明 ……………………………………………………… 151
　　9.1.2　模型构建 ……………………………………………………… 153
　9.2　长大货物联运多路径算法设计 …………………………………… 161
　　9.2.1　算法思路 ……………………………………………………… 161
　　9.2.2　多棱柱虚拟网络构造算法设计 ……………………………… 162
　　9.2.3　基于 D-Yen 的联运多路径算法设计 ……………………… 164
　　9.2.4　基于 A * 算法的联运多路径算法设计 ……………………… 166
　　9.2.5　长大货物联运多路径算法 …………………………………… 169

第 10 章　考虑修建临时码头的长大货物联运网络路径规划 …………… 171

　10.1　长大货物联运临时码头选址方案决策 …………………………… 172

10.1.1　临时码头选址方案指标体系 ……………………………… 172

10.1.2　临时码头选址方案决策模型 ……………………………… 174

10.1.3　临时码头选址方案决策方法 ……………………………… 176

10.1.4　算法 ……………………………………………………… 184

10.2　考虑修建临时码头的长大货物联运网络路径规划 ………… 185

10.2.1　符号说明 ………………………………………………… 185

10.2.2　考虑修建临时码头的长大货物联运路径优化模型 ……… 187

10.2.3　考虑临时码头修建的长大货物联运网络优化算法设计 … 189

第 11 章　长大货物多式联运路径再利用决策 …………………… 194

11.1　长大货物多式联运路径再利用决策模型 …………………… 194

11.1.1　联运网络拓扑 …………………………………………… 195

11.1.2　决策模型构建 …………………………………………… 196

11.2　长大货物多式联运路径再利用决策算法 …………………… 202

11.2.1　基于固定优先权编码遗传算法 ………………………… 202

11.2.2　基于固定优先权编码的染色体 ………………………… 202

11.2.3　遗传算子 ………………………………………………… 203

第 12 章　长大货物联运风险防控决策 …………………………… 207

12.1　长大货物联运风险评估 ……………………………………… 207

12.2　长大货物联运风险控制 ……………………………………… 209

12.2.1　长大货物联运风险控制流程分析 ……………………… 209

12.2.2　长大货物联运过程风险控制策略 ……………………… 212

12.3　长大货物联运应急预案 ……………………………………… 215

12.3.1　长大货物联运应急预案总则设计 ……………………… 216

12.7.2　长大货物联运应急预案体系构建 ……………………… 217

12.3.3　长大货物联运应急机构设计 …………………………… 220

12.3.4　长大货物联运应急保障策略 …………………………… 221

参考文献 ……………………………………………………………… 224

第 1 章
绪　论

1.1　研究背景及意义

公路、铁路和水路运输的载运工具差异很大,不同运输方式下长大货物的内涵有差异,定义也不相同。本书的长大货物是指满足公路大件货物、铁路超限超重货物或水路笨重长大货物定义之一的货物,常采用公路、铁路和水路运输实现货物位移,由上述两种或两种以上运输方式完成的长大货物运输称为长大货物联合运输(简称长大货物联运)。长大货物一般具有笨重、阔大和价值昂贵等特征,且多为国家大型建设项目的配套设备,如换流变压器、氨合成塔、发电机组、锅炉汽包、轧钢机部件、炼油厂和化工厂的反应塔等大都是长大货物。

由于长大货物自身的特殊性,往往只能通过公路、铁路或水路进行运输。一直以来,公路以其相对完善的路网结构,在长大货物运输中发挥着巨大的作用,但公路长大货物运输的成本较高,并且极易受道路、桥梁、隧道等因素的影响,使其运输的经济性和安全性成为制约其发展的重要因素。

与公路相比,铁路长大货物运输的费用较低,但由于铁路运输时存在非常严格的限界约束,导致较大尺寸的货物根本无法通过,再加上铁路运输长大货物前需要办理复杂的审批手续,运输过程中需要严格遵守相关限速、禁会要求,使得铁路长大货物运输的速度很低、时效性很差。

水路笨重长大货物运输很少受航道限界及路基或桥梁承重的限制,船舶的承载能力也远远高于陆运车辆,且其运输费用较低,理论上讲是进行长大货物运输的理想方式,但实际并非如此。一方面,水路运输的可达性很差,全国有通行能力的航道分布极不均匀;另一方面,我国目前可以满足长大货物运输要求的专业化船只尚处于供不应求的状态,能够运输 1000 t 以上的专业化船只相对较少。

靠单一运输方式进行长大货物运输有诸多的缺点,这使得长大货物联合运输成为一种发展趋势。长大货物联运可以整合各种运输方式的优势，能够在保证货物运输安全的情况下尽量降低运输成本、压缩运输时间。在以前，长大货物联运很难实现，原因在于缺少适合长大货物换装的吊装设备。近年来，随着科学技术的发展和进步，起重设备的最大起重能力不断被刷新，目前世界上最大的桥式起重机起重量已高达 1200 t，能够起吊大多数的长大货物。我国起重机行业日渐繁盛，发展也越来越好，逐渐成为世界上最大的起重机市场，共有起重机械生产企业约 500 家，配备大型起重设备的货场、港口、码头数不胜数，使得长大货物联运成为可能。

因此，在长大货物联运已成为一种发展趋势并且已具备可行性的背景下，开展对长大货物联运决策研究是非常及时和十分必要的。长大货物联运从起运点装车开始，到目的地卸货为止，过程中主要涉及货物装载加固决策、运输路径决策以及风险防控决策，这三类决策对于确保长大货物联运安全、提高联运效率和降低联运成本起着决定性作用。本书以长大货物联运的安全为出发点，从货物装载加固决策、运输路径决策、风险防控决策等方面提出决策方法及管理措施，着力提高长大货物运输效率、压缩运输时间，有助于降低大型建设项目的物流成本、加快其建设步伐，研究成果将具有重要的理论和应用价值。

1.2　国内外研究现状

1.2.1　国外研究现状

1) 国外长大货物运输现状

在国外的研究中，"长大货物运输"一词最早出现在公路运输。公路交通规则规定，凡汽车在装载后的轮廓、轴重和总重超过一般允许范围时，则将这种运输称作"长大货物运输"。而在西德联邦铁路运输中，凡使用长大货物车进行的运输均被称为"长大货物运输"，这与是否属于超限运输无关，用一般货车进行的超限运输不在"长大货物运输"之列。但就货物自身特征而言，铁路运输规章中的长大货物多指在装卸和运输方面有困难的货物，最常见的是超限超重货物(OG/OW)。

国外长大货物运输起步较早、装载和运输技术相对成熟，在多个方面都处于领先地位：

(1) 运输方式多样化。除了常见的公路及铁路运输，海陆空联运、钳夹桥等先进的运输方式已逐渐成为国外长大货物的主流运输方式。

(2) 运输装备发达。在德国、日本等发达国家，用于长大货物公路运输的车种比较齐全，包括各类半挂车、全挂车和自行式平板车。国际上长大货物运输单件质量早已突破千吨大关，如英国 11070 t 石油钻井平台、德国 6000 t 石油钻井平台等大型设备。在铁路运输方面，德国铁路早就研制出载重 500 t 的钳夹车，美国铁路也在 1979 年研制出长 107 m、载重 800 t 钳夹车对笨重压力容器进行运输。在水运方面，随着大型设备的进出口活动增多，长大货物的跨海运输需求也不断增长，为了争取市场份额，世界上各大海运公司积极投入财力、人力来研制更适合长大货物运输的船舶，使得船舶的运输能力进一步提高、甲板和货舱的布局更加简洁和实用。在货物换装方面，国外相关设备也十分发达，起重机械种类多、起吊能力强，广泛采用先进的组合式可行走的液压起重门架装卸各类长大货物。

（3）运输技术一流。为了保证长大货物公路运输顺利进行，国际上早就普遍采用"桥上桥"技术、全挂车与半挂车转换技术以及多组自行式平板车并列同步行进技术。这些技术的使用，极大地简化了运输过程中的道路改建工程，相应地就降低了运输成本、缩短了运输时间。

（4）信息技术高端。国际上普遍运用计算机系统、电子地图与定位通信实时监控技术进行长大货物运输方案的制定和实施。

2）装载加固决策问题

长大货物装载决策一般属于一维布局优化问题。有关装载布局问题的文献，最早见于 1930 年 Kantorovich 的俄文文章，后来被译为英文刊登在 Management Science 上。从理论进展看，布局优化问题的奠基性工作是由 Gilmore 等在 20 世纪 60 年代完成的，主要的研究思路是运用线性规划建立数学模型，并把求解过程转化为一个背包问题的子问题，然后设计求解背包问题的有效算法。一些综述性文献主要是针对与应用相关的布局问题进行总结，其中 Dyckhoff 首次依据问题的维数和目标要求给出了布局问题较为详尽的分类。由于各国交通条件存在较大的差异，因此各国对长大货物装载和运输的研究重点有所不同。美国公路基础设施好、运输车辆承载能力高，长大货物一般由各个公路大件运输公司承运，而采用公路运输长大货物时，装载方案容易确定，因此相关理论研究较少，多关注实际运用领域，如开发相关计算机辅助决策系统。由于英国铁路限界较小，能通过铁路运输的长大货物十分有限，因此关于长大货物装载决策的研究也主要集中在公路运输方面。与美国和英国相反，东欧各国以及苏联、德国的铁路限界大，为长大货物铁路运输提供很大优势，因此有较多关于铁路长大货物运输的理论成果和学术著作。

在选择装载方式时，装载后车（船）货轮廓和路段限界的计算是一大关键。有文献阐述了在国际联运中各类车辆动态限界的确定方法与步骤，并通过详细分析车辆在运行中所需空间的大小影响因素，如车辆结构和线路状况，给出车辆安全运行所需横向偏移量的计算公式和算法，同时考虑到各个国家运输状况的差异性，将算法中某些参数的确定权交给各个国家。这一研究成果为长大货物装载决策的完成提供了理论基础。

知识推理是目前运用得较为广泛的一种装载加固决策方法，其起源可追溯至1965 年的通用搜索引擎 GPS，以及 1973 年的第一代基于规则的系统 MYCIN.XCON，其原理是基于知识库中的领域知识以及外部输入的信息进行匹配计算，以得到相关的推理结果。但随着系统的扩大以及需求的逐步多样化和复杂化，单纯的领域知识已经无法满足要求，在此基础慢慢发展起另一种推理方法——基于实例的推理方法，该方法的核心是用过去求解问题的经验来解决当前问题，能很好地与长大货物装载加固决策问题相适应。

3）运输路径决策问题

目前，关于运输路径决策的研究很多，但专门针对长大货物联运路径决策的研究却十分有限。既有研究主要集中于单一运输方式，特别是公路和铁路长大货物运输路径决策。Julian 结合美国特拉华州长大货物高速公路运输的实际需求，研制出路径审批决策支持系统，其功能偏向于对申请的长大货物高速公路路径进行审核与评价；Cheng Xu 等人从确保高速公路超限货物运输安全出发，结合弗吉尼亚州的各路段车流量、事故率等实际情况，设计算法求解超限货物运输的路线及时刻表，大大地提高了交通部门对公路超限货物运输方案的审批效率。

对于铁路运输，由于国外铁路的运能相对充足，对列车路径决策的研究并不多，多关注列车时刻表的制定、运输服务质量、客户管理和货运营销等方面。Brucke 等将铁路车流路径问题看成多商品网络流问题进行求解。Crainic 等总结了货运服务网络设计模型；Godwin. T 与 Cacchiani. V 等人研究了在客货车混跑并且旅客列车运行时刻已固定的条件下货物列车的运行路径及时刻表问题。Bookbinder. J. H 等研究了中心辐射型铁路货运网络的列车路径问题；Caprara Alberto 等人考虑不同货物对服务水平存在不同的要求，设计铁路运输通道中高收益的货物运输路径。Aronsson. M 等建立了一个求解铁路机车路径和时刻表的混合整数规划模型；Marychev. S. N 等考虑随机性因素对货物列车路径决策的影响，建立一个随机优化模型进行求解。Desrochers M，Solomon M 等研究了在时间窗条件下的车辆路径问题，其他一些文献设计了启发式算法进行求解。

长大货物联运路径决策包括经由节点的选择和节点之间运输方式的选择两个部分。其中运输方式选择作为联运的关键，是一个多目标决策问题，国外学者对此做了深入的研究。Nalin 研究了运输频率和服务频率对运输方式选择的影响；Nierat 从运输成本的角度分析公路运输和公铁联运两种运输方式的市场范围和影响因素；Zlatoper 研究了运输方式选择对运价和运输质量的敏感性；Harper 等从货物托运人的角度出发，分析得到影响运输方式选择的决定性因素是运输的成本/质量；Kjetil 站在承运人的立场，从拥挤成本的角度出发建立运输方式选择的博弈模型；Van 等研究了交通阻塞对公路运输向联运转换的影响；Dimitrios 采用实证研究的方法得出联运优于公路运输的主要原因在于联运的经济性和适应物流发展的特点。

目前，关于多式联运方式与路径组合优化的研究主要针对一般货物运输，较少涉及长大货物。Lozano 和 Storchi 设计了标签法在综合运输网络上搜索最短路径，并采用修改的连时序法求解多式联运中的最短可行路径；Lam 和 Srikanthan 通过设计一个聚类算法来改善多式联运网络中求解 k 次最短路问题的传统算法性能；Boussedjra 和 Bloch 等人采用双向研究策略构造多式联运网络，并设计了最小化运输时间的最短路算法。Paola，Modesti 等从相关路径的时间成本、经济成本出发，研究了城市综合运输系统起终点最短路径的求解问题。Sheffi，Eskandari，Koutsopoulos 等在给定货物运输起点和终点的情况下，以运输总成本最小为目标进行运输方式的选择，在给定起运地和目的地的情况下。Athanasios 等研究了多式联运网络中运输时间最短条件下的路径求解问题，提出了时间因素决定下的多式联运网络最佳路径算法。Hong K. Lo 描述了多式联运网络的非线性结构和运输模型(多式联运模型的简化)、运输方式的选择和某指定运输方式的非线性费用变化结构。M. Boussedjra 等运用双向的研究策略来考虑多式联运网络，并提出了源点和终点间运输时间最小化条件下的最短路算法。Kjetil K. Haugen，Arild Hervik 运用博弈研究了两个运输企业的竞争问题，构建了汽车、船舶两种运输方式的博弈矩阵，确定双方博弈的最好结果。

4)联运风险防控决策问题

风险防控主要包括风险识别、风险评价、风险控制等过程。现有关于风险防控的研究主要针对危险货物运输的风险控制，极少涉及长大货物。已有研究中的风险识别方法主要有：①故障模式与影响分析(failure mode and effect analysis，FMEA)，该方法是一种从功能和硬件方面对系统进行分析的技术；②危险与可操作性研究(hazard and operability studies，HAZOP)，该方法是用来分析系统由概念到实施，不断发展的各个阶段中存在的危险；③假设分析技术(what if analysis technique)，该方法是一种适合在危险识别会议上使用的方法；④影响图法(influence diagram)，该方法是建立与故障有关的各个影响因素之间的网络结构图；⑤危险清单分析(hazard checklist analysis)，它是通过罗列一系列有关特定系统、结构、标准的问题以推动风险识别的方法。具体到货物运输过程中的风险因素研究，主要有：Mark J. Koetse 等对气候对运输业的影响的文献进行了综述，分别从气候变化、海平面上升等极端天气对世界运输模式的影响以及各种运输方式对气候变化的不同行为反应等方面将已有文献分 7 个部分进行综述；Luca Pezzullo 和 Roberto De Filippo 认为人的心理因素也是危险物品运输风险因素的重要组成；P. Trucco 等提出了一种可以将人的因素与系统其他因素整合在一起进行风险分析的方法，并将该方法应用到了高速船设计的初级阶段；Roberto Bubbico 等对危险品运输中需要穿越隧道这一现象进行研究，发现公路运输比铁路运输更容易受隧道的影响。

有关风险评价的研究更多关注危险货物的运输。Rao 等综合考虑危险货物的健康危险性、可燃性、化学反应活性及危险品数字分级等因素，提出了一种危险货物运输风险分级指数评价方法，可快速风险评估和分级。Vayioka 等创建了一个道路危险货物运输风险评价模型，该模型考虑了两个重要因素：事故发生的概率和由于该事故发生而导致的后果。加拿大 Alberta 大学的 Erkut 和 Verte 等人一直在从事危险货物运输风险评价方面的研究，取得一系列重要成果。

风险控制是风险防控的落脚点，包括对潜在风险的防范和已发生风险的有力控制。风险控制的方法有很多，可以在生成风险控制方案之前，首先需对所有挑选出的风险控制方法进行依赖性分析，然后比较各方法的费用、效用及对风险的降低程度，选择依赖性最大的风险控制方法。

1.2.2　国内研究现状

1）长大货物运输现状。

从公路、铁路和水路三方面分析我国长大货物运输现状。

（1）长大货物公路运输现状。

我国长大货物公路运输开端于 20 世纪 30 年代，发展于新中国成立的 50 年代后期。1958 年 10 月，上海装卸机械厂制造了中国第一辆载重 60 t 的平板半挂车。到了 20 世纪 70 年代，我国从国外进口 22 套化肥、化纤、电力、冶金等成套设备，为了运输这些大型设备，交通部从国外引进超重型车组技术并实现国产化，使得我国的长大货物公路运输实现了进一步的发展。至 1994 年 10 月，全国拥有载重量在 50 t 级以上民用长大货物运输车的企业共 88 家，191 个车组，29384 个车吨。进入 21 世纪，我国工业化进一步加快，石化、电力、冶金等单件质量超千吨的大型设备相继问世，对长大货物运输带来了更高的要求和挑战；目前，我国已具备承运单件质量 2200 t 的长大货物的能力，特别是国内的中远、中海重大件运输公司积极和国际接轨，在长大货物运输方面积累了丰富的经验和设备优势截至 2010 年，我国长大货物公路运输的最长车组为 131 米，最宽件为直径约 43 米的核岛钢制安全壳底封头。2012 年 12 月，"南京大件"在银川创下公路运输单件全国最重 2000 t 记录，货高 100.9 m。

在不断刷新纪录的同时，我国长大货物公路运输也存在着一定的问题。第一，国内大部分长大货物运输仍停留在传统运输的层面，不能提供现代物流"一站式"的运输服务；第二，与发达国家相比，我国长大货物公路运输技术及装卸技术仍相对落后，国际上普遍采用的作业方案如计算机辅助设计、电子地图与GPS定位技术还未能充分地应用到长大货物公路运输当中；第三，长大货物公路运输牵涉面广，审批手续繁杂，各地没有综合性的管理部门专司其事，在运输实施之前，货主和承运企业的经办人员经常往返奔走，造成人力和物力的浪费；第四，目前我国还未开发出全国范围内的道路信息系统，道路限界及桥梁承重等信息不能方便地获取，运输企业之间经常会对相同路段进行重复的勘测工作，造成社会资源的极大浪费。

（2）长大货物铁路运输现状。

我国长大货物铁路运输起步于20世纪50年代，为了实现运输的规范化，保证运输的安全，铁路运输部门相继制定了一系列的规章制度，对长大货物铁路运输进行管理和指导。1952年7月1日开始实施的《阔大货物装运暂行规则》是我国第一本与长大货物相关的规章，之后公布的《铁路超限货物运输规则》和《铁路超限超重货物运输规则》进一步完善了长大货物铁路运输各个环节的操作程序和规范，并给出了货物超限、超重等级的划分，对于保证长大货物铁路运输安全、提高运输效率起到了积极的作用。

在长大货物铁路运输设备的发展方面，我国从20世纪50年代开始，陆续从国外进口一批凹底平车和落下空车，包括D6、D7、D8、D17型长大货车，同时国内也相继生产出D20型钳夹车、D10型凹底车等车型，并逐渐建立起一支略具规模的运输队伍。进入20世纪80年代后，随着我国经济的发展，国内大型设备的运输需求进一步增加，长大货物铁路运输处于平稳发展时期。在20世纪90年代，我国公路运输迅猛发展，铁路与公路之间的竞争日趋激烈，铁路在长大货物运输市场所占份额开始下降，但每年的长大货物运输量仍在1000车左右。为了推进长大货物铁路运输的发展，我国相继生产出更大载重量的长大货物车，如载重300 t的D30A、载重380 t的D3和载重450 t的D45型"落下孔"式的重载车辆。随着铁路货运改革的不断深入，货运受理方式大大简化，"门到门"全程物流服务得到有力发展，这将进一步推动长大货物铁路运输的发展。

（3）长大货物水路运输现状。

我国具有优越的水运条件，海岸线广阔，水系众多，河道星罗棋布。且不讲长江、黄河、淮河之类的大江大河，就是河宽在20 m以上的内河也遍布全国，这为长大货物水路运输提供了基本条件。与公路和铁路相比，水路航道的净空尺寸和承载能力较大，更适于长大货物运输，并且水路运输的费用远远低于公路和铁路，因此，长大货物水路运输具有特别的优势，得到了快速的发展，如广州远洋运输公司已建立起相当规模的特种运输船队，拥有世界上较先进的重货装载设备；特别是最近20多年，长大货物水路运输发展进一步加快，船舶形式、船队规模、运输公司的数量都有了大幅度增加。与此同时,尽管一些大的运输公司已经积累很多运输长大货物的经验,也逐渐形成了成套装卸运输作业方案,但尚未见全面系统的相关经验总结和技术研究,这在一定程度上制约了长大货物水路运输的发展。

2)装载加固决策问题

国内关于长大货物装载加固决策的研究主要针对铁路运输。在理论研究方面,雷定猷等分析了铁路超限货物运输的基本特征和主要影响因素,针对超限货物的特征构建超限货物运输评价指标体系,提出评价模型和评价方法,建立货物装载数学模型。李笑红等详细研究了圆柱体货物超限位置及超限程度的确定方法,通过实例说明目前在判定货物超限程度上存在的问题;进一步分析圆柱体货物外形与各限界之间的关系,给出圆柱体货物超限程度及其位置的判定原则及实现方法。韩梅探讨了直线上圆柱体货物超限等级的判定方法,针对现行判定方法不够精确的问题,提出了新的判定圆柱体货物超限等级的方法,为确定装有圆柱体超限车的运行条件提供了重要的理论基础。

在长大货物装载加固决策分析方面,雷定猷对铁路超限货物装载加固运输调度决策因素进行分析,这些因素包括货物数据、运输车辆、运输网络、铁路限界、管理限制、线路繁忙程度及货物结构等;并提出了基于智能的决策支持系统、基于知识推理装载方式决策生成技术、基于模型决策的装载处理技术与基于运输经济化简技术等关键技术和创新技术。葛锋研究了如何选择合理的运输车辆、确定最佳运输路径、测算货物运输的各项费用、确定货物的运输条件及研究超限货物运输组织中的有关问题。

在长大货物装载加固方案对比方面,雷定猷论述了铁路阔大货物装载加固方案比选的必要性,并运用层次分析法的理论对阔大货物各可行方案进行了比选。王花兰对装载车型和超限等级的确定做了进一步的研究;周文运用灰关联决策理论研究长大货物装载加固方案的比选问题,并设计程序实现装载方案图的自动绘制。

在长大货物装载加固决策支持系统研究方面,李忠阐述了开发长大货物装载加固辅助决策系统的必要性,以有关规章作为依据,结合运输实际,对长大货物装载加固计算机辅助决策与管理系统的算法及其具体实现进行了卓有成效的探讨与研究。王久梗结合装载加固方案计算机辅助设计系统的开发,对装载加固的数学模型和算法、方案评价指标集及评价方法作了深入的研究和探讨。

3)运输路径决策问题

国内关于长大货物联运路径决策的研究相对较少,主要集中在对长大货物单一运输方式(特别是公路和铁路运输)的研究上。在长大货物公路运输方面,许少白系统地探讨了大件设备公路运输中的有关问题,讨论了大件设备公路运输中的运输路径、空中障碍排除和运输中的特殊安全问题。吴丽丽研究了重大件公路运输的路线选择的原则、流程和注意事项等，并应用层次分析法建立重大件公路运输路线优选模型，运用到电机厂发电机定子路线优选问题。乔国会等构建了网络配流模型，以线路障碍因素为约束获取可行线路方案，并根据模糊评价理论从中挑选较优的大件货物公路运输线路。张辉辉在其硕士论文中针对大件货物公路运输线路选择问题，详细论述了选线的原则、步骤以及注意事项等，运用层次分析法建立大件运输路线优选数学模型。罗建设计了一个层次优化模型，制订公路大件运输线路选择方案。

在长大货物铁路运输方面，相关学者对路径决策问题做了大量的研究。雷定猷分析长大货物铁路运输路径决策涉及众多因素，如货物轮廓、承运车辆、装载方式、铁路超限超重货物运输网络等；在此基础上将长大货物铁路运输路径决策问题描述成一个双目标双容量的数学模型。徐盛等在分析铁路超限超重货物运输路径选择特性的基础上，将整个铁路网划分为 4 层，建立在路阻限制、桥梁综合限界、区段限制等因素下的单层和多层路径决策模型，设计相对应的单层和多层路径决策算法，大大降低了问题的复杂度。胡思继指出对于铁路网这种超大规模网络的路径决策问题通常采用启发式算法——动态广探算法来提高计算效率。王金宝将铁路超限货物运输路径的影响因素分为可行性因素和合理性因素两大类，建立可行路径的选择模型，给出求解算法；采用多层次模糊综合评价法对每条可行路径的合理性进行评价，从而确定超限货物的最优运输路径。汤波等通过构造带边属性向量和权重向量的超限超重货物运输网络，以最小化对正常运输组织的干扰、最小化运输里程和最小化运输费用为优化目标，建立模型并设计相应启发式算法求解铁路超限超重货物运输路径优化问题。江南、农镜等人为解决路径问题提供了较好的启发式算法。

对于联运路径决策问题，国内学者也展开了大量深入的研究，但大部分是关于集装箱运输或者一般货物运输。王涛等通过构造多式联运虚拟运输网络，将多式联运路径优化问题转化为一个带时间约束和能力约束的最短路问题；苏印和李铁柱将运输时间、运输费用和运输质量作为国际多式联运的关键三要素，利用决策论方法求解国际多式联运线路选择问题；康凯和牛海娇等人采用基于粒子群蚁群算法求解多式联运中运输方式与运输路径集成优化问题；王金华提出了基于运输合理化的多式联运路径优化方法；张运河等以总运输成本最小为优化目标进行路径选择，通过构建多式联运网络多重图，将运输过程中的数据、信息和图中的节点、边关联起来，然后对运输费用和中转费用进行分析估计，并通过在联运网络中加入虚拟的发、到站，使得问题可利用 Dijkstra 算法进行求解。

近年来，随着长大货物运输需求的增加、货物装卸工艺水平的提高和联运优势的逐步显现，国内开始有部分学者对长大货物联运方案展开研究。在换装点的顺利装卸是实现长大货物联运的一个重要前提，雷雨顺等从整体上分析了长大货物的装卸工艺及其发展；缪吉伦在对山区河流地区大件码头的装卸工艺做了分析与比较之后，提出在不同地理条件下如何选择长大货物装卸工艺。赵玉菊以某发电机定子的运输为例，介绍了水陆联运长大货物的全过程，并对运输过程中可能遇到的问题进行了探讨。田锋结合埃塞俄比亚某化工设备的运输过程，论述了长大货物联运时运输方式的选择和应考虑的因素。石佩以工程物流中重大型设备的多式联运为研究背景，从可行性角度提出长大货物联运的实现条件及方法，没有涉及联运路径的选择。李浩在其硕士论文中以多式联运下大件物流运输方案选择及优化算法设计为研究重点，建立基于多式联运的虚拟运输网络图，构建能同时进行路径选择和运输方式选择的 0-1 混合整数规划模型，设计遗传算法求解，对长大货物联运路径决策研究具有开创意义，但所建模型并未充分体现长大货物联运的特殊性。

4) 联运风险防控问题

与国外相比，国内关于长大货物运输风险防控的研究较多。宗成强在其博士论文中采用层次分析法——模糊综合评价法对道路运输超限货物在途安全状态进行评估。焦锋利提出了长大货物铁路运输的安全性评估模型，并做了较为完善的评估。董晶晶在分析大件货物的物流组织与运营时，对大件货物在运输过程中的安全问题做了描述，详细论述大件货物在运输过程中应注意的安全事项。吴丽丽就长大货物公路运输中的若干安全性问题展开分析研究，但未提出相关的评价方法。李江涛设计了大件货物运输绑扎安全监测系统对货物绑扎安全进行监测，并进行了相关的实验验证。许少白主要对长大货物运输的途中安全、高空障碍及货物吊装问题进行了安全研究，详细论述了安全评定程序及安全标准。郭君对某核反应堆压力容器运输方案进行了设计，在此基础上详细描述了运输线路的途径障碍和桥梁安全性问题。

在长大货物换装风险防控方面，孙丽娜详细分析了货物滚装上下船的安全性；黄贤俊也在其论文中分析了驳船卸货时的安全性和风险；田锋就化肥项目中大件设备运输过程当中的风险因素进行了详细探讨。

目前国内专门针对货物联运风险防控决策的研究十分少见，贾振军在其硕士论文中根据多式联运系统的构成要素、结构模型，系统地分析了多式联运风险的诱因，识别了多式联运风险产生的外部和内部因素，对系统风险因素进行分类；设计风险评价指标体系，运用层次分析法和熵权法进行风险水平评估，在此基础上提出一系列风险控制措施。

随着我国经济的发展，长大货物运输的需求正在增加，并且货物尺寸及质量也一步步增大，给长大货物运输带来新的挑战。公路大件货物、铁路超限超重货物及水路笨重长大货物运输都得到较快的发展，从运输工具改进到运输组织优化都取得巨大的进步。与此同时，我国长大货物运输还存在一定的问题，特别是在运输方案设计及运输手续审批等方面存在不合理、低效率的缺陷，另外，对于长大货物联运的规范化和理论研究尚存在诸多空白，随着全社会对物流成本的关注程度加深，这些缺陷和空白已成为长大货物联运发展的瓶颈所在。长大货物联合运输涉及铁路、公路和水路等多种运输方式，不仅需要运输企业做好各方面的工作，还需要政府、交通管理部门及其他相关部门相互配合、协同作业。

综上所述，长大货物联合运输是一项极其复杂的系统工程。一般来说，联合运输有以下特点：①根据多式联运的合同进行操作，运输全程中至少使用两种运输方式，而且是不同方式的连续运输；②多式联运是一票到底，实行单一运费率的运输。发货人只要订立一份合同一次付费，一次保险，通过一张单证即可完成全程运输；③多式联运是不同方式的综合组织，全程运输均是由多式联运经营人组织完成的。无论涉及几种运输方式，分为几个运输区段，由多式联运经营人对货运全程负责。学者研究关注的是，联运的货物组织、单证流转和法律关系。本书另辟蹊径，结合长大货物阔大、笨重等特征，从技术角度来研究长大货物的联合运输，重点探讨长大货物运输环节的协同性、路径的可达性和风险的可控性。

全书从公路、铁路和水路等不同层面阐述长大货物运输组织，重点从长大货物装载加固、联运路径和风险防控决策3个层面阐述联运组织。具体章节安排：第2章至第4章分别概述公路、铁路和水路长大货物运输组织；第5章论述长大货物联运特征；第6章提出长大货物装载加固决策技术；第7章至第11章从不同的层面和维度阐述长大货物联运路径决策问题，提出了系列针对不同工况和考虑不同约束的长大货物联运路径决策方法与技术；第12章论述长大货物联运风险防控决策问题。

第2章
公路长大货物运输

2.1　公路长大货物运输定义

2016 年 8 月 18 日，交通运输部通过并公布了新的《超限运输车辆行驶公路管理规定》(交通运输部令 2016 年第 62 号)，自 2016 年 9 月 21 日起执行。其中，第三条对超限运输车辆进行了如下新的界定。

第三条　本规定所称超限运输车辆，是指有下列情形之一的货物运输车辆。

(1)车货总高度从地面算起超过 4 m；

(2)车货总宽度超过 2.55 m；

(3)车货总长度超过 18.1 m；

(4)二轴货车，其车货总质量超过 18000 kg；

(5)三轴货车，其车货总质量超过 25000 kg；三轴汽车列车，其车货总质量超过 27000 kg；

(6)四轴货车，其车货总质量超过 31000 kg；四轴汽车列车，其车货总质量超过 36000 kg；

(7)五轴汽车列车，其车货总质量超过 43000 kg；

(8)六轴及六轴以上汽车列车，其车货总质量超过 49000 kg，其中牵引车驱动轴为单轴的，其车货总质量超过 46000 kg。

前款规定的限定标准的认定，还应当遵守下列要求：

(1)二轴组按照两个轴计算，三轴组按照三个轴计算；

(2)除驱动轴外，二轴组、三轴组以及半挂车和全挂车的车轴每侧轮胎按照双轮胎计算，若每轴每侧轮胎为单轮胎，限定标准减少 3000 kg，但安装符合国家有关标准的加宽轮胎的除外；

(3)车辆最大允许总质量不应超过各车轴最大允许轴荷之和；

（4）拖拉机、农用车、低速货车，以行驶证核定的总质量为限定标准；

（5）符合《汽车、挂车及汽车列车外廓尺寸、轴荷及质量限值》（GB1589）规定的冷藏车、汽车列车、安装空气悬架的车辆，以及专用作业车，不认定为超限运输车辆。

《超限运输车辆行驶公路管理规定》在上述超限车辆界定基础上，同时，挖装车后高 4.2 m、宽 3 m、长 20 m 和高 4.5 m、宽 3.75 m、长 28 m 及总质量 100000 kg 三个等级标准，进行大件运输许可管理，其中，审批期限就是按照这三个等级来划分的，并在第十五条中做了相应规定。

2.2　公路长大货物运输车辆

公路大件运输车辆由两个基本的部分组成：牵引力输出部分和货物承载部分。这两部分分别对应大功率重型牵引车和高承载能力的特种承载挂车。两部分的组合称之为公路运输列车。随着经济的发展和人类对于集约化、规模化生产的追求，石油、化工、电力、冶金等行业的设备也趋向于大型化。大件货物重量和体积的不断增大对牵引车辆和承载挂车提出了越来越高的要求，体现在牵引车辆的大功率化和承载挂车的模块化。下面将对公路大件运输中常用牵引车和承载挂车进行简要介绍。

2.2.1　重型牵引车

重型牵引车是指装备动力输出装置并用于牵引或顶推承载挂车的车辆，是公路大件运输的动力输出部分。

1）牵引方式

按照牵引车牵引连接方式可将牵引方式分为全挂牵引和半挂牵引。

（1）全挂牵引方式。全挂牵引是挂车的前端通过牵引杆与牵引车连接，牵引车不承担载运货物产生的荷载，只提供挂车行驶所需的牵引力或推力。

在全挂牵引时，牵引车上必须加适当的配重，以增加作用在驱动车轮上的正压力从而使驱动车轮和地面之间通过摩擦产生足够的牵引力。

（2）半挂牵引方式。半挂牵引是挂车通过前端的牵引销与牵引车后端的牵引座进行连接，见图 2-1。牵引车后面的桥承受挂车的一部分载荷，并锁住牵引销，带动挂车行驶。一些挂车自身不具有半挂装置，需要配合特殊装置实现半挂牵引。例如，目前广泛使用的液压挂车，需要通过动力鹅颈实现半挂牵引，见图 2-2。

图 2-1　牵引座

图 2-2　牵引车+动力鹅颈

2）常见的重型牵引车

（1）进口重型牵引车。进口牵引车品牌集中在奔驰、沃尔沃、曼三大品牌，除此之外还有部分尼古拉斯、雷诺、斯堪尼亚、依维柯、日野等品牌的牵引车。虽然进口牵引车的技术成熟，操控性好，维修率低，但价格不菲，交货周期长，配件价格高。

（2）国产重型牵引车。我国重型牵引车制造起步晚，技术积累不足，尤其是发动机、变速箱、底盘等核心部件还无法与国外知名的车辆制造企业抗衡。但随着我国高端运输装备制造技术水平的提高，一些自主设计生产的牵引车，例如陕西汽车集团有限责任公司（简称陕汽）的德龙系列重型牵引车，正逐步占有一席之地，有望打破国外品牌牵引车垄断国内市场的局面。目前，国产重型牵引车的制造企业主要有东风集团、中国重汽、陕汽集团、一汽集团、联合卡车等。

2.2.2　承载挂车

公路大件运输承载挂车，简称挂车，是指由牵引车牵引而本身无动力驱动装置的车辆。在汽车列车中，挂车只有与牵引车或其他汽车一起才能组成完整的运输工具。根据用途不同，挂车被设计成各种专用或特殊结构，这里只针对公路大件运输中常用的主要挂车进行简要介绍。

1）液压挂车

（1）液压挂车又称液压悬挂挂车、液压平板挂车或液压模块车，俗称液压轴线车、轴线平板车或液压轴线平板车等，其构造特点是：以很多内置有液压缸的独立悬架为基本承载单元，通过液压管路连接各悬架液压缸，使超重的货物荷载均匀分配到各挂车轮胎，这种以液压方式平衡各悬架力的方式使挂车载货承台低，但承载能力大。

液压挂车突出的技术优势在于其先进的液压悬挂系统和液压转向系统。这两项核心技术的改进使得液压挂车拥有以下主要优势：单轴载荷大，可灵活拼组；横向稳定性强；全轮转向，转向角度大，转弯半径小；货台高度可调。

国际上著名的液压挂车厂家有：索埃勒（SCHEUERLE，德国）、尼古拉斯（NCOLAS，法国）、卡马托（COMETTO，意大利）、哥德浩夫（GOLDHOFER，德国）。

液压挂车可采用全挂或半挂牵引方式，主要用于对荷载和分载能力有很高要求的超重和超大件货物的公路运输。

（2）自行式液压平板运输车（SPMT，self-propelled modular transporter）。自行式液压平板运输车也称自行式模块车组、自行式轴线平板车、自走式车组或自行板等，是在液压挂车的基础上，在前端或后端增加自行式挂车驱动模块车组而形成的。自行式挂车驱动模块车组由动力头（PPU，power pack unit）和带液压马达驱动轮的挂车驱动模块组成。动力头内安装了大马力卧式发动机（900 马力以上）、液压泵和大容量的液压油箱，不但为驱动轮提供动力，也为所有的液压挂车的悬挂液压缸和转向液压缸提供液压源。除了增加驱动装置外，自行式液压平板运输车与液压挂车具有同样的技术特点，也可以进行灵活拼组。

自行式液压平板运输车不具有普通牵引车的驾驶室等设施，其操控是通过挂在操作员胸前的操控箱完成的。操控箱与自行式车组以软线或无线方式连接。自行式液压平板运输车可同时使用两个及以上的动力头，以提供更加强大的驱动力，因此这种特种挂车极适合超大、超重货物的运输。但液压马达速度与负荷成反比，随着速度的提高，牵引力迅速降低，因此自行式液压组合模块仅能低速行驶，一般在 1~5 km/h，空载可达到 15 km/h。实践中，自行式液压平板运输车基本上被用于项目现场的短倒、滚装或滚卸等短距运输。

（3）全回转自行式液压平板运输车。可以实现包括 360°回转在内的多种转向方式，大大增强了对路况的适应能力。

（4）液压挂车配套挂车。由于液压挂车在超重、超大件运输方面的巨大优势及其广泛的适用性，衍生出很多与之配套的特种挂车，以下介绍两种常见的配套挂车。

①桥式车组。桥式车组是将桥形承重构件（桥式梁）与液压挂车配合组成全挂车。桥式梁一般由承载主梁、中间梁、副梁、挑梁、承重梁、转向装置、提升装置、变幅装置等组成。桥式梁两侧为承载主梁，主梁中间放置大型设备。设备重量通过承载主梁传递到两端承载平台。承载平台分别置于前后液压挂车上，具有分载、升降、水平旋转等功能。桥式梁主要用于大型超高、超宽、超重设备的长途运输，可减小运输净空高度的影响，提高道路运输通过性。

②钳夹式车组。钳夹式车组是在桥式车组的基础上，为有效降低桥式车组的质量和减少桥式梁的承载宽度，将货物作为承载桥的一部分参与整体受力而形成

的特种挂车。与铁路钳夹车一样，公路钳夹车也分为全钳夹式承载桥结构和半钳夹式承载桥结构。a. 全钳夹式承载桥结构的原理是在货物主体两端预加工出可供连接的销孔座，在主体两端上方预设可承受额定压力的底面，钳夹梁通过连接销和底面与货物连为一体。b. 对于很多货物而言，例如炼化工程中的罐体设备，其两端预制销孔是不现实的，因此出现了对货物适应性更强的半钳夹式承载桥结构，它是在全钳夹式承载桥结构的基础上，在下部增加了底梁，解决了货物无法预支销孔的问题。

2）承载挂车

（1）长货转盘挂车。长货转盘挂车是一种在前后两组挂车上分别安装可承受载荷的长货转盘的特种挂车。这种挂车是专为实现超长货物远途运输而设计的。

在长货转盘的作用下，载货车组在通过转弯路段时，货物与挂车之间在水平方向上可以自由旋转，前后挂车上的长货转盘可以独立转向。使用长货转盘可实现牵引车自动转向及人工操纵控制转向。公路行驶时由牵引车带动自动转向，进出施工现场由人工操纵转向。

（2）凹型平板车。承载面为凹型平板，能有效降低装载和运行高度。

（3）框架车。将货物装载于框架梁内，尤其是适合于简体设备，可有效降低运行高度。

（4）专用车辆。随着大件运输行业的不断发展和细分，一些专用车辆被设计制造出来，以满足某些行业特种大件运输需要，目前，国内比较常见的特种专用车辆有罐体运输车和叶片运输车。

2.3　公路长大货物运输装载加固

绑扎加固是公路大件运输的重要环节之一，因绑扎加固不良导致大件运输安全事故的情况在实际工作中经常可见，因此做好大件货物绑扎加固工作十分必要。

1）大件货物绑扎加固作业原则

（1）所有大件货物须经过绑扎加固后方可起运。

（2）绑扎加固必须既要牢固可靠，又要不损伤设备和设备包装物。

（3）绑扎点或绑扎位置应尽量选择货物吊装点或靠近吊装点的位置。

2）大件货物绑扎加固分类

根据大件货物的结构特点实施不同形式的绑扎加固。常见绑扎加固形式见表2-1。

表 2-1　常见的绑扎加固形式

形式	说明
圆截面货物绑扎形式	钢丝绳从下向上围兜后双分琵琶头，再使用倒链两侧同时紧固。钢丝绳、倒链、卡环三者强度等级要求相互匹配。钢丝绳与货物接触面用胶皮、软管或麻袋等材料进行保护。必要时，设计专用支座
有吊装点的绑扎形式	钢丝绳呈"八"字形布置，下绑扎点的位置必须合理准确，原则上采取对称的结构。要防止绳索在吊耳处的重叠咬合，影响绑扎强度

3）大件货物常用的绑扎索具

常用绑扎索具参数如表 2-2 所示。

表 2-2　常用绑扎索具参数

序号	名称	规格	用途
1	钢丝绳	直径 24.5 mm，6×19 绳，许用拉力 10 t	用于长货挂车运输、高重心或稳定性差的货物绑扎
	手拉葫芦、张紧器、吊环	10 t 级	
2	钢丝绳	直径 18.5 mm，6×19 绳，许用拉力 5 t	用于 40 t 以上货物或特殊货物的绑扎
	手拉葫芦、张紧器、吊环	5 t 级	
3	钢丝绳	直径 24.5 mm，6×19 绳，许用拉力 3 t	用于 40 t 以下、货物稳定性好、货物尺寸较小的绑扎
	手拉葫芦、张紧器、吊环	3 t 级	

注：许用拉力大小用质量单位表示，实际大小应乘以重力加速度。

4）大件货物绑扎加固计算

以 12 轴线 2 纵列 GOLDHOFER 液压挂车所列装载货物为例，对变压器进行"八"字形绑扎，每边 2 根，共计 4 根，角度为 30°，选用规格为 6×19、直径为 20 mm 的钢丝绳。运输环境为长途道路运输，沿途道路最大纵坡 6%，最大横坡 10%。

按照上述运输工况，分别对可能出现的横向滑动、纵向滑动、横向倾翻及纵向倾翻 4 种失效形式进行绑扎加固计算。（为方便表示，以下计算均以质量单位 t 表示力的大小）

(1)纵向滑动。

出现纵向滑动失效的最不利条件为车辆在下坡路段时采取紧急制动。下坡速度

$$V_{max} = 10(km/h) \approx 2.78(m/s)$$

注：V_{max}为经验数值。

车组理论制动减速度为

$$\alpha_{理论} = g \times \varphi = 9.8 \times 0.5 = 4.9(m/s^2) \tag{2-1}$$

（g—重力加速度，φ—路面附着系数）

车组理论制动时间：

$$t_{理论} = \frac{V_{max} - 0}{a_{理论}} = \frac{2.78}{4.9} \approx 0.57(s) \tag{2-2}$$

根据车辆交通监理规定，车组的制动时间应在原制动时间的基础上增加协调制动时间 0.2 s，故实际制动时间为

$$t_{实际} = 0.57 + 0.2 = 0.77(s) \tag{2-3}$$

这样，车组实际制动减速度 $a_{实际}$ 为

$$a_{实际} = \frac{V_{max} - 0}{t_{实际}} = \frac{2.78}{0.77} \approx 3.61(m/s^2) \tag{2-4}$$

变压器所获惯性力为

$$F_{惯性} = \frac{G_{货} \times a_{实际}}{g} = \frac{210 \times 3.61}{9.8} \approx 77.36(t) \tag{2-5}$$

变压器在纵坡路面上的下滑力为

$$F_{下滑} = G_{货} \times \sin\theta = 210 \times 0.06 = 12.6(t) \tag{2-6}$$

（θ—路面纵坡角度值，按最大纵坡 6%计算）

变压器的纵向摩擦阻力为

$$P_{摩纵} = G_{货} \times f_{滑} = 210 \times 0.7 = 147(t) \tag{2-7}$$

（$f_{滑}$—滑动摩擦系数，钢质货物与木板或橡胶板之间一般取 0.7）

19 m 绑扎钢丝绳的破断拉力 $F_{破} = 26.2(t)$，一次性使用的绑扎钢丝绳其安全系数取 1.3，故 $F_{拉} = 20.1(t)$，绑扎点为变压器吊点，"八"字形绑扎，每边 2 根共计 4 根，角度为 30°。因此绑扎钢丝绳的水平破断拉力为

$$F_{水平拉} = 2 \times F_{拉} \times \cos30° = 2 \times 20.1 \times 0.866 = 34.81(t) \tag{2-8}$$

由此可知

$$P_{摩纵} + F_{水平拉} = 147 + 34.81 = 181.81(t) \tag{2-9}$$

$$F_{惯性} + F_{下滑} = 77.36 + 12.6 = 89.96(t) \tag{2-10}$$

$$P_{摩纵} + F_{水平拉} > F_{惯性} + F_{下滑} \tag{2-11}$$

所以是安全的，变压器在紧急制动时不会发生纵向滑动。

（2）横向滑动。

出现横向滑动失效的最不利条件为车辆在最大横坡弯道上通行。

转弯速度

$$V_弯 = 5(km/h) \approx 1.39(m/s)$$

车组行驶最小转弯半径

$$R_{min} = 12.7(m)$$

注：$V_弯$ 和 R_{min} 为经验数值。

离心加速度为

$$a_弯 = \frac{V_弯^2}{R_{min}} = \frac{1.39^2}{12.7} \approx 0.15(m/s^2) \tag{2-12}$$

变压器转弯产生离心力为

$$F_弯 = \frac{G_货 \times a_弯}{g} = \frac{210 \times 0.15}{9.8} \approx 3.21(t) \tag{2-13}$$

变压器在横坡路面上的侧滑力为

$$F_侧 = G_货 \sin\alpha = 210 \times 0.1 = 21(t)$$

（α—路面横坡角度值，按最大横坡 10%计算）

变压器在公路平板车上的正压力为

$$N_压 = G_货 \times \cos\alpha = 210 \times 0.995 = 208.95(t) \tag{2-14}$$

变压器的横向摩擦阻力为

$$P_{摩横} = N_压 \times f_滑 = 208.95 \times 0.7 \approx 146.27(t) \tag{2-15}$$

由于 $F_侧 - F_弯 = 21 - 3.21 = 17.79(t)$

所以 $P_{摩横} > F_侧 - F_弯$，是安全的，变压器在紧急制动时不会发生横向滑动。

（3）纵向倾翻。

出现纵向倾翻失效的最不利条件为车辆在下坡路段时采取紧急制动。

大件不发生纵向倾翻的条件为：

制动惯性力矩（M_1）+重力水平力矩（M_2）<重力垂直力矩（M_3）

变压器重心高度为 2.2 m，托架前后支点间距为 7 m。

$M_1 = F_{惯性} \times$ 变压器重心高度 $= 77.36 \times 2.2 = 170.19(t \cdot m)$

$M_2 = C_货 \times \sin\theta \times$ 变压器重心高度 $= 210 \times 0.06 \times 2.2 = 27.72(t \cdot m)$

$M_3 = G_货 \times \cos\theta \times$ 变压器支点间距/2 $= 210 \times 0.998 \times 7/2 = 733.5(t \cdot m)$

（Q—路面纵坡角度值，按最大纵坡 6%计算）

因 $M_1 + M_2 < M_3$，所以通常情况下紧急制动时，变压器不会发生纵向倾翻，但在考虑车速及安全系数时，仍可对变压器进行适当地绑扎加固，以增加可靠性，增加绑扎后的具体计算过程不再赘述。

（4）横向倾翻。

出现横向倾翻失效的最不利条件为车辆在最大横坡弯道上通行。大件不发生横向倾翻的条件为

侧向倾力矩（M_4）<重力垂直力矩（M_5）+离心力矩（M_6）

$M_4 = G_{货} \times \sin\alpha \times$ 变压器的重心高度 $= 210 \times 0.1 \times 2.2 = 46.2$（t·m）

$M_5 = G_{货} \times \cos\alpha \times$ 变压器宽度 $/2 = 210 \times 0.995 \times 3/2 = 313.43$（t·m）

$M_6 = F_{弯} \times$ 变压器的重心高度 $= 3.21 \times 2.2 = 7.06$（t·m）

（α——路面横坡角度值，按最大横坡 10% 计算）

因 $M_4 < M_5 + M_6$，所以不会发生倾翻。但在考虑车速及安全系数时，仍可对变压器进行适当地绑扎加固，以增加可靠性。增加绑扎后的具体计算过程不再赘述。在实际运输过程中，若要进行更精确的计算，还需考虑风力、横向摇摆惯性力矩、纵向摇摆惯性力矩等其他因素作用下对货物绑扎受力需求的不利影响，但这些力及力矩都较小，故不在本计算中体现。

2.4　公路长大货物运输网络

从启运地至目的地之间可能有多条公路运输线路，但并不是每条线路都适合于大件运输，选择哪条线路、如何选择线路才能使大件货物安全、经济、及时地到达目的地，这是大件运输线路选择所要解决的主要问题。

2.4.1　公路大件运输线路选择流程

公路大件运输线路选择的一般过程是：根据历史资料和其他手段初步选取一条或几条运输线路，并对所运大件货物进行初步配车及运输方案设计，得出运输车组的极限运输参数；对初选线路进行踏勘，根据道路信息对线路的安全性、通过性、经济性、时效性进行分析，并对大件货物配车方案进行修正改进，进而对线路进行筛选，最终确定运输线路及配车运输方案。公路运输线路选择流程见图2-3。

2.4.2　公路大件运输线路选择的影响因素

（1）极限运输参数。运行车组的极限运输参数及对道路的参数要求由大件货物的规格及重量和所选运输车辆的结构及性能参数确定，主要包括车组运行宽度、高度、转弯半径、车货总重及轴压等。

```
┌──────────┐                                              ┌──────────┐
│ 初选线路  │                                              │ 确定线路及 │
│ 初步配车  │                                              │ 通行方案  │
└────┬─────┘                                              └────▲─────┘
     │                                                        │ 满足
     ▼         收集资料信息    ┌──────────┐    满足    ┌──────────┐
┌──────────┐─────────────→│ 分析线路安 │─────────→│ 分析线路  │
│ 线路踏勘  │              │ 全性及通过性 │          │ 经济性及  │
└──────────┘              └──────────┘          │ 时效性   │
     ▲                          │ 不满足              │ 不满足
     │                          │                    │
     │       无法    可以       ▼                    ▼
┌──────────┐ 排障   排障  ┌──────────┐  调整排障方案
│ 其他线路  │            │ 排障方案  │←──────────────┘
└──────────┘            └──────────┘
     ▲   调整排障方案后仍无法满足
     └──────────────────────────┘
```

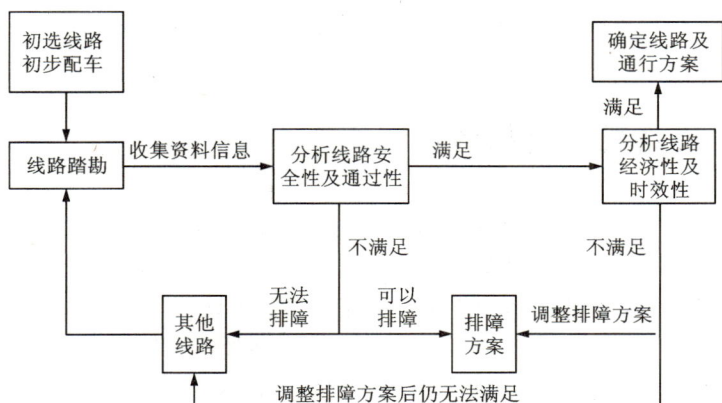

图 2-3　公路运输线路选择流程

（2）运输线路的通行参数。包括运输线路的通行宽度、转弯半径、纵坡及横坡、道路平整度、线路高空障碍等对大件运输通行的限制因素。

（3）运输线路排障情况。包括与满足大件运输要求相关的排障量、排障时间、排障难度及费用等相关因素。

（4）运输线路途经地区行政影响。包括途经地区行政法律法规的要求、行政部门执法水平等行政因素。

（5）运输线路通行费用。包括大件设备通过该线路所需的排障费用、协调费用、行政费用、运输过程中直接运行费用等。

2.4.3　公路大件运输线路选择原则

公路大件运输线路选择过程中要遵循以下原则：

（1）安全性原则。大件运输线路的选择以保证运输安全为前提，包括大件设备安全、运输车辆安全、运输线路及其设施安全、作业人员及周边人员的安全等。

（2）通过性原则。公路大件运输线路要保证大件货物在车队及道路现有条件下或者通过改变运输车型、对道路进行排障改造等技术措施后能够安全顺利通过。

（3）经济性原则。公路大件运输线路的选择在保证安全的前提下，通行费用要坚持经济性原则，包括大件设备通过该线路所需的排障费用、协调费月、行政费用、运输过程中直接运行费用等。

（4）时效性原则。公路大件运输线路的选择要保证大件运输通行时间满足业主的时间要求及通行的时效性要求。在保证大件货物运输安全及经济的前提下，应追求时间最短，即最好的时效性。时效性受勘察调研论证时间、协调时间、排障实施时间、行政审批时间、运行时间及其他不可控因素所花费的时间的影响。

2.5　公路长大货物运输组织

大件运输是一项复杂的系统工程，具有显著的一次性和特殊性的特点，是建设工程的重要环节，这一环节运作得是否得当，直接关系到整个工程的质量、成本、工期。因此，在大件运输中应尽量采用经济、可靠、快捷、方便的技术，把大件运输费用压缩到最低限度，提高工程项目的经济效益和社会效益。

超限运输在运输过程中可能会造成影响公共设施安全和公共交通安全等涉及社会公共利益的重大问题，因而具有区别于普通货物运输的特殊性，需要有关部门、单位给予特殊对待，以确保其运输安全。

2.5.1　大件运输组织协调模式

1）政府职能部门组织协调模式

通过设置专门机构或委托运输管理机构，负责区域内大件运输组织协调的工作职责，对大件运输所涉及的行政管理部门、各相关部门或单位与承运企业的配合关系和出现的问题进行综合协调，并组织实施完成大件运输任务。如四川省政府设立大件运输领导小组，由主管副省长担任组长，省经委归口承担特殊超限货物运输的组织协调服务和监督管理职能；天津市政府制定法规规定确立了交通运输管理部门是大件运输组织管理者的地位，统一组织管理特殊超限货物道路运输工作，要求电信、电力、公安、市政、公路、铁路部门应予以配合；北京市在运输局下设运输协调处负责超大型货物及重点物资运输的组织协调工作。

2）承运企业组织协调模式

大件运输承运企业自行向政府相关职能部门申请大件运输行政许可，并联络大件运输任务各相关参与部门和单位召开联席会议，共同协商处理相关事项和问题，并形成会议纪要供各方备忘和履责遵守。

由于承运企业联系有关行政部门完全处于被动地位，组织协调难度较大，企业获得大件运输行政许可的时间较长，而目前国内多数省区的大件运输组织协调采用此模式，由于企业办理大件运输许可时间长、难度大，故有些承运企业往往"知难而退"，采取"偷跑"等违规手段，给运输安全造成了很大隐患。

2.5.2　大件运输的组织过程

由于大件运输的对象为大型物件，而大型物件在体积、重量上往往超过普通车辆的容积或载重量，甚至超过公路、桥梁的极限及通过能力，所以组织好大件运输意义重大。根据大件运输的特殊性，其组织工作过程主要包括托运与承运、理货、验道、制定运输方案、签订运输合同、大件运输工作组织、装车组织、运输过程、卸车组织以及运输统计与结算等环节。

1）托运与承运

在货物运输合同中，将货物托付承运人，按照合同约定的时间运送到指定地点，向承运人支付相应报酬的一方当事人，称为托运人。由大型物件托运人或单位向已取得大型物件运输经营资格的运输企业或其代理人办理托运，托运人必须在托运单上如实填写大型物件的名称、件数、规格、重量、起运日期、收发货人详细地址、联系方式及运输过程中的相关注意事项。若未按上述要求办理托运或托运单填写不明确，并由此发生运输事故的，由托运人承担全部责任。

货物承运是指承运方对托运的货物进行审核、检查、登记等受理运输业务的工作过程。

2）理货

理货工作的主要内容包括调查大型物件的几何形状和重量，调查大型物件的重心位置和重量分布情况，查明货物承载位置及装载方式，查看特殊大型物件的有关技术经济资料，以及完成书面的理货报告。

3）验道

验道工作的主要内容包括查验运输沿线全部道路的路面、路基、纵向坡度、横向坡度、道路的竖曲线半径、通道宽度、弯道半径，查验沿线桥梁涵洞、障碍，查看装卸货现场、转运现场，了解沿线地理环境及气候情况。根据上述查验结果预调作业时间，编制运行线路图，完成验道报告。

4）制定运输方案

在充分分析、研究理货报告及验道报告基础上，制定安全可靠、可行的运输方案。其主要内容包括配备牵引车、挂车组及附件；配备动力机组；确定限定最高车速；制定运行技术措施；配备辅助车辆；制定货物装卸与捆扎加固方案；制定和验算运输技术方案；最后完成运输方案书面文件。

5）签订运输合同

根据托运方填写的委托运输文件及承运方进行理货、验道、制定运输方案的结果，承托双方签订书面形式的运输合同。主要内容包括明确托运与承运甲乙方、大型物件数据及运输车辆数据、运输起始地点、运距与运输时间，明确合同生效时间、承运双方应负责任、有关法律手续及运费结算方式、付款方式等。

6）大件运输工作组织

大件运输工作组织包括建立临时性的大件运输工作领导小组，负责实施运输方案，执行运输合同和相应对外联系；领导小组下设行车、机务、安全、后勤生活、材料供应等工作小组及工作岗位，并落实相关工作岗位责任，组织大件运输工作所需牵引车驾驶员、挂车操作员、修理工、装修工、工具材料员、技术人员及安全员等，依照运输工作岗位责任及整体要求认真操作、协调工作，保证大件运输工作全面、准确完成。

7）装车组织

运输企业对托运人所托运的货物进行装车前的测量，根据测量数据合理选择计划装车方案。根据货物的外形、重量和结构特点，结合装运车辆的技术条件，综合考虑装车方案。根据货物外形情况研究纵装、横装或立装等方案，以确定最有利的装载方法。必要时采取改变货物包装、解体货物或某个部件的措施，以降低超限等级。

8）运输过程

车辆启动前必须对平板车和加固情况作详细的检查，杜绝隐患，并做好记录。有问题必须在启动前排除。设备在运输过程中必须进行交通管制，沿途路段实行封闭或半封闭通行，分段封闭道路，全程进行监控。设备运输必须在白天进行，正常运输速度必须控制在 5 km/h 以下；道路不平整的路段速度必须控制在 2 km/h 以下；通过障碍的速度必须控制在 3 km/h 以下。

通过横坡大于 3% 的道路，必须进行平板车的横坡校正，确保设备处于相对水平的状态；通过较大的纵坡时，对平板车进行纵坡校正，确保设备处于相对水平的状态；夜间停放或中途停车必须选择道路坚实平整、路面宽、视线良好的地段停放，设置警戒线、警示标志，并派人守护；停放时间较长时，需要在平板车主梁下部支垫道木，降低平板车高度，主梁落在道木上，检查平板车压力表，将压力降低；将平板车停放妥当后，检查设备捆绑情况和车辆轮胎等，及时排除隐患；停车时，做好安全隔离措施，提醒其他车辆注意绕行。

在运输过程中，根据道路实际情况，天气、交通、地质等综合情况，实时地对当前路径进行风险评估和分析，通过多种信息的融合决策，建立新的道路规划，减少因为突发事件造成的运输失败或延迟。

9）卸车组织

运输方派专业技术人员会同托运方有关人员负责监装、监卸等工作；装卸过程中严格执行配载方案。在接货时，严格检查，如有残损，及时将残损情况报告托运人并按照托运人意见处理，并做好相应交接记录。

10）运输统计与结算

运输统计指完成大件运输工作各项技术经济指标统计，运输结算即完成运输工作后按运输合同有关规定结算运费及相关费用。

完善大件运输组织协调与管理的建议具体如下：

1）设置专门的大件运输组织协调与管理机构

大件运输任务涉及的部门单位多，包括运输管理、公路管理、公安交通管理、市政、电力、电信、铁路系统等多个相关部门，经办环节多，整体运作周期较长，承运企业要得到所有这些部门或单位的配合才能顺利完成大件运输任务。由于大件运输的特殊性，在运输过程中，涉及公共设施安全、公共交通安全、社会公共利益等有关的重大问题，通常需要多个部门、单位给予特别许可和处理。为防止承运企业和各有关单位、部门过分考虑自身利益，以及各自专业的局限性，而不从全局的角度看问题，须设置权威的专门机构，负责协调承运企业和各相关部门、单位的关系，从客观实际和系统优化的角度，从保障公共安全、实现公共利益最大化、保障经济社会和谐发展上来承担大件运输的组织管理工作。

2）完善大件运输规章管理制度

建立起与组织机构相配套的规范的管理制度体系，使大件运输组织协调和管理工作有章可循，进一步促进大件运输组织协调和管理工作的规范化、决策科学化。大件运输规章管理制度应重点包括以下内容：大件运输管理机构的设置和职责范围；大件运输管理的任务、内容、标准和要求；大件运输管理的方式和程序；大件运输中重要事项的决策机制；大件运输的相关费用收取的相关规定、标准等。

3）建立大件运输信息服务平台

大件运输实现信息化是提高运输效率的重要途径。通过建立地区及全国的大件运输信息服务平台，建设有关大件运输的法规、道路、桥梁、企业、专用车辆、专家和从业人员等业务数据库，对经过永久性加固措施加固的道路桥梁及时更新其承载限值信息，逐步普及大件运输电子政务和大件运输管理信息系统、铁路限界管理及超限超重货物辅助决策系统。发展和推广应用智能交通系统（ITS），对大件运输通道进行实时自动监控和动态管理，确保通道设施设备、车辆运行安全。在建立道路、桥梁、交通附属设施空间数据库的基础上，建立基于空间决策支持系统的大件运输线路自动生成系统，提高大件运输选线的效率。

第 3 章
铁路长大货物运输

3.1　铁路长大货物运输定义

定义 1.1　超限货物。货物装车后，车辆停留在水平直线上，货物的任何部位超出机车车辆限界基本轮廓者或车辆行经半径为 300 m 的曲线时，货物的计算宽度超出机车车辆限界基本轮廓者，均为超限货物。

（1）一级超限。自轨面起高度在 1250 mm 及其以上超限但未超出一级超限限界者。

（2）二级超限。超出一级超限限界而未超出二级超限限界者，以及自轨面起高度在 150 mm 至 1250 mm 间超限但未超出二级超限限界者。

（3）超级超限。超出二级超限限界者。

定义 1.2　超长货物。一车负重，突出车端，需要使用游车或跨装运输的货物称为超长货物。

定义 1.3　集重货物。重量大于所装车辆负重长度的最大容许载重量的货物，称为集重货物。

定义 1.4　超重货物。装车后，重车总重活载效应超过桥涵设计标准活载（中-活载）的货物，称为超重货物。

根据货物的超重程度，超重货物分为三个等级：一级超重、二级超重和超级超重。下面的 Q 为活载系数。

（1）一级超重：$1.00 < Q \leqslant 1.05$；

（2）二级超重：$1.05 < Q \leqslant 1.09$；

（3）超级超重：$Q > 1.09$。

从超限货物、超长货物、集重货物和超重货物定义来看，超限货物可以是超长货物，可以是集重货物，也可以是超重货物。从实践上看，超重货物一般是超限货物。

其中,定义 1.1 的计算宽度计算方法如下:

1)用一辆六轴及以下货车装载时

(1)当货物的检定断面位于车辆两心盘中心之间时,其计算公式为:

$$X_内 = B + C_内 - 36 (\text{mm}) \tag{3-1}$$

式中:B——实测宽度,即货物检定断面的计算点至车辆纵中心线所在垂直平面的距离,mm;

$C_内$——货物检定断面处的内偏差量,即车辆纵中心线在货物检定断面处偏离线路中心线的距离,mm;其计算公式为:

$$C_内 = \frac{l^2 - (2x)^2}{8R} \times 1000 (\text{mm}) \tag{3-2}$$

式中:l——车辆转向架中心距,m;

x——货物检定断面至车辆横中心线的距离,m;

R——曲线半径,m。

(2)当货物的检定断面位于车辆两心盘中心外方时,其计算公式为:

$$X_外 = B + C_外 + K - 36 (\text{mm}) \tag{3-3}$$

式中:$C_外$——货物检定断面处的外偏差量,即车辆纵中心线在货物检定断面处偏离线路中心线的距离,mm;其计算公式为:

$$C_外 = \frac{(2x)^2 - l^2}{8R} \times 1000 (\text{mm}) \tag{3-4}$$

K——货物检定断面处的附加偏差量,mm;其计算公式为:

$$K = 75 \left(\frac{2x}{l} - 1.4 \right) (\text{mm}) \tag{3-5}$$

注:当 $\frac{2x}{l} \leq 1.4$ 时不计算。

2)用普通平车跨装时

(1)当货物的检定断面位于两货物转向架中心销之间时,其计算公式为:

$$X_内 = B + C_内 - 36 (\text{mm}) \tag{3-6}$$

其中,$C_内$ 的计算公式为:

$$C_内 = \frac{L^2 + l^2 - (2x)^2}{8R} \times 1000 (\text{mm}) \tag{3-7}$$

式中:L——跨装支距,m;

l——负重车的转向架中心距,m;

x——货物检定断面至跨装支距中心线的距离,m。

(2)当货物的检定断面位于两货物转向架中心销外方时,其计算公式为:

$$X_{\text{外}} = B + C_{\text{外}} + K - 36 (\text{mm}) \tag{3-8}$$

其中，$C_{\text{外}}$ 的计算公式为：

$$C_{\text{外}} = \frac{(2x)^2 - L^2 - l^2}{8R} \times 1000 (\text{mm}) \tag{3-9}$$

K 的计算公式为：

$$K = 75\left(\frac{2x}{L} - 1.4\right)(\text{mm}) \tag{3-10}$$

注：当 $\frac{2x}{L} \leqslant 1.4$ 时不计算。

3）用六轴以上长大货物车装载时

（1）当货物的检定断面位于大底架两心盘中心之间时，其计算公式为：

$$X_{\text{内}} = B + C_{\text{内}} - 36 (\text{mm}) \tag{3-11}$$

其中，$C_{\text{内}}$ 计算公式为：

$$C_{\text{内}} = \frac{L_1^2 + L_2^2 + \cdots + L_n^2 - (2x)^2}{8R} \times 1000 (\text{mm}) \tag{3-12}$$

式中：L_1、L_2、$\cdots$、L_n——分别为长大货物车由上向下各层底架心盘中心距，m；

其中，n 为长大货物车底架层数；

x——货物检定断面至车辆横中心线的距离，m。

注：用具有导向装置的长大货物车装载时，$C_{\text{内}}$ 根据车辆使用说明书计算。

（2）当货物的检定断面位于大底架两心盘中心外方时，其计算公式为：

$$X_{\text{外}} = B + C_{\text{外}} + K - 36 (\text{mm}) \tag{3-13}$$

其中，$C_{\text{外}}$ 的计算公式为：

$$C_{\text{外}} = \frac{(2x)^2 - L_1^2 - L_2^2 - \cdots - L_n^2}{8R} \times 1000 (\text{mm}) \tag{3-14}$$

K 的计算公式为：

$$K = 75\left(\frac{2x}{L_1} - 1.4\right)(\text{mm}) \tag{3-15}$$

注：当 $\frac{2x}{L_1} \leqslant 1.4$ 时不计算。

3.2　铁路长大货物运输车辆

我国装运大件货物的铁路车辆主要有铁路普通平车和长大货物车。目前，我国铁路普通平车的最大标记载重量为 70 t。长大货物车的载重量及自重较普通平车大，最大标记载重量为 450 t。其中，长大货物车有长大平车、凹底平车、双联平车、落下孔车和钳夹车五种。

1）普通平车

目前，我国铁路普通平车多为平集共用车，是在通用平车和集装箱平车的基础上发展而成的车辆。平车因没有固定的侧壁和端壁，故作用在车上的垂向载荷和纵向载荷完全由底架的各梁承担，是典型的底架承载结构，具有装运多种货物的功能，主要运输集装箱、钢材、木材、汽车和拖拉机等体积、重量比较大的货物以及机械设备、大型混凝土桥梁、军用装备等货物，共 16 个车型。

2）长大平车

从底架结构型式上看，长大平车与普通平车基本相同，其差别主要是长大平车的底架长度和标记载重量比较大，共 8 个车型，主要用于装运长度较大的钢轨、型钢以及锅筒等。目前，D23G 型载重 265 t 的长大平车是我国载重最大的长大平车。

3）凹底平车

凹底平车的结构特点是转向架或转向架群分布于车辆的两端，中部为装载货物的凹底架。凹底架承载面距轨面高度较低，可降低货物装车后高度，从而降低超限等级和重车重心高度。凹底平车适于装运高度较大、长度不太长的电力、冶金、化工、重型机械等行业的长大货物，如机械设备、变压器等货物。

现有的长大货物车中，凹底平车的车型和数量所占比例最高，共 20 个车型，标记载重量以 30~40 t 为级差，已形成系列。目前，DA37 型载重 370 t 的凹底平车是我国载重最大的凹底平车。

4）双联平车

双联平车无承载底架，由两个安装于两转向架群中央心盘上的可回转鞍座支承货物。货物一般比较长，跨装在两个转向装置上。双联平车适于装运长度较大、有自承载能力的圆柱体货物，如氨合成塔、尿素合成塔、加氢反应器、锅炉等。目前，我国铁路双联平车只有 D30G 型双联平车一个车型，其载重为 370 t。

5）落下孔车

落下孔车是底架中部具有一定长度和宽度的装货孔，装货时，使货物落入孔内，货物的重量由两根截面高度较大的侧梁承担，共 9 个车型。落下孔车能充分利用铁路建筑限界高度，适于装运电力、冶金、化工、重型机械等行业超限、超重阔大货物，如轧机机架、具有承载肩座的变压器、发电机定子等。但由于两根侧梁占据了一定的宽度以及落下孔长度的限制，因此不适合装运长度或宽度特别大的货物。目前，D45 型载重 450 t 的落下孔车是我国载重最大的落下孔车。

6）钳夹车

钳夹车具有独特的超限货物运输能力，它由两个对称的半节车组成。装运货物时,将两个半节车分开,货物夹置在两个半节车之间,使货物与两个半节车的钳形梁成为一个整体,货物成为整个车辆的一部分,称为长连挂。空车运行时,两个对称的半节车由辅助装置连接在一起,称为短连挂。由于钳夹车无承载货物的地板面和侧承梁,因此装载货物时能最有效地利用铁路建筑限界,可适应装运电力、冶金、化工、机械等行业的超限重型货物,如发电机定子、主变压器、轧钢机牌坊、核电站压力壳等。

目前,我国铁路钳夹车共有 D38 型钳夹车、DQ35 型钳夹车和 DQ45 型钳夹车3 个车型,其中 DQ45 型载重 450 t 的钳夹车是我国载重最大的钳夹车。

3.3　铁路长大货物运输装载加固

3.3.1　铁路运输大件货物装载

铁路运输大件货物装载,除了必须满足普通货物装载的一般要求(如尽可能充分利用车辆的载重能力,装载量不超过货车的标记载重量等)之外,还要特别注意确保重车运行安全和避免损伤车辆,以保证运输安全和车辆的正常使用寿命。对于大件货物装车,应尽量通过选择合适的车辆和装载方案来降低超限等级或程度。

3.3.1.1　装载基本技术要求

《铁路货物装载加固规则》对货物装载的基本要求,归纳起来主要有:

(1)一般情况下,装车后货物重心或总重心(一车装几件货物时)的投影应位于货车横、纵中心线的交叉点上(简称"车辆中央");

(2)特殊情况下,必须偏离车辆中央时,偏离车辆横中心线的距离(纵向偏离量)应保证每个转向架承受的货物重量不超过货车容许载重量的二分之一,且两转向架负重差不大于 10 t,偏离车辆纵中心线的距离(横向偏离量)不得大于100 mm;

(3)装载两件或多件货物时,应避免对角线装载。

遵守这些要求的关键是合理确定货物重心或总重心在车辆上的位置。

1)货物重心在车辆纵向的合理位置

为了保证车辆任一转向架承受的货物重量不超过车辆标记载重量的 1/2,两转向架负荷之差又不大于 10 t,货物重心偏离车辆横中心线的最大容许距离($a_容$)可按下式计算。

当 $P_容 - Q < 10$ t 时,

$$a_{容} = \left(\frac{P_{容}}{2Q} - 0.5\right)l \, (\text{m}) \tag{3-16}$$

当 $P_{容} - Q \geqslant 10 \text{ t}$ 时，

$$a_{容} = \frac{5}{Q}l \, (\text{m}) \tag{3-17}$$

式中：$P_{容}$——货车容许载重量，t；

　　　Q——货物重量（或总重量），t；

　　　l——车辆销距，m。

2）货物重心在车辆横向的合理位置

某些货物的重心所在纵向垂直平面两侧宽度不等，当其重心落在车辆纵中心线上装载时，可能超限，甚至可能受铁路限界的限制无法通过。为了避免超限或降低超限程度，可以采用货物重心偏离车辆纵中心线的装载方案。

实践证明，货物重心偏离车辆纵中心线距离不超过 100 mm 时，不会影响重车运行安全。如果在实际工作中遇到需要使货物重心偏离车辆纵中心线的距离超过 100 mm 时，应采用配重措施，即在车辆另一侧配装其他货物，使配装后货物总重心落在车辆纵中心线上或总重心横向偏离量不超过 100 mm。

3）重车重心高度

货物装车后，需将车辆和所装货物视为一个整体，该整体的组合重心自钢轨面起算的高度称为重车重心高度。

一车负重装载时，重车重心高度可按下式计算：

$$H = \frac{Q_{车}h_{车} + Q_1h_1 + Q_2h_2 + \cdots + Q_nh_n}{Q_{车} + Q_1 + Q_2 + \cdots + Q_n} \tag{3-18}$$

式中：$Q_{车}$——货车自重，t；

　　　$h_{车}$——空车重心距轨面高度，mm；

　　　$Q_1, Q_2, \cdots, Q_n$——货物重量，t；

　　　$h_1, h_2, \cdots, h_n$——货物装车后重心距轨面高度，mm。

跨装时重车重心高度可按下式计算：

$$H = \frac{Q_{车1}h_{车1} + Q_{车2}h_{车2} + Qh}{Q_{车1} + Q_{车2} + Q} \tag{3-19}$$

式中：$Q_{车1}, Q_{车2}$——分别为两负重车的自重，t；

　　　$h_{车1}, h_{车2}$——分别为两负重车空车重心自轨面起算的高度，mm；

　　　Q——货物重量，t；

　　　h——货物装车后重心自轨面起算的高度，mm。

重车重心高度是铁路的一项基本技术标准，它是影响重车运行稳定性的主要因素之一。为了保证重车运行安全，我国铁路规定，罐车重车重心高度不得超过

2200 mm，双层集装箱车重车重心高度不得超过 2400 mm，其他重车重心高度一般不得超过 2000 mm。超过这个限制时，如果有条件，可以通过配装重心较低的货物降低重车重心高度。无法降低重车的重心高度时，应按规定限速运行。重车重心超高限速运行规定见表 3-1。

表 3-1　重车重心超高限速运行规定

重车重心高度 H/mm	区间限速/(km/h)	通过侧向道岔限速/(km/h)
$2000<H\leqslant2400^{*}$	50	15
$2400<h\leqslant2800$	40	15
$2800<H\leqslant3000$	30	15

注：* 适用于除罐车和双层集装箱车以外的其他车辆。对于罐车，该范围为 2200 mm$<H\leqslant$2400 mm。

3.3.1.2　超长货物装载技术条件

现行《铁路货物装载加固规则》规定，货端半宽不大于车辆半宽时，货物突出车端的容许长度为 300 mm；货物突出端半宽大于平车地板半宽时，货物突出端的长度不得超过 200 mm。

装车后货物突出车端的长度，超过上述规定时，就需要加挂一辆游车。一车负重突出车端装载，需要使用游车或需要跨装运输的货物，称为超长货物。

1）车负重超长货物的装载技术条件

一辆平车装载一件超长货物时，除执行货物装载基本技术条件外，还必须遵守下列要求。

（1）必须使用游车。游车与负重车连挂车钩的提钩杆用铁线绑扎固定，以防分摘。

（2）在游车上装载货物时，与货物突出端的间距不得小于 350 mm，如图 3-1 所示。

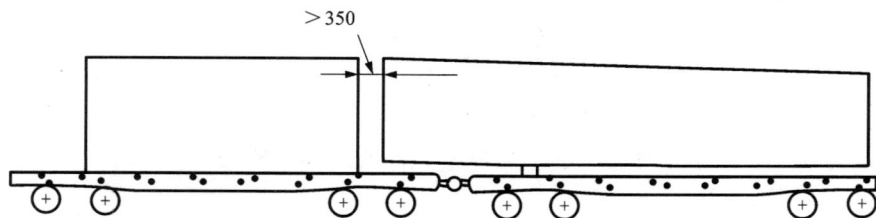

图 3-1　游车上货物装载位置示意图(单位：mm)

（3）两件到达同一卸车地点的超长货物在同地装车时，可以共用一辆游车，两货物突出端间距不得小于 500 mm，如图 3-2 所示。

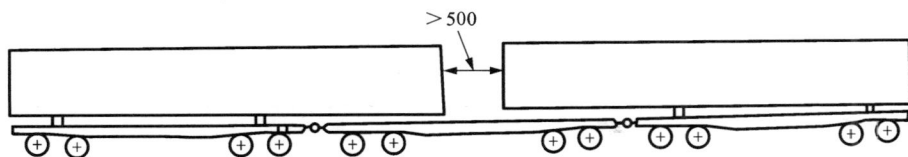

图 3-2　共用游车示意图（单位：mm）

（4）在游车上，货物突出端的两侧不得装载货物，也不得将货物和游车加固在一起。

（5）为了保证车辆行经线路竖曲线变坡点时货物突出车端部分的底部与游车地板不相接触，必须使用高度符合要求的横垫木或支架（座）。

横垫木或支架（座）的高度 H，可按车辆经过驼峰的要求考虑，如图 3-3 所示。

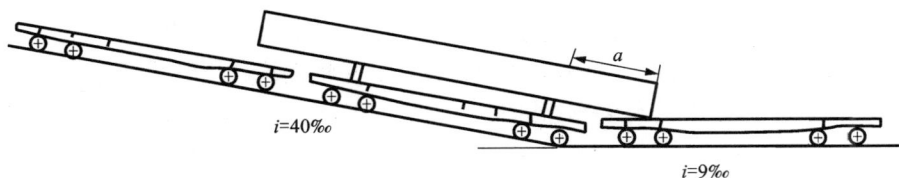

图 3-3　超长货物所在车辆经过驼峰示意图

$$H = 0.031a \pm h_{车差} + f + 80 \text{（mm）}$$

式中：a——货物突出端至负重车最近轮对轴心所在垂直平面的距离，mm；

$h_{车差}$——游车地板面与负重车地板面高度差，游车地板高度大时取正值，反之取负值，mm；

f——货物突出端的挠度，mm。

若货物突出车端部分底部有向下的突出部分时，H 中还应包括该突出部分的尺寸。

（6）超长均重货物使用 60 t、61 t 平车装载，两端均衡突出时，货物重量不得超过表 3-2 的规定。

表 3-2　超长均重货物两端均衡突出时车辆容许装载量

突出车端长度 L/mm	L<1500	1500≤L<2000	2000≤L<2500	2500≤L<3000	3000≤L<3500	3500≤L<4000	4000≤L<4500	4500≤L<5000
容许载重量/t	58	57	56	56	55	54	53	52

2)跨装超长货物的装载技术条件

一件货物使用两辆平车负重装载时,称此货物为跨装货物。跨装货物应遵守如下要求。

(1)只准两车负重。负重车车地板高度应相等,如高度不等时,需要垫平。对未达到容许载重量的货车,可以加装货物,但不得加装在货物的两侧,与跨装货物端部间距不应小于 400 mm。

(2)在两辆负重车的中间只准加挂一辆游车。

(3)跨装货物应使用货物转向架,以便于负重车在曲线上转向。货物转向架的支重面长度应遵守避免集重装载的要求,货物转向架下架体的重心投影应遵守装载基本技术条件的要求。

(4)货物转向架的上架体与跨装货物,下架体与车辆分别固定在一起。对货物及货物转向架的加固不得影响车辆通过曲线,并将提钩杆用铁线捆紧。

(5)中间加挂游车的跨装车组通过 9 号及以下道岔时不得推送调车。遇货物条件不容许或尽头线时,可以不超过 5 km/h 的速度匀速推进。

(6)跨装车组应使用车钩缓冲停止器,安装应在车钩自然状态下进行。

(7)跨装车组禁止溜放。

3.3.1.3 避免平车集重装载

对于有些重量比较大、支重面长度比较短的货物以及长度超出车辆的货物,除需遵守装载基本技术条件外,还应遵守相关的特殊技术条件。车辆的承载状况基本上可以分为两类:第一类为均布载荷,整个车地板上均匀承载货物重量;第二类为集中载荷,车辆局部地板面上承受货物重量。

若车辆承受均布载荷,当装载重量达到车辆的标记载重时,车体主要部件的工作应力不会超过其许用应力。车辆承受集中载荷时,车体主要部件的工作应力有可能超过其许用应力。我们把货物装车后车体主要部件(中梁、侧梁、横梁、枕梁等)的工作应力(或工作弯曲力矩)超过其许用应力(或最大容许弯曲力矩)时,称为集重装载。

各型平车中部负重面长度上最大容许装载的货物重量,当货物重心垂直投影在车辆横中心线上时,可以根据表 3-3、表 3-4、表 3-5 避免集重装载。

表3-3　平车局部地板面承受均布载荷或对称集中载荷时容许载重量(t)

地板负重面长度/mm	两横垫木中心线间最小距离/mm	车型				
		N17AK/N17AT/N17CK/N17GT/N17K/N17T	XX17AK/NX17AT/NX17K/NX17T	NX17BK/NX17BT/NX17BH	NX70/NX70H	NX70A
1000	500	25	25	25	30	40
2000	1000	30	30	30	35	50
3000	1500	40	40	40	45	62
4000	2000	45	45	45	50	66
5000	2500	50	50	50	55	70
6000	3000	53	53	53	57	
7000	3500	55	55	55	60	
8000	4000	57	57	57	63	
9000	4500	60	60	61	65	
10000	5000				70	

注：当负重面长度介于上表两数之间时，可采用插入法来确定容许载重量。

3.3.1.4 大件货物装载及优化方法

长大货物具有长大重特点，在满足前述货物装载技术要求的条件下，还应尽量通过选择合适的承载车辆和装载方案来降低货物的超限等级、超重等级以及重车重心高度。具体方法有以下几种。

1) 合理选择承载车辆

大件货物选择承载车辆时，应主要考虑货物重量、长度、高度、支重面形式以及承载方式等因素。由于受铁路建筑限界形状和尺寸限制，装车后高度和对应的计算宽度往往决定了货物的超限等级和程度，也决定了重车车辆的通行性能。有时仅相差几厘米的高度，超限等级就可能发生变化，甚至关系到是否能够安全通过沿途所有建筑限界，重车重心高度也有可能超过限制高度。因此，有效降低大件货物的装载高度，是降低货物超限等级、重车重心高度的重要措施，在实际工作中可以通过优化选择车型来解决。

(1) 大多数重量、长度、高度均不太大的大件货物，可选用普通平车运输。若采用普通平车装载，其超限程度较大或重车重心较高，可能采用的降低超限程度和重车重心高度的方法主要有以下两种。

表3-4 凹底平车局部地板承受均布载荷或对称集中载荷时容许载重量（t）

地板负重面长度/mm	两横垫木中心线间最小距离/mm	车型																	
		D2	D10	D2G	D2A	D9A	D15	D25A	D12K	D18A	D10A	D15A	D32	D28	QD3	D15B	D32A	DA21	DA25
1000	500	160																	
1500	750		71	172	172		129		95	165	72	130			22	130			
2000	1000														23				
3000	1500		72	178	178	76	131	215	100	166	76	132		250	24	132		180	220
3500	1750																		
4000	2000														25				
4500	2250		74	183	183	80	134	216	105	168		135		260				185	225
5000	2500														27				
5500	2750																		
6000	3000		77	189	189	84	137	224	109	171	83	138		270	28	140		190	230
7000	3500							229					300		30		300		
7500	3750		81	197	197	87	142							275		145		200	240
8000	4000							236						280			310		
9000	4500		87	210	210	90	150	243	120	180	90	150	315			150	315	210	250
9300	4650																		
9800	4900							250											
10000	5000		90								90		320				320		

注：当负重面长度介于上表两数之间时，可采用插入法来确定容许载重质量。

表 3-5 长大平车及落下孔车局部承受均布荷载或对称集中载荷时容许载重量(t)

地板负重面长度/mm	两横垫木中心线间最小距离/mm	车型			
		D22A	D26A/D26AK	D79	D22B
2000	1000	62		32	55
3000	1500				
4000	2000	64		36	58
4500	2250				
5000	3000				
6000	3750	68		40	62
7500	4000				
8000	4500	74	260	44	66
9000	5000				
10000	6000	77		46	71
12000	7000	81		48	76
14000	7500			50	82
15000	8000	86		60	
16000	8250			70	88
16500	8900	98			
17800	9000		260		100
18000	10000				
20000	10200	120			108
20400	11000				
22000	12000				116
24000	12000				120
25000					120

注:当负重面长度介于上表两数之间时,可采用插入法来确定容许载质量。

①选用车地板面高度较低、自重较大、空车重心高度较低的其他车型普通平车装运。目前,我国铁路普通平车的标记载重量为 60 t、61 t、70 t,自重为 19.7~23.8 t,车地板面高度为 1207~1216 mm,空车重心高度为 723~777 mm。可以看出,不同车型间的普通平车参数差别不大,因此在降低超限程度和重车重心高度

方面优化空间有限,只有货物的超限等级和重车重心高度刚好超出一定的界限时,该方法才可能有效。

②选用车地板面较低的凹底平车等装运。凹底平车的承载面高度最低可达 690 mm,自重最小可达 36 t。因此,对于采用普通平车装载后超限等级和重车重心高度较大的货物,改用凹底平车可显著降低超限程度(下部超限除外)和重车重心高度。然而,就现行的《铁路货物运价规则》来看,采用这种方法降低超限程度和重车重心高度可能致使货物的运输费用较高。

(2)长度较大的货物,如钢梁等,可考虑选用普通平车跨装或长大平车装载。长达几十米的货物,甚至可用由 5 辆普通平车组成的车组跨装运输或用长大平车跨装运输。

(3)重量较大、高度较高、长度不太大、底面承载的货物,如小型变压器等,可考虑选用凹底平车装运。

(4)长度和重量较大的圆柱形货物,如合成塔等,可考虑选用双联平车装运。

(5)自身刚度较大、重量和高度较大、长度不太大的货物,如发电机定子等,可考虑选用钳夹车装运。

(6)重量和高度较大、长度不太大、可以两侧承载的货物,如大型输变电设备、轧机机架等,可考虑选用落下孔车装运。

2)将大件货物充分"瘦身",使其成为真正不可解体的货物

在大件运输可行性研究和大件货物设计制造阶段,根据大件货物自身性能,将可拆解的零部件(如合成塔封头/突出仪表等)分别包装单独运输,使其成为真正不可解体的货物,可有效降低大件货物的运输重量和尺寸。

3)通过改变大件货物包装,降低货物超限等级

在大件货物包装设计阶段,建议生产厂家把货物的方形木质包装改为上部为斜坡或圆弧形状,使其与铁路建筑限界的形状相似或相近,这样能有效降低大件货物的超限等级。在满足安全要求的前提下,降低底座高度也是降低货物超限程度的措施之一。

4)调整大件货物的装载位置

在满足货物重心在车辆横向/纵向容许偏移量要求的前提下,根据货物外形,通过适当调整货物在车辆上的装载位置,也可适当降低超限等级。

3.3.2　铁路运输大件货物加固

列车在线路上运行时,由于突然起动、加速、制动,车钩纵向作用力的骤然变化,以及在调车作业中车辆之间的相互冲击,均会导致车辆纵向运动状态的变化;由于线路的坡度变化、方向变化以及由于线路和车辆的技术状态、车辆的蛇

行运动等引起的轮轨作用力的变化,会引起车辆横向运动状态的变化。车辆的运动状态发生变化时,车上所装货物的装载位置或状态也可能发生变化,如发生移动、倾覆、滚动或者发生货垛倒塌、货物坠落等。为了防止货物的装载位置或状态发生变化,保证列车运行安全和货物完整,货物在装车之后应采取必要的加固措施,即采用适当的方法,把货物和车辆联结为一体,以确保当车辆的运动状态发生变化时,货物能够随之而同时变化。

对货物加固的强度应足以保证在运输全过程中,在正常的运输条件下,货物能够始终保持其在发站的初始装载位置不变。

必要的加固强度,应通过科学的加固计算确定。加固计算的一般程序如下:①计算作用于货物上各种力的数值;②计算需要加固材料或装置承受的力;③确定合理的加固方法和加固强度。

3.3.2.1 运输过程中作用于货物上的力

1)纵向惯性力

作用于货物上的纵向惯性力 T,可用下式表示:

$$T = t_0 Q (\text{kN}) \tag{3-20}$$

式中: Q——货物的重量,t;

t_0——每吨货物的纵向惯性力,kN/t。

(1)采用刚性加固时,货物的纵向惯性力。刚性加固系指用长大铁地板货车装载货物时,在货物四周加焊钢挡的加固。刚性加固时,单位质量货物的纵向惯性力可用下式计算:

$$t_0 = 26.69 - 0.13 Q_{\text{总}} (\text{kN/t}) \tag{3-21}$$

式中: $Q_{\text{总}}$——重车总重,t;当 $Q_{\text{总}} > 130$ t 时,按 130 t 计算。

(2)采用柔性加固时,货物的纵向惯性力。柔性加固系指用抗拉刚度比较小的加固材料,如钢丝绳、链条、多股盘条或镀锌铁线等对货物进行拉牵加固或下压式绑扎加固。柔性加固时,单位质量货物的纵向惯性力可用下式计算:

$$t_0 = 0.0012 Q_{\text{总}}^2 - 0.32 Q_{\text{总}} + 29.85 (\text{kN/t}) \tag{3-22}$$

式中: $Q_{\text{总}}$——重车总重,t。

跨装运输时,按跨装车组总重计算。

当 $130 \text{ t} < Q_{\text{总}} \leqslant 150 \text{ t}$ 时, t_0 按 6.78 kN/t 取值;

当 $Q_{\text{总}} > 150 \text{ t}$ 时, t_0 按 5.88 kN/t 取值。

2)横向惯性力与垂直惯性力

(1)横向惯性力。货物的横向惯性力可按下式计算:

$$N = n_0 Q (\text{kN}) \tag{3-23}$$

式中: n_0——每吨货物的横向惯性力,kN/t。

$$n_0 = 2.82 + 2.2\frac{a}{l}\text{(kN/t)} \tag{3-24}$$

式中：a——货物重心偏离车辆横中心线的距离，mm；跨装时，为货物转向架中心销偏离车辆横中心线的距离，mm；

l——负重车转向架中心距（具有多层转向架群的货车为底架心盘中心距），mm。

（2）垂直惯性力。货物的垂直惯性力可按下式计算：

$$Q_{垂} = q_{垂}Q\text{(kN)} \tag{3-25}$$

式中：$q_{垂}$——每吨货物的垂直惯性力，kN/t。

使用敞车和普通平车装载时：

$$q_{垂} = 3.54 + 3.78\frac{a}{l}\text{(kN/t)} \tag{3-26}$$

使用长大货物车装载时：

$$q_{垂} = 4.53 + 7.840\frac{a}{l}\text{(kN/t)} \tag{3-27}$$

3）风力

货物所受风力的大小，与货物形状、受风作用面积及风压大小直接相关，可按下式计算：

$$W = qF\text{(kN)} \tag{3-28}$$

式中：q——侧向计算风压。受风面为平面时，$q = 0.49\text{ kN/m}^2$；受风面为圆柱体或圆球体的侧面时，$q = 0.245\text{ kN/m}^2$；

F——货物侧向迎风面的投影面积，m^2。

（4）摩擦力

货物的摩擦力可按下式计算：

纵向摩擦力：$F_{摩}^{纵} = 9.8\mu Q\text{(kN)}$

横向摩擦力：$F_{摩}^{横} = \mu(9.8Q - Q_{垂})\text{(kN)}$

式中：μ——摩擦系数。

铁路货物常用摩擦系数见表3-6，当货物与车地板间加有垫木或衬垫时，应取货物与垫木或衬垫间及垫木或衬垫与车地板间摩擦系数较小者计算。

表3-6　铁路货物常用摩擦系数表

货物名称	摩擦系数
木与木	0.45
木与钢板	0.40

续表3-6

货物名称	摩擦系数
木与铸钢	0.60
钢板与钢板	0.30
履带走行机械与车辆木地板	0.70
橡胶轮胎与车辆木地板	0.63
橡胶垫与木橡	0.60
橡胶垫与钢板	0.50
稻草绳把与钢板	0.50
稻草绳把与铸钢	0.55
稻草垫与钢板	0.44
草支垫与钢板	0.42

作用于货物上的上述诸力中,纵向、横向和垂直惯性力均作用在货物重心;风力合力的作用点在货物受风面积的几何中心;摩擦力则作用在货物的支重面上。

3.3.2.2 需要加固材料或装置承受的力

为了确定必要的加固强度,首先必须知道需要加固材料或装置承受的力。

1)防止货物水平移动时,需要加固材料或装置承受的力

为防止货物在车辆上发生纵向水平移动,需要加固材料或装置应承受的纵向水平力为:

$$\Delta T = T - F_{摩}^{纵}(\text{kN}) \tag{3-29}$$

为防止货物在车辆上发生横向水平移动,需要加固材料或装置承受的横向水平力为:

$$\Delta N = 1.25(N + W) - F_{摩}^{横}(\text{kN}) \tag{3-30}$$

2)防止货物倾覆时,需要加固材料或装置形成的稳定力矩

对于支重面为平面的货物,货物的纵向惯性力、横向惯性力与风力,会形成货物的纵向倾覆力矩 Th 及横向倾覆力矩 $Nh + Wh_{风}$,有可能引起货物纵向或横向倾覆,如图 3-4 所示。

在不采取加固措施时,货物免于倾覆的条件是

在纵向: $\eta = \dfrac{9.8Qa}{Th} \geqslant 1.25$

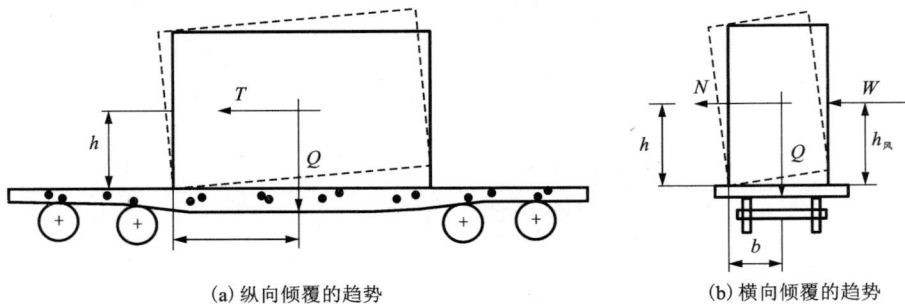

(a) 纵向倾覆的趋势　　　　　　　　　(b) 横向倾覆的趋势

图 3-4　货物纵向、横向倾覆示意

在横向：$\eta = \dfrac{9.8Qb}{Nh + Wh_风} \geq 1.25$

式中：η——货物的倾覆稳定系数；

　　　a——货物重心所在横向垂直平面至货物倾覆点之间的距离，mm；

　　　b——货物重心所在纵向垂直平面至货物倾覆点之间的距离，mm；

　　　h——货物重心自倾覆点所在水平面起算的高度，mm；

　　　$h_风$——风力合力作用点自倾覆点所在水平面起算的高度，mm。

当货物的倾覆稳定系数 $\eta < 1.25$ 时，为防止货物倾覆需要加固材料或装置形成的稳定力矩可用以下两式计算。

在纵向：$M_{纵防倾} = 1.25Th - 9.8Qa (\text{kN} \cdot \text{mm})$

在横向：$M_{横防倾} = 1.25(Nh + Wh_风) - 9.8Qb (\text{kN} \cdot \text{mm})$

3）防止货物滚动时，需要加固材料或装置形成的稳定力矩

圆柱形货物、球形货物以及带轮货物，如在装车后没有加固，在列车运行中或车辆在调车作业中受到冲击时，即使车辆的运行状态变化很缓慢，如缓慢起动、加速、制动，或车辆以很小的相对速度相冲击时，或者车辆经过道岔或曲线时，均可能使货物发生纵向或横向滚动。

防止货物滚动的措施通常是使用掩挡，加固方法如图 3-5 所示。

用掩挡加固后，货物免予滚动的条件分别如下。

在纵向：$\eta = \dfrac{9.8Qa}{T(R - h_掩)} \geq 1.25$

在横向：$\eta = \dfrac{9.8Qb}{(N + W)(R - h_掩)} \geq 1.25$

式中：a、b——货物重心所在横向或纵向垂直平面至货物与掩挡接触点之间的距离，mm；

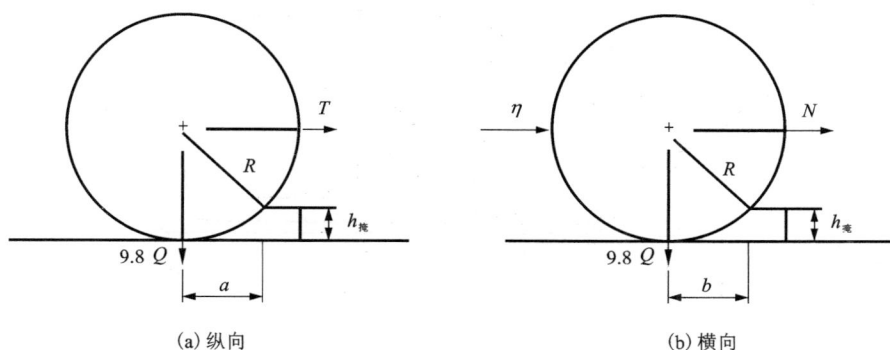

图 3-5　掩挡加固示意

R——货物或轮子的半径，mm；

$h_{掩}$——掩挡实际高度，即掩挡与货物接触点自货物或车轮最低点所在水平面起算的高度，mm。

由上式可见，货物免予滚动主要取决于掩挡的高度。如果所用掩挡高度不足，则需要同时采取其他加固措施以防止货物滚动。需由其他加固措施形成的稳定力矩可由以下两式计算。

防止货物纵向滚动时：

$$M_{纵防滚} = 1.25T(R-h_{掩}) - 9.8Qa(\text{kN} \cdot \text{mm}) \tag{3-31}$$

防止货物横向滚动时：

$$M_{横防滚} = 1.25(N+W)(R-h_{掩}) - 9.8Qb(\text{kN} \cdot \text{mm}) \tag{3-32}$$

3.3.2.3　主要加固方法及其加固强度

常用的加固方法有：拉牵加固、挡木或钢挡加固、掩挡加固、腰箍下压式加固等。

一般来说，对支撑面为平面的货物，主要应防止其移动和倾覆，对圆柱形、球形以及带轮货物，除应防止其移动之外，还应防止其滚动。

1）拉牵加固

拉牵加固系指用拉牵绳（如多股盘条、钢丝绳或拉杆、链条等）把货物拴固在车辆上，如图 3-6 所示。利用拉牵绳拉力的纵向和横向水平分力来平衡货物的纵、横向惯性力，从而防止货物移动和倾覆。

图中：O——拉牵绳在货物上的拴结点；

B——O 点在车地板上的投影；

BC——O 点所在纵向垂直平面至车边的距离；

A——拉牵绳在车辆上的拴结点。

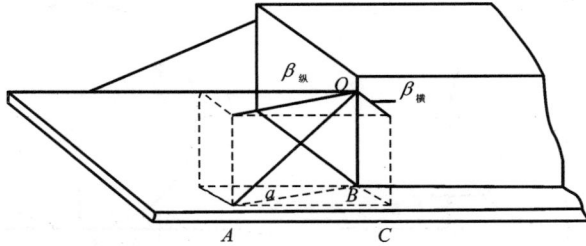

图 3-6   拉牵加固示意

设同方向有 n 根拉牵绳，每根应承受的拉力可按下列方法确定。

（1）防止货物纵向移动时

$$S_{\text{纵}}^{\text{移}} = \frac{\Delta T}{nAC}\sqrt{AC^2 + BC^2 + BO^2}\ (\text{kN}) \tag{3-33}$$

（2）防止货物横向移动时

$$S_{\text{横}}^{\text{移}} = \frac{\Delta N}{nBC}\sqrt{AC^2 + BC^2 + BO^2}\ (\text{kN}) \tag{3-34}$$

（3）防止货物纵向倾覆时

$$S_{\text{纵}}^{\text{倾}} = \frac{M_{\text{防倾}}^{\text{纵}}}{(2\sum l_{\text{纵}} + nAC)BO}\sqrt{AC^2 + BC^2 + BO^2}\ (\text{kN}) \tag{3-35}$$

式中：$M_{\text{防倾}}^{\text{纵}}$——需要拉牵绳形成的防止货物纵向倾覆的稳定力矩，kN·mm；

$\sum l_{\text{纵}}$——纵向同一方向各对拉牵绳在货物上拴结点所在横向垂直平面至货物纵向倾覆点之间的距离之和，mm。

当 $n = 2$ 时，$\sum l_{\text{纵}} = l_{\text{纵}1}$；

当 $n = 4$ 时，$\sum l_{\text{纵}} = l_{\text{纵}1} + l_{\text{纵}2}$；

当 $n = 6$ 时，$\sum l_{\text{纵}} = l_{\text{纵}1} + l_{\text{纵}2} + l_{\text{纵}3}$

$l_{\text{纵}1}$、$l_{\text{纵}2}$、$l_{\text{纵}3}$ 分别为第一、第二和第三对拉牵绳在货物上拴结点所在横向垂直平面至货物纵向倾覆点之间的距离，mm。

（4）防止货物横向倾覆时

$$S_{\text{横}}^{\text{倾}} = \frac{M_{\text{防倾}}^{\text{横}}}{n(l_{\text{横}} + BC)BO}\sqrt{AC^2 + BC^2 + BO^2}\ (\text{kN}) \tag{3-36}$$

式中：$M_{\text{防倾}}^{\text{横}}$——需要拉牵绳形成的防止货物横向倾覆的稳定力矩，kN·mm；

$l_{\text{横}}$——横向同一方向拉牵绳在货物上拴结点所在纵向垂直平面至货物横向倾覆点之间的距离，mm。

要使拉牵绳既能防止货物纵向和横向移动，又能防止纵向和横向倾覆，每根拉牵绳能够承受的拉力应为：

$$S \geq \max\{S_{纵}^{移}, S_{横}^{移}, S_{纵}^{倾}, S_{横}^{倾}\} \tag{3-37}$$

选用钢丝绳拉牵时，所用钢丝绳的破断拉力不得小于 2S。

选用多股镀锌铁线或盘条拉牵时，每根拉牵绳需要股数为：

$$n = \frac{S}{0.9P_{许}}（股） \tag{3-38}$$

式中：$P_{许}$——一股镀锌铁线或盘条的许用拉力。

选用圆钢或管钢作拉杆时，钢材的截面积可按下式计算：

$$F = \frac{10S}{[\delta]}（\mathrm{cm}^2） \tag{3-39}$$

式中：$[\delta]$——钢材的许用应力，MPa。

2）挡木或钢挡加固

对于平支撑面货物，可以采用在其周围加挡木或钢挡的方法，防止其发生移动。平支撑面货物用木地板平车装载时，可以在其两端和两侧加挡木或钢挡以防止货物移动，如图 3-7 所示。

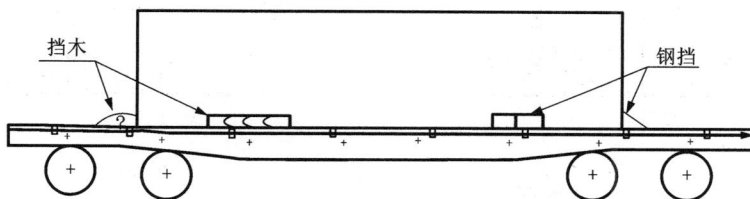

图 3-7　阻挡加固示意

挡木或钢挡用钉子或扒锔钉固定在车地板上，其加固强度取决于车地板对钉子或扒锔钉的握裹力和每个挡木或钢挡上所钉的钉子数量。固定每个挡木或钢挡需要的钉子或扒锔钉的数量 K，可按下式计算。

防止货物纵向移动时：

$$K_{纵} = \frac{\Delta T}{nS_{钉}}（个） \tag{3-40}$$

防止货物横向移动时：

$$K_{横} = \frac{\Delta N}{nS_{钉}}（个） \tag{3-41}$$

式中：n——货物同一端（侧）挡木或钢挡的数量，个；

$S_{钉}$——车地板对每个钉子或扒锔钉的握裹力，kN。

用铁地板长大货物车装运的货物,可以采用在货物周围加焊钢挡的方法防止货物移动。在货物同一端或同一侧加焊钢挡的数量,取决于需要钢挡承受的力ΔT或ΔN。钢挡的加固强度取决于钢挡与车地板间的焊缝长度。

同一端(或一侧)加焊n个钢挡时,每个钢挡需要的焊缝长度可按下式确定:

纵向:
$$l_{纵}=\frac{10\Delta T}{0.7nK[\tau]}(\text{cm})$$

横向:
$$l_{横}=\frac{10\Delta N}{0.7nK[\tau]}(\text{cm})$$

式中:K——焊脚高度,cm;

$[\tau]$——焊缝的许用剪切应力,MPa,一般取$60\sim70$ MPa。

3)掩挡加固

单独使用掩挡防止圆柱形、球形货物和轮式货物滚动的加固方法,如图3-8示。加固的效果主要取决于掩挡的高度$h_{掩}$。

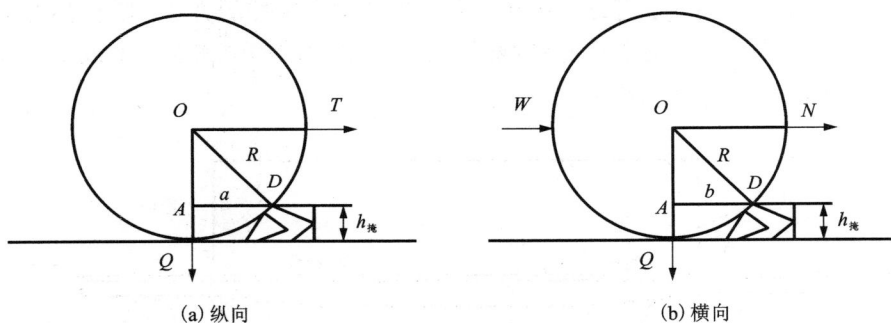

图3-8　掩挡加固示意

单独使用掩挡防止圆柱形、球形货物和轮式货物纵向滚动时,掩挡的需要高度为

$$h_{掩}\geqslant(0.3744-0.0018Q_{总})D(\text{mm})\tag{3-42}$$

式中:$Q_{总}$——重车总重,t;

D——货物的直径或轮径,mm。

单独使用掩挡防止圆柱形、球形货物以及轮式货物横向滚动时,掩挡的需要高度为:

$$h_{掩}\geqslant0.08D(\text{mm})\tag{3-43}$$

掩挡常与腰箍配合使用,以防止货物发生横向滚动。在实际工作中,如果掩挡的高度低于防止货物滚动要求的高度时,可以同时使用腰箍加固。

4）腰箍加固

使用钢丝绳、钢带等加固材料从货物上部把货物下压绑扎（箍）在车辆上的加固，称为腰箍加固或横腰箍加固，如图 3-9 所示。

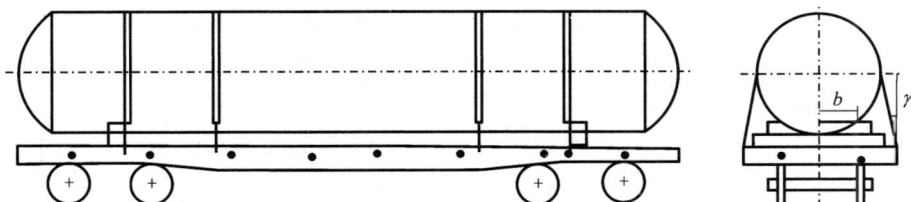

图 3-9　圆柱形货物腰箍加固示意

当使用 n 道腰箍时，每道应承受的拉力 P 可按下式确定。

防止货物移动时：

$$P_{移} = \frac{\max\{\Delta T, \ \Delta N\}}{2n\mu\cos\gamma}(\text{kN}) \tag{3-44}$$

防止货物滚动时：

$$P_{滚} = \frac{1.25(N+W)(R-h_{掩}-h_{凹})-9.8Qb}{2nb\cos\gamma}(\text{kN}) \tag{3-45}$$

既防止货物移动，又防止货物滚动时：

$$P \geqslant \max\{P_{移}, \ P_{滚}\}(\text{kN}) \tag{3-46}$$

式中：μ——货物与垫木、垫木与车地板或货物与车地板间的摩擦系数，取其较小者；

n——腰箍的道数；

$h_{掩}$——掩木或三角挡与货物接触点的高度，mm；

R——货物的半径，mm；

$h_{凹}$——横垫木或鞍座凹部深度，mm；

Q——货物重量，t；

b——货物重心所在纵向垂直平面至货物与掩木或三角挡接触点之间的距离，mm；

γ——腰箍两端拉直部分与车辆纵向垂直平面间的夹角。

用钢带作腰箍时，扁钢带的截面积 F 应满足下式要求：

$$F \geqslant \frac{10P}{[\delta]}(\text{cm}^2) \tag{3-47}$$

式中：$[\delta]$——钢带的许用应力，MPa。

用钢丝绳作腰箍时，其破断抗拉力不得小于 $2P$。

3.3.3　铁路运输大件货物装载加固方案的设计程序

货物装载加固工作与铁路运输安全和经济、便利地完成货运任务关系十分密切。为了保证运输安全与经济地利用铁路资源完成运输任务，作为装载加固工作依据的《铁路货物装载加固规则》，全面系统地规定了货物装载加固技术条件。对经常运输的货物制定了装载加固定型方案，强调了按方案装车。没有装载加固方案的货物不得装车。对《铁路货物装载加固规则》中未明确规定装载加固方案的货物，要求托运人在托运时，必须提供装载加固计划方案，经铁路主管部门审核批准后，会同发货人在确保运输安全条件下组织试运。

货物的装载加固方案是实施货物装载与加固的基本依据。实践证明，装载不当、加固不良，往往会引发重车脱轨、列车颠覆的重大行车事故。装车之前制定科学的装载加固方案，装车时严格按方案进行装载和加固，是确保运输安全的重要条件。

货物装载加固方案设计是一项比较复杂的工作。在设计工作中必须严格遵守铁路有关规章，特别是《铁路货物装载加固规则》《铁路超限超重货物运输规则》的有关规定和车辆的相关技术要求，同时应充分考虑货物的特点及运输要求。只有在综合考虑各种因素的基础上，通过相应的技术经济比较，才能优选出好的装载加固方案。好的方案应该是各可行方案中最经济合理的方案。首先它必须是合理的，符合《铁路货物装载加固规则》要求，能够保证运输安全；同时它又应是最经济的，有比较好的技术经济指标，例如，对车辆载重能力的利用率最高，超限等级或程度最低，加固方法简便，易于实施，加固材料节省等。一般来说，货物装载加固方案设计工作可按如下程序进行。

1）了解货物的特点和运输要求

这一步应充分了解和掌握制定方案时依据的有关货物的所有技术数据，如重量、结构特点、外形尺寸、重心位置、支重面尺寸、加固作用点位置等。必要时应通过对现货的实际测量，精确掌握有关数据。

了解货物的技术数据时，应考虑可能采取的装载加固方案，了解进行装载加固方案计算所需的相关数据。例如，有可能采取跨装运输的货物，应了解支点的位置及支点的支重面形状和尺寸；对于尺寸过大，受沿途实际限界限制，通行困难较大，有可能拆解一些部件的货物，或者有可能通过旋转一定角度，降低超限等级或程度的圆柱形货物，应了解拆解或旋转后的相应尺寸；对自带横垫木（或支座、支架、鞍座）的货物，应掌握横垫木（或支座、支架、鞍座）的有关数据及支点的位置；对于有加固拴结点的货物，应掌握拴结点的位置，无加固拴结点时，应考虑可能采用的加固方法和加固作用点的位置；对于重量较大，木箱或薄壳金属包装箱包装的货物，应了解在哪些位置可以承受加固作用力，适于采取何种加固方式。

对于运输有特殊要求的货物，如预应力混凝土桥梁支点位置不得随意改变，应了解其确切位置；带有精密仪表的货物怕震动，应了解其防震要求。一般这些要求托运人在托运时就已经提出了，在进行装载加固方案设计时，必须加以注意。

2）确定装载方案

首先选择合适的车辆，确定货物在车辆上的合理位置。选车和确定装载位置时，应尽可能降低货物的超限等级和重车重心高度，同时注意避免集重装载。当需要使用横垫木（或支座、支架、鞍座）时，应明确横垫木在车辆上的安放位置。超长货物的垫木或转向架的高度，必须满足《铁路货物装载加固规则》要求。

以上要求均满足后，进而确定货物的超限等级和重车重心高度。

如果一件货物可能的装载方案有两种以上，难以用直觉比较其优劣时，应通过各可能方案的技术经济指标比较，优选出对车辆载重能力利用率最高，货物超限等级和重车重心高度最低，对运输干扰最小的方案。

3）确定加固方案

加固方案设计工作主要包括：计算作用于货物上的力及需要加固装置承受的力；选择加固方法；确定加固强度，加固材料或装置的需要数量及其规格或承受载荷的能力。

通常在货物的装载方案确定之后，加固方案也已基本确定。例如，用木地板平车装载时，一般采用拉牵或腰箍加固；用铁地板长大货物车装载时，多采用腰箍或钢挡加固。如果根据货物的具体结构条件，只能采用某一种加固方法时，例如圆柱形货物，货体上没有拉牵拴结点，只能采用腰箍加固时，在这一步主要是确定使用腰箍的道数、制作腰箍的材料及每道腰箍应有的抗拉强度；当一件货物可以采用两种以上不同的加固方法时，如既可用拉牵加固，又可用腰箍加固，必要时应通过对几种加固方案的主要技术经济指标进行比较，选出操作比较简便且节省材料的加固方案。

对于有防震要求的货物，应避免采用刚性加固。必须用钢挡加固时，应在钢挡和货物之间加缓冲胶垫。加缓冲胶垫时，货物的纵向惯性力可按柔性加固计算。

对同一件货物，一般不要同时采用两种不同的加固方法，特别应避免刚性加固和柔性加固同时并用。

目前铁路部门已制定了常见货物的装载加固定型方案，根据实际货物运输参数可以选用；不在定型方案之内的大件货物需根据铁路相关规则进行方案设计，报铁路有关部门审批后实施。

3.4　铁路长大货物运输网络

随着我国铁路建设的发展，全国铁路路网密度不断增加、覆盖范围不断扩大，已形成了以京哈、京沪、陇海、京广、京九等主要干线为主体，纵横交错、覆盖全国的铁路网络运营体系，铁路运输服务范围遍及全国，为实现货物的铁路运输打下了坚实的基础。目前客货共线的铁路网中，大部分线路均可办理超限货物运输。另外，为减少大件货物短途倒运、装卸等中间环节，国内各主要设备生产厂家均建有铁路专用线直达工厂。

铁路运输的大件货物通常为超限超重货物，根据其具体超限、超重等级有严格的运行条件和明确的运输线路。铁路大件运输线路选择通常遵循如下四个原则。

1)在确保安全前提下，充分利用铁路通过能力和资源

我国铁路建筑限界标准(GB146.2)是在1959年制定的，在1983年修订时未做实质性的修改。但随着我国铁路新建线路增加和旧线改造完成，实际线路的建筑限界已发生很大变化，所以在选择大件运输线路时，需要充分掌握现有铁路道路、桥梁、隧道等最新资料，以桥梁和隧道的实际限界尺寸为依据，既要确保铁路大件运输安全，又要充分利用现有铁路通过能力和资源。

2)避开繁忙线路，减少对干线运输干扰

大件货物装车后通常为超限超重货物，根据超限等级需采取限速、禁会等措施，对铁路通过能力和正常运输影响很大。因此，为了减少对正常铁路运输尤其是繁忙干线运输的干扰，在确定运输线路时应尽量避开客运专线、高铁、客货混跑等繁忙干线。

3)避开道路、桥梁有病害或正在施工的线路

在确定大件运输线路时，要及时掌握沿线道路、桥梁状况，避开道路、桥梁有病害或正在施工的线路。

4)尽量选择路径短的线路，降低运输成本

在遵循上述原则基础上，尽量选择运输距离短的路径，减少运输时间，提高运输效率，降低运输成本。

3.5　铁路长大货物运输组织

由于超限货物的特点，装有超限货物的车辆(简称超限车)在运行组织上有一

系列的特殊要求。因此,严格地掌握超限车、正确地组织超限车的运行,对保证列车运行安全具有重要意义。

3.5.1　超限车的运行条件

发站挂运超限、超重车前,应向铁路局调度所拍发超限超重车辆挂运申请电报(条件不具备时可使用传真或电话申请)。挂运跨及两个铁路局的超限超重车辆前,需向相邻铁路局(邻局)进行预报,并征得邻局调度所的同意后方可挂运。邻局调度所间的预报内容,应包括挂运车次、电报号码、车型、车号(含游车、隔离车)、到站、品名、超限等级、超重等级和有关注意事项等。铁路局调度所接到车站挂运申请或邻局预报后,应根据超限超重货物运输确认电报认真核对,制定管内具体运行条件,填写"超限超重车辆挂运通知单",纳入日(班)计划,并将管内具体运行条件以调度命令下达有关站段。车站接到挂运命令后,应及时做好车辆挂运准备工作,并将调度命令交值乘司机。

(1)挂有超限车的列车运行在双线、多线或并行单线的直线地段与邻线列车会车时,应遵守下列规定。

①邻线列车运行速度小于或等于 120 km/h 的,两运行列车之间的最小距离大于 350 mm 者不限速,最小距离在 300~350 mm 者运行速度不得超过 30 km/h,最小距离小于 300 mm 者禁止会车。

②邻线列车运行速度在 120~160 km/h 的,两运行列车之间的最小距离大于 450 m 者不限速,最小距离在 400~450 mm 者运行速度不得超过 30 km/h,最小距离小于 400 mm 者禁止会车。

③邻线列车运行速度大于或等于 160 km/h 小于 200 km/h 的,两运行列车之间的最小距离大于 550 mm 者不限速,500 mm 至 550 mm 之间者运行速度不得超过 30 km/h,小于 500 mm 者禁止会车。

(2)曲线地段与邻线列车会车,必须根据规定相应加宽。

(3)超限车在运行过程中,如超限货物的任何部位接近建筑物或设备时,应遵守下列规定。

①超限货物的任何超限部位与建筑物或设备之间的距离(以下简称限界距离),在 100~150 mm 时,速度不得超过 15 km/h。

②限界距离在 150~200 mm 时,速度不得超过 25 km/h;限界距离不足 100 mm 时,由铁路局根据实际情况制定运行办法。

③电气化区段,超限货物顶部距离接触网导线的垂直距离 $L \geqslant 350$ mm 时,可不停电运输;100 mm $\leqslant L <$ 350 mm 时,加盖绝缘软盖板后,可不停电运输;50 mm $\leqslant L <$ 100 mm 时,必须停电运输。超限货物顶部距离接触网导线的垂直距离,在线

路平面海拔高度超过 1000 m 时,应按每超过 100 m 增加 3.5 mm 的附加安全距离计算(不足 100 m 时四舍五入计算)。

3.5.2　超限车的检查和卸车

超限、超重车的途中检查是确保超限、超重货物运输安全的重要措施,途中检查站应按下列内容检查超限超重车,并在超限超重货物运输记录上记录、签认检查结果。

(1)有无超限超重货物运输记录及其填写是否完整。

(2)货物两侧明显位置,是否有超限、超重等级标识。

(3)是否标画有检查线,货物装载加固是否良好,加固材料是否有松动或损坏。到站应根据确认电报确定卸车地点和货位,科学制定卸车方案,加强卸车组织,确保安全。如果收货人在货场自卸的,车站应与收货人签订卸车协议,明确安全责任,并在卸车前与收货人办理完货物交付手续。

第 4 章
水路长大货物运输

4.1　水路长大货物运输定义

　　水路大件运输是利用大件运输船舶及其他水上运输工具，以港口或港站为运输装卸基地，利用江、河、湖、川等天然或人工水道和海洋将超高、超宽、超长、超重等大件货物从甲地运送至乙地的一种运输方式。

　　根据船舶航行水域可将水路大件运输分为内河大件运输和海洋大件运输以及江海直达大件运输。

　　(1)内河大件运输：是利用船舶和其他水运工具，在内陆的江、河、湖泊、水库等天然或人工水道运送大件货物的一种运输方式。承载船舶主要为中、小型船舶。

　　(2)海洋大件运输：是使用船舶等水运工具经海上航道运送大件货物的一种运输方式。根据海洋航道与陆地的位置关系又可细分为沿海大件运输、近洋大件运输、远洋大件运输。承载船舶主要为大中型船舶。

　　(3)江海直达大件运输：是使用船舶等水运工具在江河港口至海洋港口往来运送大件货物的一种运输形式，一般使用中小型船舶。

4.2　水路长大货物运输船只

　　无论是远洋、近海，还是内河，船舶的种类基本相同，原理一致，只是船舶大小和运输航道不同，所以船舶种类介绍不分海运和内河运输。

4.2.1　大件运输专用甲板驳船

甲板驳船是指不设货舱、在甲板上堆装货物的运输船舶。其特点为吃水浅、载货量大、稳定性高。某甲板驳船的船舶参数如表4-1所示。

甲板驳船分为无动力甲板驳和自航式甲板驳。

由于运输船舶为甲板船，装载超宽大件设备不受船舱宽度的限制，适合装载宽度较宽的大件设备。同时可以在船、岸之间用枕木、钢梁等材料搭建平台，在船、车之间铺设滑移轨道(用千斤顶顶升大件设备至滑移钢轨上，用千斤顶顶推大件设备在滑移轨道上移动)用人工纵向、横向卸车装船或卸船装车进行大件设备的运输。甲板驳船具有节省专用码头修建、不用吊装设备进场或安装专用起吊设备等优点。

表4-1　船舶参数

名称	参数	名称	参数
船名	—	船长/m	123
总长/m	130	型宽/m	23
满载吃水/m	4.5	型深/m	6.8
空载吃水/m	2.778	参考载货量/t	6500
航区	远洋	总吨	2379
舱口尺寸/(m×m)	甲板112×23	舱容尺寸/(m×m×m)	—
船体材质	钢质	满载排水量/t	10155
甲板承载能力/(t/m²)	20	航速/节	11

4.2.2　重大件运输深舱船

深舱运输船舶货舱较深，货舱甲板距船舶基线距离小，装载大件设备后，大件设备重心距船舶基线高度相对较低，因此装载稳性较好，不易因船舶稳性较差而发生倾覆等事故；同时深舱运输船舶装载超高大件设备后，对驾驶视线影响较小，便于驾驶员安全操作，适合装载高度较高的大件设备。

某典型深舱船的船舶参数如表4-2所示。该船在近海航区航行，船舶为一个整体通舱船，非常适合重大件货物的运输，为3000 t级船舶的典型代表，在装载重大件货物中属于吨位比较小的海船。

　　船舶舱容非常适合装载电力、石化及其他工业工程类的大件货物,货物舱内甲板荷载约为 10 t/m², 对于集重货物,需要采取必要的分载措施。

表 4-2　船舶参数

名称	参数	名称	参数
船名	—	船长/m	79.55
总长/m	83.55	型宽/m	13.4
满载吃水/m	4.5	型深/m	5.8
空载吃水/m	2.778	参考载货量/t	2961
航区	近海	总吨	2379
舱口尺寸/(m×m)	50.3×10.2	舱容尺寸/(m×m×m)	65×12×7.8
船体材质	钢质	满载排水量/t	4282
货舱盖类型	风雨密型	航速/节	8

4.2.3　重大件专用滚装船

　　重大件专用滚装船是专门用于大件滚装滚卸的运输船。一般在船首或船尾配备有滚装滚卸专用跳板,重型液压平板车通过跳板将大件货物运上船,然后液压平板车降低车板高度将货物落在船上设置的支墩上,再对大件货物进行绑扎加固,运输到达目的港后,布置好跳板,液压平板车开到货物底部,顶起货物,最后通过滚卸的方式卸船。

　　对于未设置滚装滚卸专用跳板的船,可在船岸之间搭建平台、船车之间铺设滑移轨道,用千斤顶进行顶升、顶推,用人工纵向、横向卸车装船或卸船装车进行大件设备的运输。

　　重大件专用滚装船适合在装载码头条件不具备起吊能力或码头场地狭小(纵向装卸),不能横向停泊船舶的地方进行装船、卸船作业,同时还有可节省码头修建费用和大型机具进出场运输、调用费用等优点。

　　某典型滚装船的船舶参数如表 4-3 所示。该船为多用途专用滚装船,并装有吊机,可以批次采用滚装滚卸方式运输重大件,同时采用船吊进行普通散件的装载。

表 4-3　船舶参数

名称	参数	名称	参数
船名	—	船长/m	147.6
总长/m	163	型宽/m	25.4
满载吃水/m	6.6	型深/m	16.2
空载吃水/m	2.778	参考载货量/t	11000
航区	远洋	总吨	17341
舱口尺寸/(m×m)	18×9.4	舱容尺寸/(m×m×m)	—
船体材质	钢质	满载排水量/t	—
吊机/t	2×350，1×200	航速/节	8

4.2.4　重吊船

运载重件货物并依靠自身吊装设备进行装卸作业的运输船舶，称为重吊船。重吊船甲板空间宽敞，便于装卸。船的宽度较大，长宽比一般在 5 左右。通常只设一个舱，舱口较大，宽度为船宽的 70%～80%，长度为船长的 50% 以上。为了保证吊装时的船舶稳定性，不致造成过大的横倾，重吊船均有大容量的压载平衡水舱。有的重吊船还在船舷一侧设 2 个用液压控制的撑脚，装卸重件货物时，撑脚支撑在码头上，调整船的横倾。某重吊船的船舶参数如表 4-4 所示。

内河重吊船本身吃水较浅，船舶吨位较小，便于出入中小港口或临时码头。在码头起吊能力不足、码头没有起吊设备或起吊设备不能到达的小港口或临时码头，利用船上的重型吊杆将大件设备装船，运输至目的地。利用船上重型吊杆装卸船的方式来装卸运输大件设备，还可节省中转吊装费用。内河重吊船的起吊能力通常在 100～500 t。

海运重吊船载货量在 3000～30000 t，吊机总荷载能力多数在 300～3000 t，对于超大件货物，通常采用双机抬吊方式进行吊装，总吊装货物重量可以达到 2000 t 以上。海运重吊船具有超大货舱，舱口开敞，超重大件通常积载于货物底舱，箱形货舱可根据货物高度调整二层舱舱盖板的位置，一层舱上部可以积载较小和较轻货物。重吊船具有起吊能力强，可装载运输超重、超大件货物的能力，在港口利用船上的重型吊杆可将大件设备装船，运输至目的地。与内河重吊船一样，利用船上重型吊杆装卸船的方式来装卸运输大件设备，还可节省中转吊装费用。

表 4-4　船舶参数

名称	参数	名称	参数
船名	—	船长/m	130.71
总长/m	138.5	型宽/m	21
满载吃水/m	8	型深/m	11
空载吃水/m	—	参考载货量/t	12780
航区	近海	总吨	9620
舱口尺寸/(m×m)	—	舱容尺寸/(m×m×m)	—
船体材质	钢质	满载排水量/t	—
货舱盖类型	风雨密型	航速/节	15
吊机/t	2×180	—	—

4.2.5　半潜船

半潜船也称半潜式母船，是通过本身压载水的调整，把装货甲板潜入水中，以便将所要承运的特定货物(如驳船、游艇、舰船、钻井平台等超长、超重，但又无法分割吊运的超大型设备)从指定位置潜入半潜船的装货甲板上。

半潜船是一种特殊的海运船舶，在工作时，会像潜水艇一样，通过调整船身压载水量，能够平稳地将一个足球场大小的船身甲板潜入 10~30 m 深的水下，只露出船楼建筑。然后等需要装运的货物拖拽到已经潜入水下的装货甲板上方时，启动大型空气压缩机或调载泵，将半潜船身压载水舱的压载水排出船体，使船身连同甲板上的承载货物一起浮出水面，然后绑扎固定，就可以跨海越洋将货物运至世界各地的客户手中了。

通常半潜船的前部为船员舱与驾驶舱，后部为动力舱，两者之间为又长又宽、低矮的主甲板。

半潜船通过压载水舱的加水来下潜，通过排出压载水舱的水来上浮，从而可以使主甲板潜没水下实现"浮装"大型货物。比如对海工模块、潜艇、舰船、气垫船等大型设备，就可以进行"浮卸"。

某典型半潜船的船舶参数如表 4-5 所示。该船为自驱动可半潜的重大件专用船，船舶有强大的压载水调节能力，甲板面承载能力强，平均荷载可达到 20 t/m²，装载特重大件时，可根据船舶甲板舱壁和筋板的特点布置荷载，甲板舱壁等处为甲板主要受力部位，承载强度可远远大于 20 t/m²。

表 4-5 船舶参数

名称	参数	名称	参数
船名	—	船长/m	158.14
总长/m	168.5	型宽/m	40
满载吃水/m	7.1	型深/m	10.3
半潜吃水/m	17.8	参考载货量/t	24172
空载吃水/m	—	总吨	22499
航区	远海	舱容尺寸/(m×m×m)	甲板面 134×44
船体材质	钢质	航速/节	13

4.2.6 集装箱船

集装箱船，用于装载集装箱货物，但是对于一些普通大件，即尺寸和重量不太大的大件货物，在船运公司许可下，可随集装箱班轮发运。这种大件运输也是集装箱特种框架箱运输的一种，货物装卸通常被称为"分体作业"，即大件货物占据2个或2个以上的集装箱舱容，先把框架箱装船，然后把货物吊装到箱板上面，最后绑扎加固，等待运输。

4.3 水路长大货物运输装载加固

4.3.1 水路运输大件装载作业

1）大件货物装载前的准备工作

（1）运输信息收集与运输准备。

在接到客户邀标或招标信息后，根据大件货物的起止地点，大件货物的重量、长度、宽度及外包装受力面积、重心高度等信息，规划好水路运输线路，并根据运输线路中水路运输航行水域的航道等级、运输时间段，以及该运输时间段各区段航道水位、流量、滩险情况、航道水深及航道水流量来源（比如山区河流特枯水位季节上游电站发电规律，重点大件货物必要时可协调电站放水行船）等特点选择船舶稳性、总纵强度、局部强度、装载吃水满足运输要求的船舶，且必须保证所选用的运输船舶成本最省、运输最安全，并能及时(如特枯水位季节，山区河流要求装载大件后吃水浅、船舶主尺度适中等，否则会因航道水深不足，不能及时发航运输)发航进入运输环节，尽可能快捷地送达指定的港口或锚地交货。

（2）运输船舶稳性计算及校核。

装运重心较高大件货物时，必须提前对运输船舶装载稳性进行计算，符合要求方可装船运输。首先必须根据所装载大件货物的件数。每件大件货物的重量、重心高度、受力面积、装载位置，所装载船舶的水下线型图等信息，利用专业的船舶稳性计算软件(内河一般用中国船级社武汉规范研究所的"船舶静力学计算及稳性衡准系统 V4.2"软件进行大件装载稳性计算)，由专业人员进行计算和校核，并交由相关监管部门审核是否具备安全运输条件，决定是否允许装载运输。

船舶在外力(矩)作用下偏离其初始平衡位置而倾斜，当外力(矩)消失后船舶能自行恢复到初始平衡状态的能力称为船舶稳性。

（3）运输船舶的强度计算与校核。

①水密性要求：装运大件货物的运输船舶，舱底必须具备无数水密舱，如发生碰撞、搁浅、触礁等事故时，一舱或多舱进水时，其他未进水的水密舱能确保装载大件货物的运输船舶具有足够的浮力和稳定性，能确保大件货物运输的安全。

②总纵强度计算：根据所装载的大件货物重量、重心、船舶线型图、基本结构图、横剖面图等资料，按中国船级社（China Casifcation Society，CCS)《钢质内河船舶入级与建造规范》《钢质内河船舶入级与建造规范修改通报》进行总纵强度计算，船舶总纵强度满足规范要求的船舶，方可选用装运大件货物。

③局部强度计算校核：根据所装载的每件大件货物重量、重心、底面受力点及受力面积、装载位置船舶骨架、甲板厚度等资料，按中国船级社制定的《钢质内河船舶入级与建造规范》进行结构校核，满足规范要求方可选用。如不满足要求，可采取对承载大件部分垫用长枕木、支垫钢质平台，进行船舶骨架加固等方法，增大受力面积、加强运输船舶局部强度来满足大件货物的运输要求。

（4）编制配载图。

根据装运货物件数，每件货物重心、支撑点及船舶的受载重心情况、卸船顺序等，编制配载方案，并在装载船舶货舱甲板上标明摆放点、预先定位摆放好每件大件货物的装载支垫物等；明确装船顺序，确保装载过程中船舶的稳定性；提前准备好加固材料，在吊装到位、吊装落钩前进行加固，防止货物在装运过程中发生倾斜、移位等。

（5）船舶调度。

根据业主确定大件货物发运时间和运输计划，所用运输船舶距装载码头远近，提前调动部分运输船舶向装载港口集中，确保运输船舶在装运前1天靠泊于装载重件码头，做好装船前的所有准备。

（6）装载前船舶检查。

装载船舶各部门按责任要求对装载船舶货舱甲板至船底板之间的纵横骨架及船舶装载甲板进行彻底检查，对船舶主机、辅机、舵系、锚系、系缆设备，通信、导航设备等助航设施进行全面检查，并进行装载前的配备、维修，使之处于适航状态，确保无碍后，方可装载。

2）大件货物装载加固作业

（1）运输船舶配套设施设备。

接到装运计划后，根据所装货物参数、件数及航行区域、所用船舶大小等，立即对运输船舶进行配备，一般运输船舶配备有领水锚1口，左、右艏锚各一口，左、右艉锚各一口，配套锚链、系缆绳若干；装运大件货物加固支垫所需的加固钢绳、绳卡、墩木、薄木板、防滑垫、挡块、支撑钢管、三角支架、焊机、紧固螺栓、胶皮、草垫，具体配套设施尺寸、数量根据所装货物尺寸及数量而定。

（2）装载加固作业。

每件货物的长度、宽度、高度等外形尺寸不同，重心高度不同，装载时和船甲板接触面积不同，安全装载运输所用的船舶不同，因此装载加固略有不同，但总体类似，下面进行扼要简述。

①船舶装载前，受载船舶精准到位，全体船员、装载系固人员，各就各位。

②摆放支垫：货物在起吊装船前，根据配载示意图在船舱预计的货物装载位置摆好所装载货物所配套的支垫材料（钢支墩、墩木、薄木板、防滑材料等）。同时，进一步检查装载船舶系缆绳是否全部受力、船舶所受件重心位置是否与吊车吊点对准。

③起吊装船：一切准备就绪后，由现场指挥指挥吊车司机起吊装船，当所装货物离装载船舶支垫材料0.5 m时，吊车停车，由装载工人对船舶支垫材料位置进行再次确认，如有移位，及时进行调整；如无移位现象，征得运输船舶装载指挥同意后，现场指挥吊车司机缓慢下降装载货物放置到装载船舶货舱指定位置的支垫物上；当装载船舶支垫物受力，吊车承重降至货物重量80%时再次停车，由装载工人对支垫物进行再次检查，如船舱底支垫受力情况是否正常、有无移位等现象（如有及时进行调整）；当吊机负荷降至货物重量的20%时停车，按责任要求对运输船舶吃水进行全面检查，并认真做好吃水记录，如船舶有似横倾现象，及时进行校核调整，确保装载达到预期的效果。如正常，立即对所装货物进行加固。

④焊接止滑挡块：在船舶货舱底所装货物前后、左右分别使用 8 个止滑挡块（视货物的重心高度、支座高低等不同，灵活选用工字钢节段、三角钢板、三角支架等止滑）撑挡在货物的前后、左右，每个位置各两块支撑定位，并将挡块或三角支架牢固焊接于船舶载货甲板上，挡块或三角支架与件体间用薄木板衬垫，防止损伤货物或货物面漆，并用木楔搂紧，保证所装货物和船体固定为一个整体，以防止在运输途中移位和横倾，确保运输的安全和万无一失。

⑤支撑：一般是针对高度较高的货物（重心较高）或底面积较小（货物与船舶甲板接触面小）的货物安全运输而做的辅助加固，因为这两种货物装船后，在船舶发生倾斜时，易发生侧翻事故。

支撑方式：在船舶装载货物的前后、左右货舱甲板上分别使用 2 段 4~5 m 长的 φ219 mm 钢管或工字钢（其长度、大小视货物重量及高度而定）对货物进行斜支撑，支撑与船舶货舱甲板倾角一般为 45°~60°，并将钢管或工字钢节段牢固焊接于运输船舶货舱甲板上，钢管或工字钢节段与货物件体接触部分用薄木板或橡皮衬垫（不允许硬性接触），并用木模垫紧，保证所装货物纵、横向与船体固定为一个整体，以防止货物在运输途中移位和纵、横倾覆，确保运输安全。

⑥绑扎：为防止在运输途中由于外力作用使船舶产生摇摆运动，致使货物产生移位或倾覆，在所装每件货物件体的中上部两侧，利用其吊环等可以受力的部件，分别使用钢丝绳、紧固螺栓（视所装大件货物大小、重心高度及所用船舶大小等不同而选择合适的加固材料）、配套绳卡等将所装货物从四周紧固于船舶载货甲板或行走甲板的地令上（加固绳角度一般为 45°~60°、方位呈"八字形"，根据运输船舶的剩余空间、最佳受力方位等灵活运用），保证所装货物和船体固定为一个整体，以防止在运输途中移位和横倾，确保运输的安全及万无一失。

⑦松钩紧固：支垫、支撑、绑扎完毕后，经装载加固人员及船舶指挥人员认可同意后，由现场吊装指挥人员向吊车司机下达缓慢降低吊机负荷指令，边松边检查边紧固。当吊机负荷为 0 时，在吊装绳索尚未松下时停车检查，并进行绑扎紧固、支撑木楔，各个受力点受力均衡后，确认一切无碍后松绳解缆，该件货物装载完毕。

如此反复，直至配载图上所有货物装载完毕。

(3)装载加固的相关要求。

①凡与产品接触部位应使用全新、干燥无腐蚀性、强度足够的衬垫材料垫平垫实，达到受力均衡、不偏重、不集重、无损伤。

②大件绑扎加固点必须是可以受力的部件，同时必须经船长、发货方、监理以及其他各相关方的认可，避免因绑扎加固措施不当造成货损。

③加固钢丝绳与货物接触处须加垫防磨衬垫。

④精密设备运输时须对其遮盖防雨防尘篷布或采取客户交代的其他防护

措施。

⑤绑扎加固强度必须满足防止大件货物移动或倾覆的需要，以确保运输安全，具体参见水路运输大件绑扎加固理论相关内容。

4.3.2 水路运输大件货物绑扎加固

1)水路运输货物受力分析

水路运输是通过船舶在水中航行将货物运送至目的地的一种方式，包括内河和海洋运输，两者船舶振动形式和货物受力十分相近，而且目前比较成熟的研究成果主要集中在海洋运输领域。因此，这里以海运为例介绍船舶运动形式和货物的受力分析。海运货物在海运途中受到船舶运动引起的力，可能会导致货物与船体产生相对运动，从而导致货损。绑扎加固的目的就是限制货物在受力方向上产生相对运动，因此绑扎加固的总能力必须大于货物本身的受力。以下对海运过程进行货物受力分析。

根据国际惯例，对于货物的海上受力通常有以下两种受力分析方法，目前这两种方法都在各海运公司得到广泛应用。

（1）船舶运动分析。

根据船舶动力学相关研究，简化船舶和货物的受力模型，船舶的典型运动包括纵摇、横摇、首摇、垂荡、横荡、纵荡等6种形式，产生六个方向的自由度。船舶航行各个方向加速度经验值数据如表4-6所示。

表4-6 船舶航行各个方向加速度经验值数据

方向	纵摇	横摇	首摇	垂荡	横荡	纵荡
加速度经验值	$0.8g$	$0.3g$	$0.8g$	$0.8g$	$0.8g$	$0.3g$

①惯性力：船载货件所受惯性力的计算方法为：

$$F_{ix} = ma_x + F_{wx} + F_{sx} \tag{4-1}$$

$$F_{iy} = m_a y + F_{wy} + F_{sy} \tag{4-2}$$

$$F_{iz} = ma_z \tag{4-3}$$

式中：m——货件的重量（t）；

F_{ix}、F_{iy}、F_{iz}——货件受到纵向、横向和垂向外力（kN）；

a_x、a_y、a_z——纵向、横向和垂向加速度（m/s²）；

F_{wx}、F_{wy}——货件在纵向和横向上受到的风压力（kN）；

F_{sx}、F_{sy}——货件在纵向和横向上受到的波溅力（kN）。

货件纵向加速度(a_x)、横向加速度(a_y)和垂向加速度(a_z)的计算方法为：

$$a_x = K_1 a_{0x} \tag{4-4}$$

$$a_y = K_1 K_2 a_{0y} \tag{4-5}$$

$$a_z = K_1 a_{0z} \tag{4-6}$$

式中：K_1——船长 L_{bp} 及航速 V 的修正系数，可根据下式确定：

$$K_1 = \frac{0.345V}{\sqrt{L_{bp}}} + \frac{58.62 L_{bp} - 1034.5}{L_{bp}^2} \tag{4-7}$$

K_2——船宽 B 与初稳性 GM_0 之比 B/GM_0 的修正系数；

a_{0x}、a_{0y}、a_{0z}——货件所在船舶装载位置的纵向、横向与垂向基本加速度。具体如表 4-7 所示。

表 4-7　基本加速度值表

		横向加速度 $a_{0y}/(\mathrm{m/s^2})$									纵向加速度 $a_{0x}/(\mathrm{m/s^2})$
	纵向货位（距船尾）	$0.1 L_{bp}$	$0.2 L_{bp}$	$0.3 L_{bp}$	$0.4 L_{bp}$	$0.5 L_{bp}$	$0.6 L_{bp}$	$0.7 L_{bp}$	$0.8 L_{bp}$	$0.9 L_{bp}$	
垂向货位	上甲板上层	7.1	6.9	6.8	6.7	6.7	6.8	6.9	7.1	7.4	3.8
	上甲板下层	6.5	6.3	6.1	6.1	6.1	6.1	6.3	6.5	6.7	2.9
	二层舱	5.9	5.6	5.5	5.4	5.4	5.5	5.6	5.9	6.2	2.0
	底　舱	5.5	5.3	5.1	5.0	5.0	5.1	5.3	5.5	5.9	1.5
垂向加速度 $a_{0z}/(\mathrm{m/s^2})$		7.6	6.2	5.0	4.3	4.3	5.0	6.2	7.6	9.2	

从表 4-7 可以看出，船中位置货件所受惯性加速度影响较其他位置小，且底舱小于二层舱和上下层甲板。因此，在运输变压器时，为防止变压器在航行途中受惯性力造成损坏，应尽可能将其摆放在船中位置，且优选底舱进行积载。

②风压力：当货件放置在露天甲板时，风会对货件形成横向和纵向的压力。甲板货件所受纵向风压力 F_{wx} 和横向风压力 F_{wy} 的计算方法如下：

$$F_{wx} = p_w A_{wx} \tag{4-8}$$

$$F_{wy} = p_w A_{wy} \tag{4-9}$$

式中：p_w——估计风压强，取 $p_w = 1.0(\mathrm{kN/m^2})$；

A_{wx}、A_{wy}——甲板上货件的纵向和横向受风面积($\mathrm{m^2}$)。

③波溅力：当货件放置在露天甲板时，飞溅起的海浪也会对货件形成横向和

纵向的压力。甲板货件所受纵向波溅力 F_{sx} 和横向波溅力 F_{sy} 的计算方法如下：

$$F_{sx} = p_s A_{sx} \tag{4-10}$$

$$F_{sy} = p_s A_{sy} \tag{4-11}$$

式中：p_s——估计波溅压强，取 $p_s = 1.0 (\text{kN/m}^2)$；

A_{sx}、A_{sy}——甲板上货件的纵向和横向受波溅面积(m^2)。

以上船舶运动分析和加速度经验值可满足海运过程中绑扎加固计算要求，但不足之处是过于保守，导致计算的绑扎加固强度过高，造成一定的浪费和成本上升。

（2）国际海事组织(IMO)规范要求。

对于货物受力和加速度的规定，国际海事组织(IMO)出台了专门的绑扎加固规范，即《货物积载与系固安全操作规则》。

2）大件货物绑扎加固方法

绑扎加固是保证大件货物安全运输的非常重要的一环。通过选用钢丝绳或铁链等合适的绑扎加固材料，以及选择合适的绑扎加固点和恰当的绑扎方法对货物进行系固，或者通过焊接等工艺，约束由于船舶运动所产生的各方向力、风压力、波溅力等，把货物牢牢固定在船舶相应位置。

下面介绍绑扎加固的基本原则和主要绑扎加固方法。

（1）绑扎加固的基本原则。

①要做好对货物的保护。无论是裸件或者箱体包装的货物，在进行绑扎加固时都要防止因为绑扎加固对货物造成的损伤。在货物与绳索接触的吃力部位要衬垫橡胶或尼龙等材料，防止损坏货物(包装)。木箱棱角与锁链或钢丝绳接触处应当衬垫支垫，以防止运输途中锁链或钢丝绳损坏木箱。

②绑扎加固点选择恰当。所有钢丝绳、锁链与货物接触的地方必须是货物可以受力的部位或吊点；同时，在船舶上也要选择合适的加固点，必要时通过焊地令等措施设置绑扎加固点。

③绑扎加固强度足够。绑扎加固就是要克服由于船舶各种运动使货物产生与船舶相对运动的力，以达到防止货物滑动、翻转或倾覆的目的。因此要达到足够强度就需要对大件货物绑扎加固方案进行专门设计，并进行强度校核计算。

④专业的现场操作。水路运输货物绑扎加固需由有资质的专业绑扎加固公司操作，对于大件货物的绑扎加固必须经过在现场的船长、码头绑扎加固公司、发货方监理以及其他各相关方的共同确认，确保不会因为绑扎加固措施不当造成货损。

（2）主要绑扎加固方法。

典型绑扎加固方法是采用合适的绑扎加固材料，在货物上选择合适的绑扎加固点，选择合适的方法进行绑扎加固。

①链条绑扎加固。

②钢丝绳绑扎加固。

③绑扎带绑扎加固。

④铁止动块加固。

⑤方木支撑加固。

3）大件货物绑扎加固材料

水路运输中的绑扎加固至关重要，所有使用的材料必须满足相关资质要求。常用的绑扎加固材料如下。

（1）钢丝绳及使用规范。

钢丝绳有如下使用规范，本部分内容参照《一般用途钢丝绳》（GB/T20118—2006）：

①选用的钢丝绳应无断股，且股应捻制均匀、紧密。

②涂刷的润滑油、润滑脂品种应与钢丝绳厂使用的相适应。

③使用中需防腐蚀，避免与酸性液体或气体接触。

④避免钢丝绳打结。

⑤实际使用时根据最大可能受力强度选择钢丝绳的类型、公称直径及股数。

⑥钢丝绳放绳时应防止发生扭结现象。

⑦钢丝绳插接长度宜为绳径的 20～30 倍，较粗的绳应用较大的倍数。

⑧切断钢丝绳时，应预先用细铁丝扎紧切断处的两端，切断后应立即将断口处的每股钢丝熔合在一起。

⑨钢丝绳不得与电焊导线或其他电线接触，当可能相碰时，应采取防护措施。

⑩钢丝绳不得与货物或构筑物的棱角直接接触，否则应采取保护措施。

⑪钢丝绳不得折曲、扭结，也不得受夹、受砸而成扁平状。

⑫钢丝绳应根据用途、工作环境和钢丝绳种类对钢丝绳进行清洁和保养。

（2）钢丝绳夹及使用注意事项。

①钢丝绳夹数目一般不少于 3 个，夹子间距离应不小于钢丝绳直径的 6 倍。

②选用夹头时，应使用 U 形环的内侧净距比钢丝绳直径大 1～3 mm 的，太大则会导致卡口连接不紧。

③紧固绳夹时需考虑各绳夹合理受力，离套环最远的绳夹不得先单独紧固。

④上夹头时一定要将螺栓拧紧，直到绳被压扁 1/4～1/3。

⑤夹头要一顺排列，U 形部分与绳头接触，不能与主绳接触。

（3）卸扣。

D 形和弓形卸扣见图 4-1。

关于 D 形和弓形卸扣相关标准见《一般起重用 D 形和弓形锻造卸扣》（GB/T25854—2010）。

D形卸扣　　　　　　　　　　　弓形卸扣

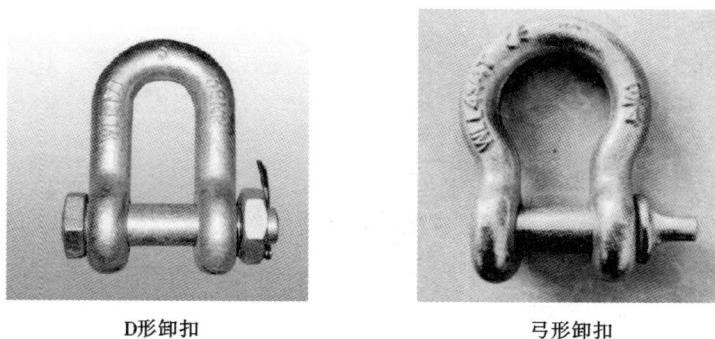

图 4-1　D 形和弓形卸扣

　　选用的卸扣、销轴应当无永久变形，且销轴在拧松后可自由转动；卸扣由于采用钢合金，使用时应与酸性液体、气体隔离。

　　(4)其他主要绑扎材料。

　　用于海运的主要绑扎加固材料还有花篮螺丝、手拉葫芦、绑扎带以及地令等，如图 4-2 所示。

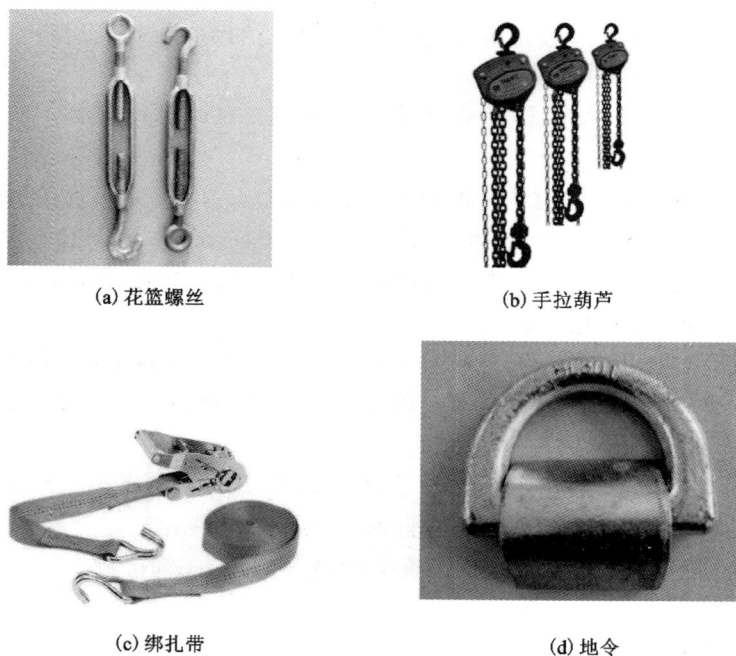

(a)花篮螺丝　　　　　　　　　　(b)手拉葫芦

(c)绑扎带　　　　　　　　　　(d)地令

图 4-2　用于海运的主要绑扎加固材料

4）大件货物绑扎加固强度校核

根据前述受力分析，绑扎加固的目的是阻止货物移动和倾覆。因此，依照国际海事组织（IMO）的相关规范和中国船级社《货物系固手册编制指南》规范中的要求进行校核。

4.4　水路长大货物运输网络

我国水路运输通道发达主要表现在以下方面：

（1）内陆水系较发达。中国幅员辽阔，拥有大陆海岸线 18000 多公里，岛屿海岸线 14000 多公里，流域 100 平方公里以上的天然河流有 5000 多条，大小湖泊 900 多个。东部地区运河水网纵横交错，将江河、湖泊及海洋相互连接，形成东西南北互联互通的水运网络，也形成内河运输的基本条件。水路运输为国家经济建设、国际贸易发展和人们生活做出了不可磨灭的贡献。

其中，内河运输航道主要有黑龙江水系、海河水系、黄河水系、淮河水系、长江水系、钱塘江水系、京杭运河水系、珠江水系以及独自入海主要河流航区。

（2）海洋运输发展迅速。随着改革开放和对外贸易发展，我国海运发展迅速，运输量不断增加，沿海、近洋、远洋运输航线日益完善，运输船舶的类型和数量、承载能力和装卸能力（重吊船）不断增加，为大件运输提供了坚实的基础。

①沿海运输主要航线主要有环渤海航线、黄海航线、南海沿海航线、北部湾沿海航线。

②近洋海运主要航线主要有东南亚航线、印度航线、日本航线、韩国航线。

③江海直运主要航线分为国内江海直达航线及国际江海直达航线。其中，国内江海直达航线包括江至海特定水域航线、海至江锚地航线、江至海航线等；国际江海直达航线包括国内江至国外港口大件航线和国外港口至国内江锚地大件运输航线。

④远洋运输航线主要有欧洲北美航线、远东欧洲航线、远东北美航线、好望角航线、巴拿马运河航线、南太平洋航线、南大西洋航线、北冰洋航线。

4.5　水路长大货物运输组织

以进口货物内河运输为例，阐述水路大件运输操作流程与运输组织，见图 4-3。

1）货源组织

（1）通过运输项目的投标揽取订单。

(2)与总承包商签订水路分包运输合同，采取分包形式获取订单。

(3)收集货源信息，与托运人直接签订水路运输合同。

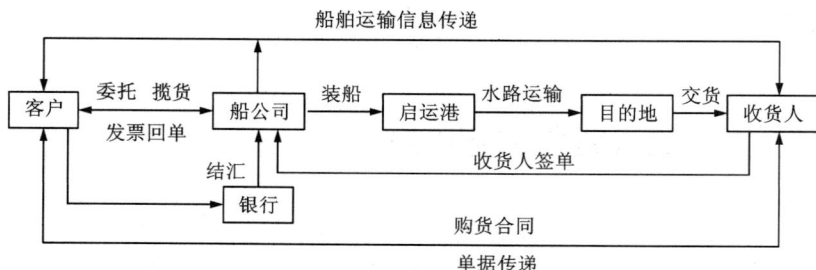

图4-3   水路大件运输基本操作流程

2)接运准备

(1)根据(进口)货物清单，主动与托运人、港口保持密切的联系，以确切了解到货时间，并获取海运船期的预报、确报信息，根据不同到货情况，安排不同的内河船型。

(2)参加港口主持的到货接运船前会，根据每批到货情况不同，会同港口或有关接卸单位、装卸港区共同制定合理的接运方案。

(3)根据已装船的装箱单及对进口货物国内运输时间的要求，合理安排适航、适货船舶的船型并制定装载方案。同时，安排安全技术人员对到港接运的船舶进行船舶实际技术状态检查，防微杜渐，以使船舶以完全良好的状态进行运输，并对接运船舶所准备的铺垫绑扎加固材料进行检查和必要的补充，做好接运前的各项准备工作。

3)装船

(1)装船前，向托运人或货物组织方通报接运工作准备情况，并对事先所作的配载计划进一步的落实和调整；对接运船舶，事先做好重大件的铺垫及具体受载定位的准备工作。

(2)装船时，船舶和现场工作组要在现场就具体的积载做出准确定位，重大件在指定的位置落位后，由船舶和大件工作组进行垫、塞等加固，待其稳固后方可脱钩。

(3)船舶受载后，对大件货物进行绑扎和加固。大件货物的绑扎加固工作经安全技术人员检查确认后，船舶方可开航。

4)水路运输组织及安全措施

(1)装船时，专人在港区负责监督、指导装船方案的执行情况。

(2)专人在港区配合内河船舶，对装船货物进行点数理货和确认，并取得真实的理货报告。

（3）如发生货损、货差，应及时取得理货公司的货损及溢卸报告，并及时通知托运人和保险公司在口岸的代理人，配合做好现场查勘工作。

（4）做好内河运输的港航交接，以确保每批进口货物安全正确地转运到内河船舶上。

（5）专人监督内河运输船舶实施正确的配载、加固、绑扎方案，以确保内河运输的万无一失。

（6）特种船舶必须持有与运行航线相对应的等级证书，配足具有丰富实际操作经验的轮驾技术人员，选派具有多年及多次运输大件货物引航经验的指导船长亲自上船指挥航行，以确保船舶的运输安全。

（7）特种船舶须对主机、辅机、电机、舵机、锚机、应急系统和通信导航等设备进行一次全面检查，确保其处于良好的适航状态。

（8）船舶的消防、救生设施及设备应齐全，且能正常使用，通信设施及设备应能正常使用。

（9）装船工作结束，船舶办妥港口、港监、海关等手续后，船舶召开船舶航前会议，并对船舶航行方案进行进一步讲解和落实，确保能够按计划顺利完成任务。

（10）每日 07：30 时，由拖轮船长主持召开会议，根据运输任务、航行区域、预计抵达时间和气象、航道、水位及其他可能遇到的不安全因素，拟定和布置具体的安全措施。

（11）特种船舶通过危险航段前，船长亲自操作或监航，值班驾驶员将严格遵守正规瞭望的规定，严格执行报标、报点、报航向的三报制度，防止看错浮标、走错航道、上坪搁浅。在航行中，主拖拖轮应及时与附近过往船舶保持不间断联系，统一避让意图，防止碰撞。

（12）船舶通过大桥前，提前向大桥监督站报告动态，并主动询问桥区水流、气象、水深、航标标志配布新信息，严格遵守长江大桥三线区规定，船长亲自操作过桥，大副上船艏瞭望，随时注意掌握桥区水流变化对操作的影响，必要时请监督艇现场维护。

（13）防雾规定：特种船队在发航前和航行中，要按时收听天气和雾情预报，做到心中有数，切实掌握有雾季节、多雾地段和起雾预兆等信息，并积极做好预防措施。

（14）船队抗风等级：根据船舶（队）及航区情况制定抗风等级标准，如长江南通以上北到东北风 5 级；南通以下东南风 4～5 级。

（15）船舶配备无线电台、甚高频无线电话、移动通信电话、雷达等先进的联络、导航仪器，保证通信畅通。

（16）坚持每天收发航行通电，及时与往来船舶进行联系，提前做好避让措施，保证航行安全。

（17）船舶靠泊码头前，进行一次锚设备、系泊设备检查，确保设备处于良好的适用状态。同时，码头现场要安排值班人员做好接、系缆绳的准备工作，船长按靠泊预案谨慎操作，将驳船安全靠泊码头。船舶与地面岸桩牢固系泊，保证大件卸载过程中无移动、摇晃的情况发生。船舶按约定的交接程序，完成安全交接工作。

5）货物交接

（1）大件货物在港口码头船舶舱面接货，对装船后货物的运输标志、外观质量等进行核对，启运前填写货物交接清单。

（2）货物运抵目的港码头后，按前款的交接清单向下一方按件进行交接，经验收货物包装完整，无损坏、无变形，仪表记录正常，即为合格交货。该运输作业即告完成。

6）费用结算

货物安全运输结束，货物经过验收合格后，由承运方出具运输发票及验收合格单证，托运方在合同规定期限日内向承运方支付货物的运输款项。

第 5 章
长大货物联运特征分析

目前，各种运输方式中关于长大货物的定义及判定标准各不相同，也没有关于长大货物联运的概念。通过分析公路大件货物运输、铁路超限超重货物运输和水路笨重长大货物运输的概念及判定流程，揭示长大货物联运的内涵及判定程序；运输线路特征、运输风险特征两个方面归纳长大货物联运相对于一般货物运输及单一方式运输的难点和优势所在，进而阐述长大货物联运路径决策研究的必要性。

5.1　长大货物运输的内涵与判定分析

长大货物具有非流动性、外形尺寸大、重量超大等特征，对装卸过程有严格要求，除非军事运输或应急物资运输，一般情况下不采用航空运输，因此本书所研究的长大货物联运特指在公路、铁路及水路运输范围之内进行的长大货物多式联运。对于此三种运输方式而言，它们各自对长大货物或长大货物运输的定义并不统一，所以本书在对不同运输方式下的长大货物运输进行判定的基础上给出长大货物及长大货物联运的定义与判定方法。

5.1.1　公路大件货物运输判定流程分析

在我国，使用非常规车辆运载超重、超长、超宽或超高等特殊规格大型物件的公路汽车运输，常被称作大件运输，也即超限运输。与普通货物不同，大件货物在运输、装卸、保管过程中都需要采取针对性措施，运输过程更加复杂、风险更大。

我国《超限运输车辆行驶公路管理规定》中有关于公路超限货物运输的详细要求，其第三条给出超限运输的判定方法。具体判定标准如表 5-1 所示。

表 5-1　公路超限车辆判定

判定因素	超限条件	
车货总高度	从地面算起 4 米以上	
车货总宽度	2.5 米以上	
车货总长度	18 米以上	
车货总质量	单车、半挂列车、全挂列车	车货总质量 40000 千克以上
	集装箱半挂列车	车货总质量 46000 千克以上
车辆轴重	单轴(每侧单轮胎)	载质量 6000 千克
	单轴(每侧双轮胎)	载质量 10000 千克
	双联轴(每侧单轮胎)	载质量 10000 千克
	双联轴(每侧各一单轮胎、双轮胎)	载质量 14000 千克
	双联轴(每侧双轮胎)	载质量 18000 千克
	三联轴(每侧单轮胎)	载质量 12000 千克
	三联轴(每侧双轮胎)	载质量 22000 千克

定义 5.1　公路大件货物。公路运输中，装后总轮廓尺寸、车货总重或汽车轴重超过规定限度(如表 5-1 所示)的货物称为公路大件货物或超限货物，其运输称作大件货物运输或大件运输。

公路大件货物运输具体的判定流程如图 5-1 所示。

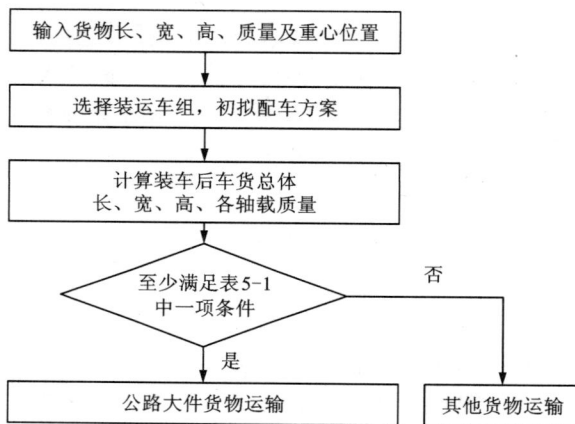

图 5-1　公路大件货物运输判定流程

5.1.2　铁路超限超重货物运输判定流程分析

在铁路货运工作中，根据货物的运输条件可以将货物分为普通货物和特殊货物，特殊货物主要包括阔大货物、危险货物和鲜活货物，阔大货物又可细分为超限货物、超长货物、集重货物。其中阔大货物的类别及定义如表 5-2 所示。

表 5-2　阔大货物类别及定义

阔大货物类别	定　义
超限货物	货物装车后，在平直线路上停留时，货物本身的高度和宽度的任何部位超过机车车辆限界或特定区段的装载限制者；行经半径为 300 米的曲线线路时，货物的内侧或外侧的计算宽度超限者
超长货物	一车负重，突出车端，需要使用游车或跨装运输的货物
集重货物	重量大于所装车辆负重长度的最大容许载重量的货物
超重货物	装车后重车总重活载效应超过桥涵设计活载标准（中-活载）效应的货物

从阔大货物各类别的定义来看，超限货物可以是超长货物也可以是集重货物，也可以既不是超长货物也不是集重货物，因此超限货物运输能够反映超长、集重货物运输的所有特征，可将阔大货物运输归结为超限超重货物运输进行研究。

定义 5.2　铁路超限超重货物。铁路运输中，装后综合轮廓或计算轮廓超过机车车辆限界基本轮廓的货物为超限货物，重车总重活载效应超过桥涵设计标准活载（中-活载）的货物为超重货物，二者统称为铁路超限超重货物。

铁路超限超重货物运输判定流程如图 5-2 所示。

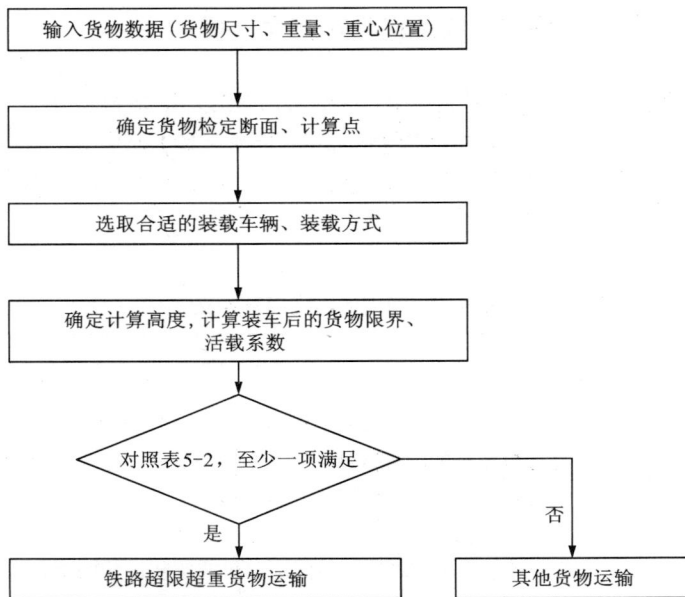

图 5-2　铁路超限超重货物运输判定流程

5.1.3　水路笨重长大货物运输判定流程分析

水路运输是以船舶为主要运输工具、以港口或港站为运输基地、以水域包括海洋、河流和湖泊为运输活动范围的一种运输方式,本书所研究的水路运输主要指近海运输和内河运输。

《国内水路货物运输规则》规定,每件货物重量或长度超过表 5-3 所示标准的,应按笨重、长大货物进行运输。

表 5-3　水路笨重长大货物判定

区域	判定标准
沿海	重量大于 5 t,长度大于 12 m
长江、黑龙江干线	重量大于 3 t,长度大于 10 m

定义 5.3　水路笨重长大货物。水路运输中,将单件货物重量或长度超过特定航道既定标准的货物称为笨重长大货物。

可见，关于水路笨重长大货物运输的定义具有很大的灵活性。与公路和铁路相比，水路笨重长大货物的定义仅仅与货物本身尺寸及重量有关，并不是计算装船后的船货总轮廓或者重量，这主要是因为船舶运输的承载能力很大，一般的杂货轮承重也可达五、六万吨以上。但是，水路笨重长大货物的定义与所经航道有关。因此，水路笨重长大货物运输的判定程序较之公路和铁路，有其特别之处，主要步骤如图 5-3 所示。

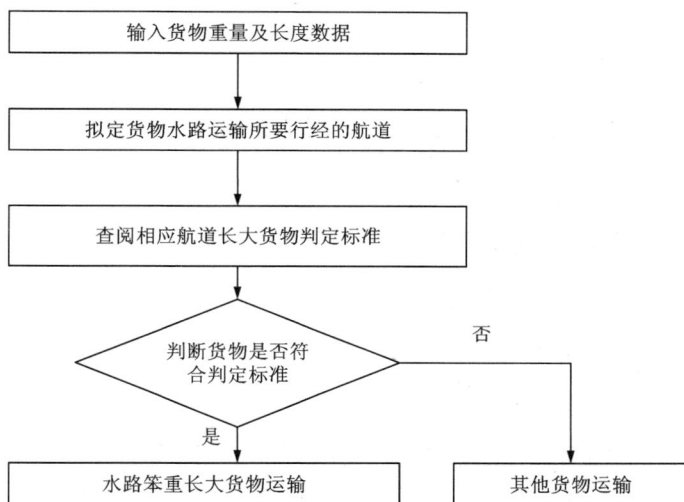

图 5-3　水路笨重长大货物运输判定流程

5.1.4　长大货物联运的内涵与判定分析

通过上述分析可见，一方面，公路大件货物、铁路超限超重货物和水路笨重长大货物在货物特征及运输流程上有相似之处。另一方面，目前还没有关于长大货物的统一定义，公路大件货物、铁路超限超重货物是指装载后的货物在外形尺寸或装载重量上超出一定标准的货物，但各自的标准完全不同；而水路笨重长大货物仅仅与货物自身重量、长度以及经行航道有关。基于这两方面的原因，本书分别给出长大货物和长大货物联合运输的定义如下：

定义 5.4　长大货物。长大货物是指满足公路大件货物、铁路超限超重货物或水路笨重长大货物定义之一的货物，其运输过程称为长大货物运输。

定义 5.5　长大货物联合运输。长大货物联合运输是指通过公路、铁路和水路中的两种或两种以上运输方式进行的长大货物运输，简称长大货物联运。

　　通常意义上的联运(也即联合运输)是指对同一件货物采用两种及两种以上运输方式进行运输的,中途有运输方式的转换过程。联运按其运输对象可分为货物联运和旅客联运;按区域划分可分为国际联运和国内联运;按运输方式协作形式划分可分为水陆联运、江海联运、陆空联运、海空联运、公铁联运以及海陆空联运。本书主要研究长大货物的国内联运,其联运形式主要有公铁联运、江海联运和水陆联运。

　　对于一件确定的货物,要判定其运输是否属于长大货物运输,需经如图5-4所示的判定流程。

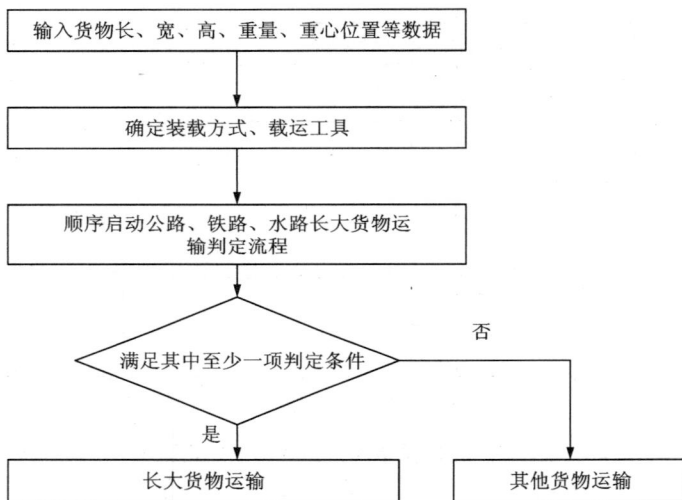

图5-4　长大货物运输判定流程

5.2　长大货物联运线路特征分析

　　长大货物联运与一般货物运输不同,对运输线路的运输资质、建筑限界、桥梁承载能力等方面有特殊的要求,导致不同运输方式的长大货物运输线路在线路可达性、可改造性和安全性方面呈现出不同的特征。

5.2.1　长大货物公路运输线路特征分析

1)长大货物公路运输有很强的可达性

经过多年的建设，我国以国道干线公路、高速公路为主，省级公路和县级公路为辅的公路运输网络已基本形成。2020 年末，全国四级及以上等级公路里程 494.45 万公里，占公路总里程比重为 95.1%；截至 2021 年 4 月，中国高速公路总里程达 16 万公里，稳居世界第一；2021 年 2 月，中共中央、国务院印发了《国家综合立体交通网规划纲要（2021—2050 年）》，规划到 2035 年，国家综合立体交通网实体线网总规模合计 70 万公里左右（不含国际陆路通道境外段、空中及海上航路、邮路里程）。其中铁路 20 万公里左右，公路 46 万公里左右，高等级航道 2.5 万公里左右。相对完善的道路网络使得公路长大货物运输具有很强的可达性。同时，公路长大货物运输能实现门到门运输，即便是采用铁路或水路运送长大货物，其始终端的运输也经常需要借助公路运输。

2）长大货物公路运输线路改造相对易于实现

公路长大货物运输会受到路段限界、桥梁、隧道的限制，在某些情况下需要对已有的设备设施进行改造，比如加固桥梁、拓宽道路、清理路障、增大曲线半径、挖低路基、组织车辆逆向行驶或者将双车道合并为单车道等。相比于铁路，公路建设投资较小、新修或者翻修公路的成本相对较低；同时由于公路网的稳定性较强，局部的交通管制不会对整个交通网络产生很大的影响，使得以上各种改造措施相对易于实现，这在一定程度上也加强了公路长大货物运输的可达性。

3）长大货物公路运输易受外部因素干扰

公路系统本身是开放的、复杂的系统。公路上的司机有着不同的驾驶水平、汽车有着不同的行驶性能；公路上可能有行人、有车辆；不同城市、地区对公路的管理也不尽相同。由于上述原因，导致公路长大货物运输面临很大的不确定性，极易受外部因素影响。为保证长大货物的运输安全，往往会牵涉到沿途的交通、路政、公安、通信、电力、民政等多个部门，是一项复杂的系统工程，组织难度大，安全性相对较低。

5.2.2　长大货物铁路运输线路特征分析

1）长大货物铁路运输可达性不足

由于铁路建设的前期投资较大，我国铁路网络的覆盖范围有限。截至 2020 年，全国铁路营业里程 14.63 万公里，其中高铁 3.8 万公里；全国铁路路网密度 152.3 公里/万平方公里；复线率 59.5%、电化率 72.8%。西部地区铁路营业里程 5.9 万公里。全国范围内还有一些县级城市未通铁路，对于已有的铁路网，也并不是全都具备长大货物运输的条件和资质。因此，铁路长大货物运输的可达性不足，需要公路网作为补充。

2）长大货物铁路运输路段改造成本高

铁路长大货物运输是超机车车辆限界的运输，某些特大型货物还是超建筑限界运输，在这种情况下为了确保运输安全，就需要对铁路沿线设备进行一定程度的改造，如通过拆除线路两旁的建筑物或设备、暂时拆除信号机或采取拨道、落坡、扩宽建筑物等措施来增大路段通行能力，而采取这些措施一方面需要付出巨大财力和人力，另一方面会对正常的铁路运输带来严重干扰，造成运能浪费。同时，由于长大货物一般重量较大，对沿线路基及桥梁的承载能力有非常严格的要求，运输前需对路径中承载等级低的老式桥梁及某些线路地基进行加固改造，而一般情况下对这类线、桥进行加固改造需要很高的费用和进行大量前期准备工作，也会对铁路运输带来影响。因此，在进行长大货物铁路运输时，若需对路段进行改造，改造成本往往巨大，组织复杂度也高于公路路段改造。

3）长大货物铁路运输安全性高但对运输干扰大

铁路运输受自然条件和气候变化的影响因素相对较小，一般情况下能够保证运输的经济性和持续性，并且具有全天候运输的条件，因此铁路运输的安全性高。

由于长大货物自身的高度和宽度较大，在铁路运输过程中为了确保货物运输安全，往往采取限速运输、停电运输、禁会运输等安全组织措施，在超限超重专列运输通过的铁路区段，普通旅客列车、其他货运列车需要待避或待留，给正常的运输秩序造成干扰。

5.2.3　长大货物水路运输线路特征分析

1）长大货物水路运输可达性严重不足

由于受自然条件的限制，水路运输的可达性显然低于公路和铁路。虽然我国拥有众多可通行的航道，但分布极不均匀，这就造成了长大货物水路运输可达性严重不足。对于沿海航道，只分布在我国的东部和南部地区；而内河航道分布有以下特点：一是航道干线呈纬向分布，这与我国地形总体呈西高东低的趋势有关，南北向航道极度缺乏；二是绝大部分航道分布在南方各地，全国 12 个里程在2000 千米以上的航道，其中 11 个都分布在长江及其以南地区；三是全国可通航百吨以上船舶的航道大部分分布在长江、珠江、黑龙江、淮河和京杭运河（简称"三江两河"）五大水系之中。内河航道的分布特点使得水路长大货物运输存在巨大局限，可达性严重不足。

2）长大货物水路运输路段可改造性差

由铁路、公路对长大货物的定义可见，陆上运输由于受线路限界、桥梁承载能力等众多因素的影响，对运送货物的尺寸、重量有比较严格的要求。水路运输，且不讲长江、淮河之类的大江大河，即便六级航道，其通航建筑物船闸的口门也有 10 m 宽，这为长大货物顺利通过提供了良好条件。但如果某段航道不满足长大货物通行要求，如航道水深过小、净空高度不足等，对该段航道进行改造的可能性较小或者说改造成本巨大，这也使得长大货物水路运输的可达性得到改善很难。

3）长大货物水路运输不确定性大

船舶航行水上，远离陆地，很容易发生意外，一旦发生意外，补救也非常困难。特别是对于沿海航道的运输，其运输环境的自然条件瞬息万变，发生危险的可能性就更大，每年全世界因为天气变化而遇险的船舶约 300 艘。另外，当需要在一些边境河流上进行运输时，邻国的政治环境、海上治安状况等都是影响货物运输安全的因素，而这些因素很难事先衡量和管控，这就给长大货物水路运输带来更大的挑战。

通过对不同运输方式下长大货物运输线路特征的分析可以得出结论：在进行长大货物运输时，单一运输方式都具有不同的优势和劣势。长大货物联运可以充分发挥各种运输方式的优势，规避劣势，是一种相对理想的运输方式。

5.3　长大货物联运风险特征分析

与一般货物运输不同，长大货物联运具有高风险性。长大货物联运的高风险，首先在于货物本身的价格昂贵，往往是投资几亿、甚至上百亿的重大工程或国防建设的配套设备，这些货物大都工艺复杂，一旦发生破损，补救难度非常巨大，进而给相应的项目建设带来很大影响；其次在于它的运输过程牵涉范围广、环节多，任何一个环节考虑不周，都可能造成货物破损或交货延期，对运输极为不利。

5.3.1　风险的内涵

风险一词，由来已久，早在 17 世纪的西班牙航海术语中就有关于"风险"的定义。随着风险理论研究的不断深入和拓展，目前关于风险的比较权威的定义有如下四种：损失机会和损失可能性；损失的不确定性；实际与预期结果的离差；实际结果偏离预期结果的概率。在工业生产系统中，风险往往被理解为在一定条件下，某一危害事件发生的概率与危害后果的组合，即风险具有概率和后果的双重性，可以表示为危害事件发生概率 P 和损失程度 C 的函数，风险值 $R=f(P, C)$。

目前在理论界被广泛接受的一种看法是，风险应包括三个基本要素，即风险因素、风险事件及风险损失。风险因素是指可能引发风险事故的潜在原因，是造

成风险发生或风险损失的间接原因、内在原因；风险事件是造成风险损失的直接
原因，是风险损失的媒介物，即风险只有在风险事件发生的前提下才能导致损
失；风险损失是指非预期的、非故意的、非计划的经济价值或其他社会价值的减
少，包括直接损失和间接损失。从本质上讲，风险是风险因素、风险事件和风险
损失三者构成的统一体，这三者之间存在因果关系，如图5-5所示。

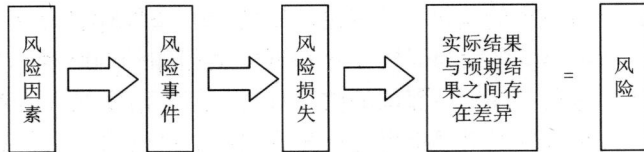

图5-5 风险各构成要素之间的关系图

风险的内涵可归结为两点：其一，风险意味着可能会造成损失或对事件结果
产生不利影响；第二，风险的出现是随机的，我们事先无法对其出现与否做出确
定性判断。因此便可总结出风险的基本性质应包括：客观性、不确定性、不利性、
相对性以及风险与利益的对称性。

风险可以用不同的方式进行分类，例如，按风险的来源不同可将风险分为经
济风险和技术风险、自然风险和社会风险；按风险的对象可分为人身风险、财产
风险、责任风险和信用风险。本书在研究长大货物联运风险时，主要考虑货物在
运送途中由于技术、自然和社会因素而带来的风险，风险对象主要包括人身风险
和财产风险。

对运输企业来讲，长大货物联运的目标就是在规定时间内以最少的费用将货
物完好地运达指定地点，同时保证对途经的自然环境、交通环境没有造成过度的
破坏或影响。因此，长大货物联运的风险就是指发生货物延迟抵达目的地、货物
破损、运输费用额外增加、对沿途环境造成严重破坏等事件的可能性以及事件发
生后所造成的危害大小。

5.3.2 长大货物联运风险特征

长大货物联运的自身特点使得其运输过程中的风险不同于一般货物，其风险
特点主要包括：

1）风险的客观性

由于长大货物联运的复杂性、一次性、运输内外部环境的动态性等特点，使
得整个运输过程必然存在或多或少的风险因素。

2）局部风险与整体风险的强关联性

　　长大货物联运是一个由运输路段(包含公路、铁路或水路)与运输节点(如铁路货场、港口码头、仓库等)组成的串联系统,任何环节发生意外都可能会对整个运输过程造成影响,形成整体风险。所以,长大货物联运的整体风险包括长大货物在路段上的运输风险和在换装点的换装风险。

　　3)经济风险与政治风险共存

　　由于长大货物联运一般都是服务于对国家经济或社会生活有重大影响的基础建设项目,因此,一旦运输过程中发生事故将会造成严重的经济损失和非经济损失。经济损失是指由于风险造成的运输成本的增加,非经济损失是指在政治、社会、公司声誉等方面所受到的损失。

　　通过上述分析,可将长大货物联运特征总结如下:

　　(1)长大货物联运涉及部门多、技术要求高,组织难度大;

　　(2)与一般货物运输相比,长大货物运输对途经线路有特殊的要求,使得长大货物运输的可达性受限,而联运方式可以较好克服这一缺点;

　　(3)长大货物联运具有高风险性。

　　长大货物联运的特征决定了其运输路径决策比一般货物运输、单一方式运输路径决策更加复杂、需要考虑的因素更多,本书将针对长大货物联运路径决策展开详细研究。

第6章
长大货物装载加固决策优化

长大货物具有长大、笨重和价值昂贵等特征，对运输的安全性要求极高，严禁发生货物装载不良的情况，因此在进行长大货物装载加固决策时要严格遵守相关技术条件，谨慎选择载运工具和装载方式，合理决策加固材料和加固方法。而长大货物装载决策是半结构化问题，大多数装载参数不可用结构化的方式表达，因此以传统的数学模型来解决是比较困难的。本章通过分析长大货物装载加固的技术条件，借鉴实例推理思想，构建长大货物装载加固决策的可拓物元模型，提出局部和全局相似度算法，在此基础上设计长大货物装载加固可拓实例推理算法求解模型，并以铁路长大货物运输的装载加固决策为例给出应用实例。

6.1 问题描述与分析

6.1.1 问题描述

长大货物的造价昂贵，一般是国家重点建设项目的配套设备，对国民经济建设有重大意义，因此保证安全是长大货物运输的根本。影响货物运输安全的因素众多，装载加固是其中最重要的因素之一，而且货物装载加固方案也会直接影响货物运输路径的选择以及运输过程中的风险防控。

按运输方式不同，长大货物装载加固决策可分为公路长大货物装载加固决策、铁路长大货物装载加固决策和水路长大货物装载加固决策；涉及的载运工具主要包括铁路各式特种车辆、公路各型平板车、水路各大吨位船舶。对于长大货物联运的装载，除要满足一般的装载要求（如装载量不超过运载工具的标记载重量、尽可能充分利用运载工具的载重能力等）之外，还要特别注意确保载运工具的运行安全和避免损伤载运工具，以保证运输安全和载运工具的正常使用寿命。

不同种运输方式进行换装时，需要重新制定适合于新的运输方式和载运工具的装载加固方案，不同运输方式的装载加固方案完全不同，需要单独决策。

由于货物在运输过程中会受到各种外力的影响、载运工具不可避免地发生颠簸，给运输安全带来威胁。为了减少这种威胁，应在货物装载之后对货物采取一定的加固措施，即采用适当的加固方法和必要的加固强度，把货物和载运工具联为一体，以使在正常的运输条件下，货物能够始终保持其初始装载位置不变。

一般说来，长大货物装载加固决策可按以下三个步骤进行：

1）了解长大货物自身特征

充分了解货物的重量、外形尺寸、构造特点、重心位置、支重面尺寸、加固作用点位置等技术数据，必要时还需要对货物进行实际测量。了解货物的技术数据时，必须充分考虑到可能采取的装载加固方案，以及在进行装载加固方案检核时可能需要的相关数据，例如在通过铁路运输时有可能采取跨装装载的货物，应了解支点的位置及支点的支重面形状和尺寸；又如对于尺寸过大、受沿途实际限界的影响而通行困难较大，有可能拆解一些部件的货物，或者有可能通过旋转一定角度，降低货物超限等级或程度的圆柱形货物，应了解拆解或旋转后的相应尺寸；对自带横垫木（或支座、支架、鞍座）的货物，应掌握横垫木（或支座、支架、鞍座）的有关数据及支点的位置；对有加固拴结点的货物，应掌握拴结点的位置，无加固拴结点时，应考虑可能采用的加固方法和加固作用点的位置；对于重量较大、使用木箱或薄壳金属包装箱包装的货物，应了解货物哪些位置可以承受加固作用力、适于何种加固方式。对于运输有特殊要求的货物，应做特殊处理，如预应力混凝土桥梁支点位置不得随意改变，所以应了解其确切位置；带有精密仪表的货物不能受到大的震动，所以应了解其防震要求。

2）确定长大货物装载方案

装载方案工作主要包括：根据货物资料选择可行的装载车辆或车组，分别计算装载后货物的横向偏移量、纵向偏移量；确定转向架和垫木的使用情况，若需要使用，则需进一步确定转向架或垫木的高度；最后通过安全性和经济性分析得出最佳的货物装载方案。

3）确定长大货物加固方案

加固方案设计工作主要包括：计算货物上的作用力及需要加固装置承受的力；以作用力的大小为依据选择相应的加固方法；确定加固强度即确定加固材料的数量、规格。一般情况下加固方案可依据货物的装载方案确定，装载方案确定后，加固方法也基本确定，例如在铁路运输中一般采用拉牵或腰箍加固木地板平车；多采用腰箍或钢挡加固铁地板长大货物车。某些货物由于其自身条件特点只能采用某一种加固方法（如圆柱形货物），而某些货物可采取两种或以上不同加固方法（如可采用腰箍加固也可拉牵加固）。对于那些只能采取一种加固方法的货物，这一步主要是确定加固材料的数量、材质以及相应的系数；而对于那些可以用两种或两种以上不同加固方法加固的货物，可通过综合考虑经济、便捷因素选择出最佳装载加固方案。对于有防震要求的货物，应避免采用刚性加固；必须用钢挡加固时，应在钢挡和货物之间增加缓冲胶垫；加缓冲胶垫时，货物的纵向惯性力可按柔性加固计算。

6.1.2　长大货物装载加固技术条件分析

制定货物装载加固方案是为了保证货物运输的顺利安全进行，因此，在制定方案前，应首先明确货物装载时应满足的基本技术条件，在此基础上判断货物是否需要加固；若需要加固，还要计算加固材料或者装置应提供多大的加固力矩。

陆运长大货物是指通过公路或铁路运输的长大货物。之所以将公路和铁路长大货物装载加固的基本技术条件合在一起研究是因为车辆在地面或轨道上行驶时所受力的作用相似，对货物运输安全所产生的影响也基本相同。此处以铁路长大货物装载加固时应满足的技术条件为例进行讨论。

1）长大货物装载加固技术条件分析

对货物装载最基本的要求就是保证车辆和货物的运行安全。《铁路货物装载加固规则》（简称《加规》）对货物装载的基本要求，可以归纳如下：

（1）一般情况下，装车后货物总重心的投影应位于货车两条中心线（纵、横中心线）的交点上。

（2）若货物不可避免地需要进行偏离中心线交点操作，偏离车辆纵中心线的距离（即横向偏离量）需小于 100 mm；偏离车辆横中心线的距离（即纵向偏离量）应保证车辆每个转向架承受的货物重量不超过车辆允许载重量的一半，且两转向架的负载之差不能大于 10 t。

（3）货物装车后的车货总重心高是重车运行稳定性的重要影响因素，重车重心越低，其运行稳定性就越好。为了保证运行安全，我国铁路规定，除罐车和双层集装箱车之外，所有重车重心高度一般不超过 2000 mm（自轨面起算）。一旦超过这个限制，则必须限速运行或者通过配重降低其重心高。

（4）在货物重心位置满足上述技术条件的情况下，若货物一端或两端突出，则必须加挂游车装载；若加挂游车装载，则需要使用高度符合要求的横垫木或支架以避免货物在行经变坡点时与游车地板发生接触、碰撞。

2）货物在运行过程中的受力分析

在车辆运行过程中，车辆上的货物在各种外力的影响下，可能发生滚动、倾覆、移位等现象，因此为了保证车货的完整性、安全性，采取相应的加固措施是十分必要的。货物加固的基本要求是：所采用的加固方法应与货物的基本货物属性特征相适应；加固材料在强度、牢固度方面要达到加固要求，确保货物在运输过程中能够有效地避免各种危险情况的发生。

为了使货物加固操作能够在节省材料、减少工作量的同时确保加固强度，相应的加固计算是必不可少的。加固计算的一般步骤是：①具体分析货物上各种作用力的数值；②根据各种作用力的数值判别货物稳定性；③对于稳定性不符合要求的货物采取相应加固方法；④确定相应加固材料的规格、数量，使得加固方案满足要求。

车辆在运行中或调车作业中，货物受到的外力可分为惯性力、风力以及摩擦力，不同外力有其相应的作用点。其中惯性力又可分为纵向、横向以及垂直方向三种，作用点在货物的重心处，风力的作用点在受风面的几何中心，而摩擦力的作用点在车底板与货物的接触面上。在一般情况下，重车运行时会同时受到几种力的作用，但是不一定同时都达到最大值；但为了保证行车和货物安全，加固材料的强度必须与各种力的最大值相适应。

各种力的大小除与货物重量有关外，还与装载车辆、重心纵向偏移量、货物外形等有关，纵向惯性力的大小还与加固类型有关，所以，在计算作用在货物上的力时，应首先根据货物特征及装载结果确定如下参数：

加固类型 = ｛柔性加固，刚性加固｝

加固件数 = ｛单件加固，整体加固｝

摩擦类型 = ｛木与木，木与钢板，木与铸钢，…｝

迎风面 = ｛平面，圆柱面｝

上述参数确定后，即可具体计算货物在各方向所受力值。

3) 货物稳定性计算

在货物运输过程中，不同类型的力有不同的作用效果。总体而言作用于货物上的力可分为稳定力(阻止货物的倾覆、移动、滚动)和非稳定力(使货物发生倾覆、移动、滚动)。前者包括货物自身重力及其与车底板间的摩擦力，后者包括惯性力和风力。若要判断货物在运行过程中的稳定性，就必须综合考虑上述各种力的整体作用效果。

为了准确判断货物在运输过程中的稳定性，我们引入稳定系数的概念。通常将货物重力所形成的力矩与作用于货物上的非稳定型力(惯性力、风力)所形成的力矩的比值称作稳定系数。只有在稳定系数不低于 1.25 时才能保证货物在运输过程中的安全稳定。

6.2 模型构建

在确定了长大货物装载加固的基本技术条件之后，并不能直接得出装载加固方案。长大货物装载决策是一个半结构化问题，其中部分决策变量可以通过建立数学模型求解得到，但由于受数学模型的表达能力和求解条件的限制，大部分装载及加固参数无法直接求得，需要寻求其他解决途径。人类的装载专家对于待装货物的装载加固方案，需要在遵循相应规章制度的基础上结合过去装载经验来确定，对于那些之前没有承运过的货物可将之前运输过的相似货物作为参考对象，这种方法被称作"实例推理"。实例推理是一种直接利用以往实例进行推理的推理方法，利用这种推理方法可根据过去实际中所存在的实例和经验来解决新问题。本节借助于实例推理理论及物元理论，提出可拓实例推理方法，用以解决货物装载加固决策问题。

基于实例的推理是根据人工智能基于案例（Case-Base Reasoning，CBR）的推理衍生而来的。这种技术可以充分利用过去经验进行有效推理，效率性和准确度较高，有广泛的实际应用意义。基于实例推理的核心思想为：在问题求解时，人们可以使用以前对该问题求解的经验，即积累的实例，来进行推理。这种推理方法大致可分为以下几个步骤：①构建实例库。将典型问题的求解经验进行整理、归纳、总结，按照一定的组织方式构建实例库。②输入待求解问题。对新问题进行归纳，并按照一定的方式输入。③系统实例匹配检索。系统根据问题的描述，利用实例检索机制从实例库中寻找与待求问题相匹配的或近似匹配的实例。④实例输出。如果找到与待求问题描述基本一致或相似的实例，则将此实例作为解输出。若难以找出相似实例，则需要对检索出的实例进行适当修正，以产生并输出待求问题的相应解，与此同时将这个问题的求解作为一个新的实例存储到实例库中。借助上述实例推理过程，可设计基于长大货物装载实例的推理系统，其构成如图 6-1 所示。

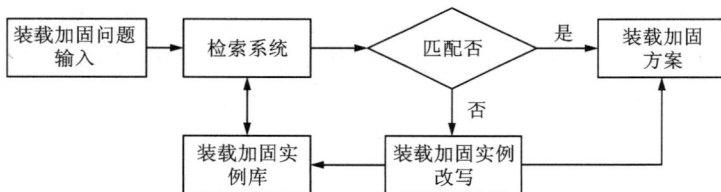

图 6-1 基于实例推理的装载加固系统构成图

基于实例的推理系统主要由实例库、检索系统及实例改写等核心部分构成。其中，实例库是系统过去进行问题求解经验的集合，它可以支持所有待求解问题。

从基于实例推理系统的基本构成和推理过程可以看出，基于实例的推理系统具有如下特点：

第一，学习功能。这种学习就是人们常说的通过例子来进行的学习。在基于实例的推理系统中，问题求解的结果总是作为新的实例保存在实例库中作为知识积累。这无疑为后来求解相同和类似的问题带来很大的方便。

第二，检索系统是基于实例推理的核心。检索系统一般包括检索机制和索引机制，索引机制关系到如何把当前推理出的结果实例保存在实例库中，以便检索系统容易查找与匹配。

第三，系统维护是基于实例推理能否成功的瓶颈之一。从专家那里收集的实例和通过实例学习得到的综合实例加在一起，日积月累，会形成一个庞大的实例库，如果没有一个完善的维护机制，系统是难以承受的。

基于实例推理是一种更为直接的解决问题方式，这种方式在解决问题方面实现了从以规则或知识为中心到从实例到实例的转移，打破了常规的思维方式，能够解决许多其他方法无法解决的问题。当然，在这个求解过程中，会使用到一些领域的知识和规则，但不是以规则或知识为中心，规则或知识的引入往往是为了进一步提高问题求解的效率。基于实例推理的具体设计流程如图 6-2 所示。

基于实例推理的装载加固方案设计主要包含以下六个过程：

1）问题提取

问题提取是基于实例推理的装载加固方案设计的起点工作，它明确描述了用户的设计需求。对装载加固方案设计来说主要包含以下几方面：设计对象的类型（属于哪个装载加固实例模板）、代号、装载方式、加固方式、车辆类型等。

实例描述可以如下表示：

实例描述＝{实例类型、代号、装载方式、加固方式、车辆类型、…}

2）生成查询实例

当系统接收到设计需求后，会提取出相应的设计问题，随即针对货物特点生成查询实例。查询实例在进行实例检索的基础上能够很好地反映用户设计需求，是问题描述信息的结构化表达。

3）实例索引

实例索引旨在提供一种能够准确快速匹配相应实例或实例集的搜索机制。可以通过设计装载加固实例模板的方法来降低实例系统的规模，或通过设置关键字来设置实例索引。实例的索引也可被看作是实例重要关键字的集合，因此关键字能够有效地对不同实例进行区分。

4）实例检索

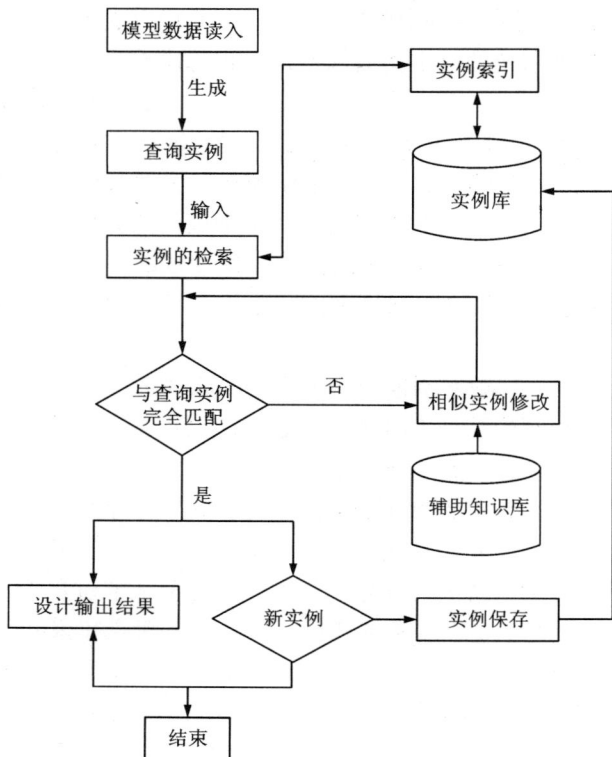

图6-2 基于实例的装载加固方案推理过程

在进行装载加固实例检索时，首先要将查询实例作为检索条件，然后以算法匹配度作为依据在实例库中检索出与查询实例相似的实例。检索结果要尽可能少并且与查询实例有较高的匹配度。在实际的操作中根据相似度要求和实例库中实例数量的差异，相似实例的检索结果可能有多个，也可能不存在。

5）实例修改

一般情况下通过实例推理得到的装载加固设计的方案不能与查询实例完全匹配，因此需要对方案进一步修改。装载加固实例的修改需要以查询实例为参考，并选取一个或多个相似装载加固实例为修改依据。

6）实例保存

装载加固实例库需要对新实例中有意义的部分进行保存。在实例的保存过程中还需要对保存信息的选取、保存形式、索引建立、如何储存等方面进行具体考量。

实例的表示和对相似实例的检索是以实例推理为基础的装载加固方案设计过

程的关键环节，因此设计专门的数学模型和算法对实例的表示和检索进行研究是十分必要的。以铁路长大货物装载加固方案决策为例，详细阐述相关模型构建和算法设计的方法。

1）基础数据模块的可拓基元

长大货物一般具有重量、长度、宽度、高度、支重面长等特征值，可拓表达如下：

$$\boldsymbol{R}_1 = \begin{bmatrix} 货物规格 & 所属实例 & v_1^1 \\ & 重量 & v_1^2 \\ & 长度 & v_1^3 \\ & 宽度 & v_1^4 \\ & 高度 & v_1^5 \\ & 支重面长 & v_1^6 \\ & 支重面宽 & v_1^7 \\ & 重心高 & v_1^8 \\ & 长端长 & v_1^9 \\ & 短端长 & v_1^{10} \\ & 端视数据 & R_{11} \end{bmatrix} = \begin{bmatrix} M_1 & c_1^1 & v_1^1 \\ & c_1^2 & v_1^2 \\ & c_1^3 & v_1^3 \\ & c_1^4 & v_1^4 \\ & c_1^5 & v_1^5 \\ & c_1^6 & v_1^6 \\ & c_1^7 & v_1^7 \\ & c_1^8 & v_1^8 \\ & c_1^9 & v_1^9 \\ & c_1^{10} & v_1^{10} \\ & c_1^{11} & R_{11} \end{bmatrix}$$

其中，c_1^i，$i = 1, 2, \cdots, 11$，是物元 $\boldsymbol{R}_1$ 的特征属性，v_1^i，$i = 1, 2, \cdots, 10$，是物元 $\boldsymbol{R}_1$ 的各个特征属性对应的属性值，而 R_{11} 则为物元 $\boldsymbol{R}_1$ 的子物元。类似地，其他长大货物装载加固基础数据模块的可拓基元表达如下：

$$\boldsymbol{R}_2 = \begin{bmatrix} 准用货车 & 所属实例 & v_2^1 \\ & 敞车 & R_{21} \\ & 普通平车 & R_{22} \\ & 凹底平车 & R_{23} \\ & 长大平车 & R_{24} \\ & 落下孔车 & R_{25} \\ & 双支承平车 & R_{26} \\ & 钳夹车 & R_{27} \end{bmatrix} \quad \boldsymbol{R}_3 = \begin{bmatrix} 装载方式 & 所属实例 & v_3^1 \\ & 负重车车型 & v_3^2 \\ & 负重车数量 & v_3^3 \\ & 游车车型 & v_3^4 \\ & 游车数量 & v_3^5 \\ & 垫木高度 & v_3^6 \\ & 转向架高度 & v_3^7 \\ & 支架高度 & v_3^8 \end{bmatrix}$$

$$R_4 = \begin{bmatrix} \text{加固方式} & \text{所属实例} & v_4^1 \\ & \text{拉牵加固} & R_{41} \\ & \text{挡木挡铁加固} & R_{42} \\ & \text{腰箍加固} & R_{43} \\ & \text{焊接加固} & R_{44} \end{bmatrix} \quad R_5 = \begin{bmatrix} \text{装载加固参数} & \text{所属实例} & v_5^1 \\ & \text{横向偏移量} & v_5^2 \\ & \text{纵向偏移量} & v_5^3 \\ & \text{集重状况} & v_5^4 \\ & \text{超限等级} & v_5^5 \\ & \text{重车重心高} & v_5^6 \\ & \text{受力情况} & R_{51} \\ & \text{稳定性} & R_{52} \end{bmatrix}$$

2) 推理规则模块的可拓基元

装载加固方案中所涉及的各种参数规则和推理规则可以用状态表和规则表的形式联合表示。将状态表定义为一个三元组形式：Condition(ID, Object, Value)，其中，ID、Object、Value 分别表示状态的唯一标识、状态主体及其属性，且状态主体 Object 可以由其属性 Value 进行确定。采用物元的形式，装载加固推理规则描述如下：

$$\begin{bmatrix} \text{Rules} & \text{Identify-rules} & v_1 \\ & \text{Conditions} & v_2 \\ & \text{Relations} & v_3 \\ & \text{Actions} & v_4 \end{bmatrix}$$

其中，Identify-rules 表示规则的唯一标识号；Conditions 表示该规则的状态集，可以以子物元的形式描述复杂状态集。Relations 表示状态之间的逻辑运算关系，v_3 的取值可以为 AND、OR、NOT 或空，当 v_3 的取值为空时表示只有一条状态记录。

例如对于规则："当货物重量大于 70 t，而支重面长度小于或等于 10000 mm 时，采用凹型车装载"。将其用物元形式表示，则有：

Condition(0001，"货物重量"，"大于 70 t")

Condition(0031，"货物支重面长度"，"小于或等于 10000 mm")

$$\begin{bmatrix} \text{Rules} & \text{Identify-rules} & 021 \\ & \text{Conditions} & [0001, 0031] \\ & \text{Relations} & \text{AND} \\ & \text{Actions} & \text{采用凹型车装载} \end{bmatrix}$$

6.3　算法设计

在实例推理过程中,运用基于改进距的实例相似度及规则库中的规则推理进行相似收敛判断与求解。可拓实例推理方法的实现要以历史典型问题实例库为基础,并通过实例检索机制来实现。在遇到某个需要解决的新问题时,利用实例检索机制在实例库中检索相似实例,并对检索结果的解进行发散拓展,得到多个可行解,判断搜索到的相似实例的多个可行解是否符合原问题的要求,如果不符合,则运用规则推理对其进行修正,输出修正后的结果作为该问题的解。

6.3.1　相似度算法

相似实例检索过程的快捷度、准确度的高低是决定长大货物装载加固可拓实例推理成功与否的关键因素,这就要求待解实例的本质特征和实例库中历史实例的本质特征必须具有一定的相似性关系。相似度计算结果的好坏会直接影响可拓实例推理的结果,相似度计算也是类比问题求解的基础。根据相似度在推理算法中的级别不同,将其划分为局部相似度(即为实例各个特征属性级的相似度)和全局相似度(即为实例级的相似度)两类,均具备自反性、非负性和对称性。在计算相似度前首先对特征数据进行无量纲化处理,即把特征参数的取值全部转化为[0,1]内的值。对于定量描述的数值型特征属性,采用式(6-23)进行去量纲化:

$$M_{ij} = \frac{t_{ij} - \min t_i}{\max t_i - \min t_i}, \quad i = 1, 2, \cdots, K; \ j = 1, 2, \cdots, N \qquad (6\text{-}23)$$

其中, M_{ij} 表示第 i 个实例第 j 项属性的取值, $\max t_i$ 和 $\min t_i$ 分别表示所有实例的第 j 项属性的最大值和最小值。装载加固可拓实例属性值有区间和数值之分,区间与区间、数值与数值、数值与区间之间的相似度计算公式如下:

(1)区间与区间的相似度。由于可拓学中的区间与区间的距不满足相似度性质中的自反性,故不能直接进行相似度计算。在原有区间距的基础上对区间距进行重新定义,设区间 $X = <x_1, x_2>$, $X_0 = <a_1, a_2>$,则无论 X 和 X_0 关系如何,两区间的间距为式(6-24):

$$\rho(X, X_0) = \left| \frac{x_1 + x_2}{2} - \frac{a_2 + a_2}{2} \right| + \left| \frac{a_2 + a_1}{2} - \frac{x_2 + x_1}{2} \right| \qquad (6\text{-}24)$$

同时,可以将区间 X 与区间 X_0 的相似度定义为式(6-25):

$$\text{sim}(X, X_0) = 1 - \rho(X, X_0) = 1 - \left| \frac{x_1 + x_2}{2} - \frac{a_2 + a_2}{2} \right| - \left| \frac{a_2 + a_1}{2} - \frac{x_2 + x_1}{2} \right| \qquad (6\text{-}25)$$

（2）数值与数值的相似度。由区间与区间之间相似度的定义，即可推导出数值与数值之间的相似度，即当 $a_1 = a_2$，$x_1 = x_2$ 时，得到数值与数值之间的相似度计算公式：

$$\text{sim}(a_1, x_1) = 1 - \rho(a_1, x_1) = 1 - |a_1 - x_1| \tag{6-26}$$

（3）数值与区间的相似度。结合可拓学中侧距的思想，对点与区间的距进行重新定义：

$$\rho(X, X_0) = \begin{cases} \dfrac{x - a_1}{a_2 - a_1}(X - x), & x \geqslant \dfrac{a_2 + a_1}{2} \\ \dfrac{a_2 - x}{a_2 - a_1}(X - x), & x < \dfrac{a_2 + a_1}{2} \end{cases} \tag{6-27}$$

其中，$x \in X_0$ 为待求解问题的实际最佳目标特征值。

因此，数值 x 与区间 X_0 的相似度为：

$$\text{sim}(X, X_0) = 1 - |\rho(X, X_0)| = \begin{cases} 1 - \left| \dfrac{x - a_1}{a_2 - a_1}(X - x) \right|, & x \geqslant \dfrac{a_2 + a_1}{2} \\ 1 - \left| \dfrac{a_2 - x}{a_2 - a_1}(X - x) \right|, & x < \dfrac{a_2 + a_1}{2} \end{cases} \tag{6-28}$$

当搜索出的所有实例的已知特征属性的局部相似度确定以后，就可以计算每个相似实例与待解实例间的全局相似度；计算全局相似度时，可根据特征属性间的关联和属性对实例总体特征的贡献程度不同，确定各个属性相对于总体特征的权重。

采用基于标准差的主客观动态赋权算法来对各个属性进行赋权，计算局部相似度，则基于主客观综合动态权重分配的局部相似度算法如下：

输入　装载加固可拓实例相似实例的各属性的相似度。

输出　装载加固可拓实例各属性在全局相似度计算中所占权重值。

步骤 1　由局部相似度计算方法计算出 m 个装载加固可拓实例的 n 个属性的相似度，得到 m 个实例的局部相似度矩阵：

$$S = \begin{bmatrix} s_{11} & s_{12} & \cdots & s_{1n} \\ s_{21} & s_{22} & \cdots & s_{2n} \\ \vdots & \vdots & & \vdots \\ s_{m1} & s_{m2} & \cdots & s_{mn} \end{bmatrix}$$

步骤 2　计算 n 个属性相似度的平均值 $\overline{S} = (\overline{S_1}, \overline{S_2}, \cdots, \overline{S_n})$，其中

$$\overline{S_j} = \frac{1}{m} \sum_{i=1}^{m} s_{ij}, \quad j = 1, 2, \cdots, n \tag{6-29}$$

步骤 3　计算 n 个属性相似度的标准差 $\sigma = (\sigma_1, \sigma_2, \cdots, \sigma_n)$，其中

$$\sigma_i = \sqrt{\frac{1}{m}\sum_{i=1}^{m}(s_{ij} - \bar{s}_j)^2} \tag{6-30}$$

步骤 4　计算每个属性本身的重要程度 α'_i，计算公式如式（6-31）所示：

$$\alpha'_i = \frac{\sigma_i}{\sum_{i=1}^{n}\sigma_i} \tag{6-31}$$

步骤 5　由领域内专家对实例各个属性的重要程度进行赋权，得到专家权值 α''_i。

步骤 6　综合基于标准差值计算的权值 α'_i 和专家综合权值 α''_i，

$$\alpha_i = \frac{\alpha'_i \cdot \alpha''_i}{\sum_{j=1}^{n}\alpha'_j \cdot \alpha''_j}, \ i = 1, 2, \cdots, n \tag{6-32}$$

此时，即可确定各个属性的综合权重为 $\alpha = (\alpha_1, \alpha_2, \cdots, \alpha_n)$。在确定了装载加固可拓实例各属性的权值及局部相似度后，采用式（6-33）计算实例的全局相似度：

$$\mathrm{sim}(N, C_j) = \sum_{i=1}^{n}\alpha_i \cdot s_{ij}, \ j = 1, 2, \cdots, m \tag{6-33}$$

从上述计算全局相似度的公式可以看出，全局相似度计算其实就相当于一个多属性实例的综合评价。综合考虑待解实例货物基元与相似实例货物基元各属性特征之间的相似程度，采用基于距的相似度计算方法评价待解实例货物基元和相似实例货物基元的相似程度。长大货物装载加固可拓待解实例与相似实例之间的全局相似度算法步骤如下：

输入　待解实例及相似实例的属性或特征及对应的特征值。

输出　各相似实例的全局相似度。

步骤 1　接收参数。接收待解实例货物基元 R_{dj} 和实例库中符合要求的相似实例货物基元的属性或特征 c_j 及其总个数 n。

步骤 2　构造相似实例特征矩阵。结合货物基元的特征、特征值或特征值范围，提取相似实例货物基元的特征值 v_{ij}（v_{ij} 表示第 i 个实例的第 j 个特征值，其取值可能为固定值，也可能为区间值，$0 < j \le n$），并构建相似实例特征矩阵。

$$\begin{bmatrix} v_{11} & v_{12} & \cdots & v_{1n} \\ v_{21} & v_{22} & \cdots & v_{2n} \\ \vdots & \vdots & & \vdots \\ v_{k1} & v_{k2} & \cdots & v_{kn} \end{bmatrix}$$

步骤 3　属性权值分配。根据"标准差动态权重分配算法"计算复合物元中各个属性或特征的权重值，记为 α_j，$\alpha_j \in [0,1]$，$\sum\limits_{j=1}^{n} \alpha_j = 1$。

步骤 4　计算全局相似度。根据实例货物基元各属性的权值分配，运用全局相似度计算确定各相似实例货物基元的全局相似度，返回可拓实例推理算法，相似度推理算法结束。

6.3.2　可拓实例推理算法

结合最邻近法和知识导引法，运用可拓基元来表达待解实例的货物规格，通过货物规格特征对实例库进行多次检索，然后使用基于距的相似度计算方法评价待解实例和实例库中各实例之间的相似程度，得到相同实例或相似实例集合，构成待解实例决策方案的实例空间，结合参数规则和推理规则对相关属性或参数进行相应的修正，得到待解实例的解。

长大货物装载加固可拓实例推理算法如下：

输入　货物的基础数据参数。

输出　待解实例的解。

步骤 1　初始化。输入长大货物的基础数据。

步骤 2　构造待解实例货物基元。根据可拓基元的知识表示方法构造一个待解实例货物基元 R_{dj}，并提取货物基础数据的关键属性。

步骤 3　初次检索和完全匹配。对待解实例的货物基元关键属性进行综合考量，并依次对实例库中既有实例进行检索。若实例库中存在与待解实例货物基元 R_{dj} 相同的实例（两个实例中的货物基元特征完全一致），以相同实例作为待解实例的比照实例解，转步骤 7；否则转步骤 4。

步骤 4　货物基元可拓变换。对待解实例货物基元 R_{dj} 进行可拓变换，综合考虑待解实例货物基元的关键属性及衡量条件，构造待解实例货物基元 R_{dj} 的邻域结构，调整关键属性的取值得到可拓后的待解实例货物基元 R_{dj-t}，扩大实例检索范围。

步骤 5　相似匹配。二次检索实例库中所有既有实例，与可拓变换后的待解实例货物基元 R_{dj-t} 进行相似匹配。在相似匹配过程中循环调用"相似度推理算法"，计算可拓变换后的待解实例货物基元与各相似实例货物基元的全局相似度，对于满足一固定阈值要求的相似实例货物基元，构造相似实例货物基元集 $R = \{R_{s1}, R_{s2}, \cdots, R_{sm}\}$（$m$ 为相似实例货物基元集中相似货物基元的个数）。

步骤 6　相似实例可拓变换。对相似实例货物基元集 R 中的所有货物基元所对应的实例解进行可拓变换，得到相似实例货物基元的多种可行解，通过装载加固方案参数规则和推理规则对多种可行解进行推理，寻找满足原待解实例货物基元的可行解。

　　步骤7　推理优化。对满足原待解实例货物基元的所有可行解进行综合评价，选取最优方案作为原待解实例货物基元的解。算法结束。

第 7 章
长大货物联运路径决策因素分析

　　路径决策是长大货物联运的关键环节，关系到运输的安全和效率。相比于单一运输方式，联合运输的路径决策更具复杂性，其复杂性主要来源于运输网络的扩大和运输环节的增加。首先分析长大货物联运路径决策的内涵，对路径决策的主体、范围、方法等问题进行阐述和界定，确定决策流程；在此基础上，分析长大货物联运路径决策的可行性因素，阐释各因素的影响机制；从运输时间、运输费用和运输风险三个方面讨论长大货物联运路径的合理性，建立各合理性因素的计算或评价模型。

7.1　长大货物联运路径决策内涵分析

　　路径决策就是在给定货物始发点和终到点的条件下，通过一定的数学方法和工程手段，在已有的交通网络中找出一条科学合理的运输路径。具体来讲，路径决策需明确以下几个问题，即决策主体、决策范围、决策方法、决策结果。

　　（1）首先明确决策主体，即是明确站在什么样的立场来进行路径决策。决策主体是影响路径决策的重要因素，不同的决策主体，其决策目标也不尽相同，所决策出的路径自然会存在差异。通常，长大货物联运的决策主体有三种：运输管理者、承运人和货主。

　　①运输管理者。政府是运输服务的管理者，需从全社会的角度出发，使得全社会中与运输相关的所有消耗最小。具体到长大货物运输，运输管理部门除了考虑运输托运及承运双方的利益，还要考虑如何减少运输过程对社会其他经济活动的影响、减少对资源的浪费、减少对生态环境的破坏等问题。

　　②承运人。承运人是运输服务的提供者。从承运人的角度看，则需要在一定的报价下提高劳动生产率，减少包括固定设备的损耗、运载工具的能源消耗和人员工资等在内的运营成本投入，在满足顾客运输需求的前提下，获得利润水平最

大化。

③货主。货主是运输服务的消费者，是指拥有可运输物料的个体或企业。目前企业对缩短运输时间、降低运输成本的要求越来越强烈。货主主要从运输费用等与其切身利益相关的角度去考虑，而对选择的运输方案(由承运人提供)可能给社会和自然环境造成的负面影响则很少甚至不予考虑。

本书从承运人的角度出发，在确保完成托运人要求的前提下，遵守国家相关法律法规，对长大货物联运的路径决策问题进行研究。

(2)界定决策范围。本书只针对长大货物的运输路径决策进行研究，该路径决策从空间上讲是指在全国范围内的路径决策，不包含国际运输，主要涉及全国范围内的公路运输、铁路运输、近海运输、内河运输等运输方式。

(3)决策方法。采用分析归纳和数学建模的方法进行路径决策，具体过程为：首先对长大货物联运路径决策因素进行深入分析，理清路径可行性因素与合理性因素的关系；在此基础上，归纳路径决策的约束条件，建立以最小化运输时间、费用和风险为目标的多目标规划模型；结合运输实际情况，对所建模型进行修正和扩展；设计算法对模型进行求解。具体决策过程如图 7-1 所示。

(4)决策结果。决策结果主要包括长大货物运输路径以及路径运输时间、运输费用、运输风险等信息。

7.2　长大货物联运路径可行性因素分析

路径可行性因素是指直接决定货物能否安全通过的因素。对于一条确定的路径，若要判断其是否可行，就需要分别检查各路径可行性因素是否达到相关要求。长大货物联运路径可行性因素主要包括线路运输资质、线路限界、路基及桥梁承载能力、线路坡度、航道水深、曲线半径及换装点换装能力等 7 个方面。

7.2.1　线路运输资质

线路运输资质由交通管理部门根据线路的等级、地理位置、路网地位、主要功能等因素确定，规定了线路的服务对象及服务模式，是决定长大货物联运路径决策的关键因素。若某线路不具备运输长大货物的资质，则在进行长大货物联运路径决策时应予以剔除。公路、铁路和水路关于长大货物运输资质有不同的规定。

1)公路长大货物运输资质

对于长大货物公路运输，《超限运输车辆行驶公路管理规定》明确规定："四

准备阶段

进行线路勘察和货物测量，输入路网和货物信息

线路运输资质

线路限界

路基桥梁承载能力

线路坡度

航道水深

线路曲线半径

换装点换装能力

约束条件 ← 可行性因素

目标函数 ← 合理性因素 → 运输时间 / 运输费用 / 运输风险

建立多目标规划模型

修正扩展模型 ┄┄→ 考虑到线路限界、路基桥梁承载能力、线路坡度、线路曲线半径以及换装点换装能力的可改造性，对模型进行扩展处理

简化模型 → 目标约束法和评价函数法相结合，对模型进行化简

设计算法求解 → 结合Pareto最优解理论和遗传算法框架，设计启发式算法对模型求解

求解过程

决策结果

货物途径节点及在节点间的运输方式 → 结合决策者意愿，从众多满意解中选出"最优解"

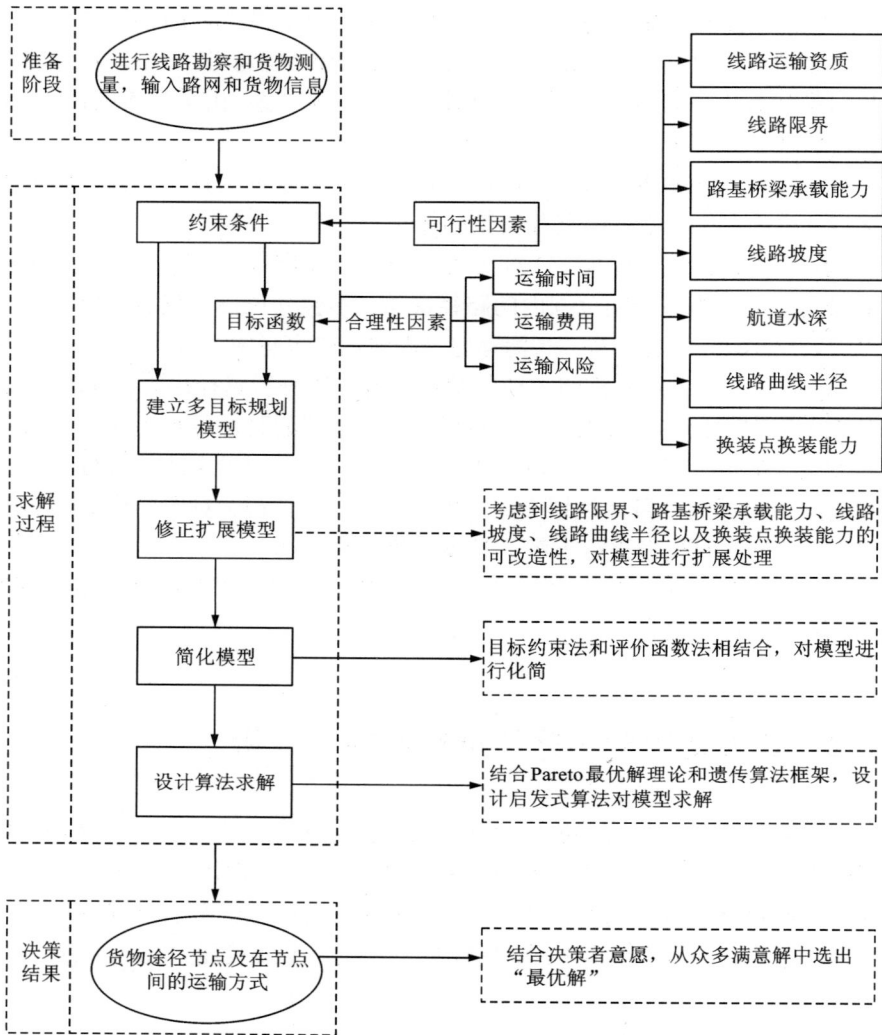

图7-1 长大货物联运路径决策过程

级公路、等外公路和技术状况低于三类的桥梁，不得进行超限运输。"而长大货物运输往往属于超限运输，需遵守上述规定。

我国公路划分为五个技术等级：高速公路、一级公路、二级公路、三级公路及四级公路。其中四级公路为双车道公路，主要供汽车行驶，但同时也允许非汽车交通如畜力车、人力车、拖拉机等使用车道，其混合性交通特征明显，设计速度在40 km/h以下，通常为沟通县、乡（镇）、村的公路。由于四级公路的功能特

点，导致长大货物在四级以及等外公路上运行时的安全性得不到保障，因此四级公路、等外公路不能进行长大货物运输。

2）铁路长大货物运输资质

截至 2020 年 8 月，全国铁路营业里程已突破 14.14 万公里。我国铁路网虽已具备相当规模，但由于长大货物运输对行经线路和车站的技术条件及管理水平有较高的要求，使得并不是所有线路都可以进行长大货物运输。比如高速铁路、在新修年内的铁路或年久失修、技术条件不良的铁路都不得运输长大货物。为加强铁路超限超重货物运输管理，铁道部于 2005 年颁布了《铁路超限超长超重集重货物承运人资质许可办法》，对超限货物运输承运人资质做了明确说明，其中规定：若承运人在其管辖范围内办理超限超重货物运输，相应的线路必须已开通并办理货物运输，且满足超限、超重货物运输的安全要求，具备相关专业技术人员，有健全的管理制度和应急预案。

3）水路长大货物运输资质

我国对于内河航道实行分级管理，管理部门依据航道的自身特性，将航道划分成不同级别。关于内河航道的通行，我国先后有"63 标准""90 标准""04 标准"三套标准，现在实行的是"04 标准"。"04 标准"中将全国内河航道分为 7 级，各级标准如表 7-1 所示。

表 7-1 全国航道分级与航道尺寸表

航道等级	驳船吨位	船型尺度 总长×型宽×设计吃水 /(m×m×m)	航道尺寸					
			天然及渠化河流			限制性航道		弯曲半径/m
			水深/m	单线宽度/m	双线宽度/m	水深/m	宽度/m	
I	3000	75×16.2×3.5	3.5~4.0	120	245			1050
				100	150			810
				75	145			800
				70	130	5.5	130	580
II	2000	67.5×10.8×3.4	3.4~3.8	80	150			950
				75	145			740
		75×14×2.6	2.6~3.0	35	70	4	65	540

续表 7-1

航道等级	驳船吨位	船型尺度 总长×型宽×设计吃水 /(m×m×m)	航道尺度					
			天然及渠化河流			限制性航道		弯曲半径 /m
			水深/m	单线宽度/m	双线宽度/m	水深/m	宽度/m	
Ⅲ	1000	67.5×10.8×2.0	2.0~2.4	80	150			730
				65	110			720
				45	90	3.2	85	500
				30	60	3.2	50	480
Ⅳ	500	45×10.8×1.6	1.6~1.9	45	90			480
				40	80	2.5	80	340
				30	50	2.5	45	330
Ⅴ	300	35×9.2×1.3	1.3~1.6	40	75			380
				35	70	2	75	270
				22	40	2.5 2.0	40	260
Ⅵ	100	26×5.2×1.8	1.0~1.2			2.5	18~22	105
		32×7×1.0		25	45			130
		32×6.2×1.0		15	30	1.5	25	200
		30×6.4(7.5)×1.0		15	30	1.5	28	220
Ⅶ	50	21×4.5×1.75	0.7~1.0			2.2	18	85
		23×5.4×0.8		10	20	1.2	20	90
		30×6.2×0.7		13	25	1.2	26	180

　　由上表可知，从 Ⅰ~Ⅶ 级航道，其可通行的驳船吨位逐步降低、航道弯曲半径也越来越小。因此，在运输长大货物时，要结合长大货物尺寸及重量选择合适级别的航道，并非所有等级的航道都可通行任意吨位、尺寸的货物。

7.2.2　线路限界

　　线路限界主要是描述线路的净空尺寸，可以用一个与线路(包括公路、铁路及航道)中心线垂直的极限断面轮廓表示。线路限界决定了线路可通行货物的最大外形尺寸，所有货物只有在该限界以内运行时才能保证安全。

1）公路限界

对于公路而言，其线路限界最终可归结到线路净宽和净高两个方面。公路的净宽主要受道路自身的路面宽度、道路两旁的树木、交通标志牌、建筑物、收费亭等因素影响，净高主要受沿线上方的桥梁高度、高压线高度、管廊高度、交通标志牌高度、通信线路高度等因素影响。

在实际运输过程中，由于可以采用"禁会"运输（只允许单向车流通过）、暂时移动收费亭、移除道路两旁的树木、拆除道旁建筑等方法以拓宽道路，再加上三级及三级以上公路的设计宽度已经在 7.5 m 以上，足以满足长大货物运输的宽度要求，因此道路净宽尺寸对长大货物的运输基本没有限制，只需考虑桥梁、隧道等不便拓宽的线路区段。道路净高尺寸常常受制于沿线上方的桥梁、高压线、隧道等因素，而桥梁、高压线、隧道属于不便移动、拆除的设备设施，或者其移动、拆除的成本过大，造成净高尺寸是制约长大货物公路运输时的关键因素。

2）铁路限界

铁路运输中有关于线路限界的明确定义。铁路限界包括机车车辆限界和建筑限界，其中铁路建筑限界决定了铁路所能运送的货物的最大尺寸。

铁路建筑限界是为了保证机车车辆在铁路线上的安全运行而设定的路旁建筑（或设备）能够侵入的极限，是铁路各业务部门必须共同遵守的基础技术标准。超限货物运输就是充分利用铁路建筑限界和机车车辆限界之间的空间间隙，运送超出机车车辆限界的长大货物。

铁路运输管理中，往往假定基本建筑限界、桥隧限界的轮廓是确定的，当进行货物运输时，将货物装车后尺寸与限界轮廓做对比，进而确定是否超限以及超限等级。但事实上，由于我国铁路建设在不同阶段所采取的限界标准有所不同，虽经多次改造，但仍存在某些路段的实际建筑限界小于规定的基本建筑限界，所以在进行长大货物运输路径决策时，仍需以实际测量的建筑限界为准。获取实际限界资料之后，运用限界综合算法求出路段的综合限界，以供长大货物路径决策使用。

3）航道限界

沿海水路运输基本不受航道限界的影响，因此仅需讨论内河运输时的限界问题。内河航道限界主要受航道上跨河建筑物（渡槽、桥梁以及跨河电缆）净空尺寸的影响，跨河建筑物的净空尺寸包括净跨和净高。净跨是指相邻两个桥墩的内侧表面之间的最小距离，净高通常是指设计最高通航水位到桥梁下缘的最小距离。有时为了使船舶顺利通过，可以通过暂时降低通航水位的方法以增加净高。在进行路径决策时，同样需要获取航道的确切净高和净跨，仍以实际测量为准。

7.2.3 路基及桥梁承载能力

路基和桥梁是公路或铁路的主要承重部分，路面或桥面所受的车辆载荷最终都传递给路基或桥梁，因此路基及桥梁的承载能力决定了可通行货物的最大重量。

1）路基承载能力

路基是铁路和公路的基础，是指按照路线位置和一定技术要求修筑的作为路面基础的带状构造物，也叫作线路下部结构。路基不仅承受本身的岩土自重和路面重力，而且承受由路面传递而来的行车载荷。受路基形式、路基填料以及施工流程等因素的影响，路基质量也会有所不同。路基质量主要包括路基的强度、稳定性和耐久性，在进行长大货物运输时主要考虑路基的强度和稳定性。坚强而又稳定的路基是长大货物陆路运输的重要支承。

目前，为了保证运输安全和公路使用寿命，公路管理部门根据路段的路基质量规定相应的通行轴载质量限制。在进行长大货物路径决策时，可依据此轴载质量限制来判断车辆能否安全通过。

2）桥梁承载能力

桥梁是线路遇到江河湖泊、山谷深沟以及其他线路（铁路或公路）等障碍时，为了保持道路的连续性而专门建造的人工构造物。桥梁承载能力是桥梁结构在使用期间各种力学性能的综合反应，是评价结构安全性、可靠性的依据，它会随着使用时间的增加而发生变化，因此需要定期对桥梁进行承载能力评价，特别是在运输重量较大的货物之前必须对桥梁的当前承载能力进行测定。

对于公路桥梁，针对长大货物运输决策时间紧、计算量大的情况，可采用等代荷载法来判别长大货物车的过桥可能性。等代荷载法是在同一荷载长度用同一种影响线（表征桥梁在移动载荷作用下，其结构内力、反力或变形量随荷载位置移动而变化的规律）分别计算长大货物车和标准车的等代荷载，然后比较二者的大小以判别长大货物车能否安全通过桥梁或者桥梁是否需要进行加固。

对于铁路桥梁，按照《铁路桥涵设计基本规范》规定，铁路桥梁设计时列车竖向静活载必须采用"中-活载"标准，其中规定桥上运行活载的活载系数必须小于或等于桥梁的检定承载系数。

7.2.4 线路坡度

线路坡度包括线路横坡和线路纵坡。以道路横断面为视角，道路中心或一端到另一端的坡度为横坡；道路前进方向上下起伏的坡度为纵坡。对于装载加固方案和牵引方案已确定的长大货物,其在公路上或铁路上的通过性和稳定性将会受到线路坡度的影响,当纵坡或横坡任何一个度数过大时,都会使得原有的加固方案不能保证货物的绝对稳定,可能发生货物倾覆、加固材料断裂等意外情况。相比之下,线路纵坡对货物的通过性影响更大,线路纵坡过大会使牵引车(组)的牵引力或制动力难以克服货物沿线路方向的重力分量,极易造成车组爬坡失败或失控、货物倾覆等事故。因此,在运输之前,需对牵引车(组)所能通过的最大坡度以及加固材料所能克服的最大破坏力度进行详细的校核计算。

与线路坡度相关的校核计算分为牵引力校核和安全性校核。牵引力校核主要是计算牵引车(组)的最大牵引力、讨论运输车组在不同坡度路段的运行阻力、确定在不同牵引车(组)计划时可通过的最大坡度;安全性校核主要是计算运输车组在不同路段和不同横坡条件下的侧滑力与摩擦力、判断货物加固方案是否安全可靠。

7.2.5　航道水深

当重型船舶航行时,其排水量巨大,吃水深度必然大于小型船舶,需要有足够水深的航道作为支撑。船舶吃水深度取决于船舶自重和装载货物重量,同时也受船舶形状及所经航道水密度的影响。船货重量越大、船舶底平面面积越小、所经航道水密度越小,相应的船舶吃水深度就越大,反之亦然。但并不能为了减小船舶吃水深度,就选择底面积大的船舶,因为当船舶在深水区航行或航道风大浪大时,尖底船更容易破浪行驶,保证航行速度,所以在长大货物装船时应综合考虑可能经过水域的风浪特征,选择合适的船舶。

在货物装船方案一定的情况下,其行经某特定航道的吃水深度也就随之确定,通过比较吃水深度和航道水深,即可获知船舶能否通行。需要注意的是,航道水深并非一成不变,它会随着季节或天气的变化而变化,也受上游或下游水坝蓄水方案的影响,因此在进行前期线路勘察时,应充分了解航道历年的水位变化规律,同时也要预估航道水位发生猛降或猛增的可能性,若可能性较大,则不宜选择该条航道航行。

7.2.6　曲线半径

线路最小曲线半径的设置:一是为了防止拐弯时过大的离心力导致车辆"飞"出;二是确保货物能顺利转弯。对于长大货物运输,其运行速度有一定限制,因此拐弯时不会受到很大的离心力,但由于长大货物的长度大大超出一般货物,拐弯时需要更大的空间,对线路曲线半径有一定的要求。以公路长大货物运输为例,讨论一定长度货物的转弯半径及在转弯处所需的路径宽度。

公路长大货物运输一般使用全挂汽车列车进行。全挂汽车列车由牵引车、牵引杆和平板车组成,其中牵引杆一般为 $2.5\sim7.0$ m。计算长大货物车转弯的最小曲线半径时,按最长件控制平板车长度,用最大外廓尺寸计算牵引车、平板车的长度,且让汽车列车各部分的投影位于转弯通道内,如图 7-2 所示。

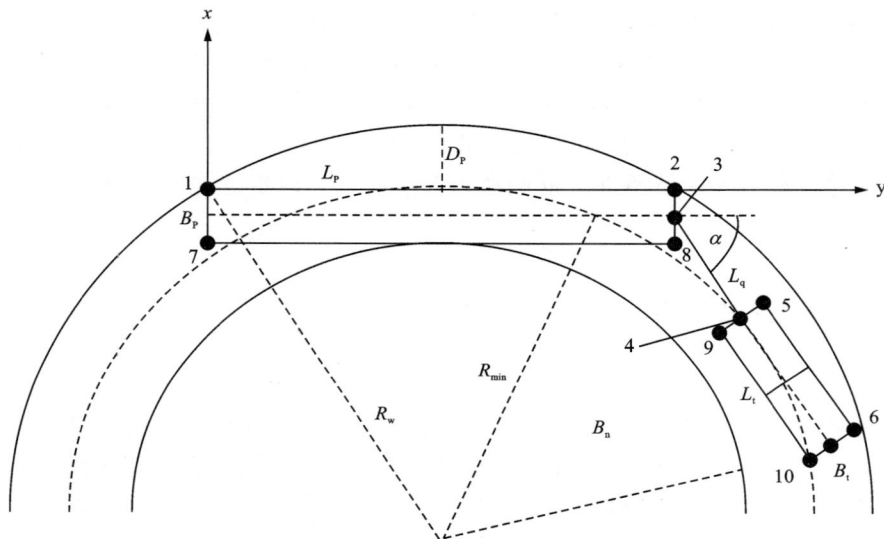

图 7-2　全挂列车转弯示意图

全挂列车转弯时,转弯半径和路基宽度是两个相互关联的变量,需要的路基宽度随半径的减小而增大,随半径的增大而减小。经分析,当全挂列车的牵引杆偏角 α 达到最大时(一般情况下为 45°),外侧的 1,2,6 点在同一个圆周上时是半径和路基宽度的最佳结合点,此时既能保证汽车顺利转弯,又使得路基宽度最合理。设外圆的方程为:

$$(x-a)^2+(y-b)^2=R_w^2 \qquad (7-1)$$

式中:a——圆心横坐标;

　　　b——圆心纵坐标;

　　　R_w——外圆半径。

将 1,2,6 点坐标代入上述方程,可解得 a,b 以及外圆半径:

$$R_w=\sqrt{(a^2+b^2)} \qquad (7-2)$$

外圆圆心和半径确定之后,可求内圆半径:

$$R_n=\min(h_1,h_2) \qquad (7-3)$$

式中：h_1——圆心到线段 7-8 的距离；

　　　h_2——圆心到线段 9-10 的距离。

由此可求全挂列车最小转弯半径：

$$R_{min} = \frac{R_w + R_n}{2} \qquad (7-4)$$

在最小转弯半径的条件下，转弯所需的路基宽度：

$$B_b = R_w - R_n \qquad (7-5)$$

7.2.7　换装点换装能力

换装是货物在运输过程中由一种运输工具转载到另一种运输工具上的过程，是多式联运或联运区别于其他单一运输方式的重要之处。长大货物联运经常会遇到换装的问题，比如公铁换装、水陆换装等。由于长大货物重量和外形尺寸方面的特征，其换装过程需要使用起重能力足够大的起重设备，如果某换装点不具备满足要求的起重设备，则不能在此换装点换装，相应的运输路径将不可行。在实际运输中就曾发生过从西安运往三峡的某长大货物，理想方案是在武汉经铁路换装至水路，然后沿长江运往三峡，但由于武汉换装点不具备相应起重设备，不得不将该货物运往上海进行换装。

换装点换装能力与换装设备和换装技术有关，常见的长大货物换装技术有吊装和滚装两种。对于吊装而言，常用的吊装机械包括轻小型起重设备、起重机和升降机。按起重机械能否移动，可将吊装机械分为固定式起重机和移动式起重机两类。固定式起重机是只能在原地工作的起重机，一般固定在基础上或支承在基座上，主要包括固定塔式起重机、甲板起重机、悬臂起重机，常见于货场、码头等固定地点。移动式起重机是指整机可以沿着轨道或无轨道自由移动的起重机，此类起重机机动性较强，但稳定性不如固定式起重机。由于移动式起重机的出现，使得大部分换装节点的换装能力具备了可改造性，比如通过临时租用汽车起重机、浮吊等方式，可以大大改善换装点的换装能力。起重机的起重能力主要与起重机的起重量、幅度、起升高度、起重力矩等参数有关，通过考察换装点的起重机类型及其参数，即可确定该换装点的换装能力。

滚装是将旅客、车辆或者长大货物作为运输对象由岸上驶入船上或者由船上运回地面的一种由陆地与水上交互换转工艺方式。随着科学技术和生产实际的需要，滚装技术广泛应用在长大货物的水路运输过程中。对于自身有行走机构的长大货物如大型岸边起重机，通常采用整机滚装上船和卸船；对于自身没有行走机构的长大货物，可以通过自行式的液压平板车将货物运载在其上面，然后通过平板车的牵引将货物连车从陆地驶入船舶或者从船舶驶上陆地，以完成水陆联运的换装过程。滚装工艺的优点就是在实施水路运输的换装过程中，不需要大型起重设备就能顺利完成长大货物的换装任务，而且对货物的重量没有限制，因而装卸费用较低。但它的缺点是由于滚装作业需要码头面与承载船甲板面基本平齐(一般最大允许正负 15 cm 的高度差)。这一过程的实现会受到船舶自身的调节能力、码头的高度、水域的涨落规律等因素的影响，是一项技术性极强的工作，任何一个环节出现问题都会导致滚装过程失败。

综上所述，换装过程是不同方式的长大货物运输进行接合的关键点，选择合理的换装点及换装技术是长大货物联运的必要环节，换装点的换装能力是长大货物联运路径决策的关键可行性因素之一。

通过上述分析，可将路径可行性因素归结如表 7-2 所示。

表 7-2　路径可行性因素一览表

可行性因素	衡量方法	改造可能性
线路运输资质	公路或航道等级，铁路线路资质	不可改造或者改造成本巨大
线路限界	路段综合最小建筑限界	可改造，改造成本较大
路基及桥梁承载能力	通行车辆的轴载限制	可改造，改造成本较大
线路坡度	线路纵坡	可改造，改造成本较大
航道水深	航道水位	不可改造或者改造成本巨大
曲线半径	路段最小曲线半径	可改造
换装点换装能力	起重机能起吊的最大重量或可滚装的最大重量	可临时租借移动起重机，改造费用较大

通过表 7-2 可以看出，长大货物联运路径可行性因素可分为两大类：第一类是路段因素，包括路段运输资质、路段综合限界、路基及桥梁承载能力、路段坡度、曲线半径、航道水深等六个方面；第二类是节点因素，主要是指换装点的换装能力。

7.3　长大货物联运路径合理性因素分析

路径合理性因素是指在选择出可行路径之后，对所有可行路径进行合理性评估时应该考虑的因素。具体到长大货物联运路径，其合理性因素主要包括运输时间、运输费用和运输风险。

7.3.1　运输时间

长大货物一般是重大项目的配套设备，其交货延误成本极高。例如 1 台 60 万千瓦发电机组提前一天投产发电，可为电厂节约银行贷款利息 30 万元，增加销售收入 229.8 万元。1 台 60 万千瓦发电机组每度电上网价格约为 0.27 元，年发电量 40 亿度，其产值约为 10.8 亿，延误 1 天电厂的损失达 259.8 万元，延误一个月电厂的损失约为 8000 万元。这样一来，货主对长大货物的运达时间有比较严苛的要求，对于交货延误基本属于零容忍；并且出于对货物在途安全的考虑，货主更青睐于运输时间较少的运输方案。

对于承运企业而言，货物在途时间越多，其造成的额外支出（例如额外的仓储费用、运输工具租借费用等）就越多。比如在水路运输中，很多运输公司都是向船舶公司租借轮船，而船舶租金目前的行情为：小船约 1 万美金/天，大船约 4~5 万美金/天，如此之高的租借费用迫使运输企业不得不关注运输时间这一路径合理性因素。

同样，对于运输管理部门来讲，由于长大货物运输组织比较繁杂，需要投入较多的人力物力，并且长大货物的运输或多或少会对其他运输产生干扰，所以运输管理部门在对长大货物运输方案进行审批的时候，除考虑方案可行性之外，也会考虑所选路径的运输时间。

长大货物联运涉及很多环节，为了提高货物运达时间的可靠性，每个运输环节应相互衔接良好。货物装载前，相应的运输工具及吊装设备应准备到位；运输途中，应合理估计货物到达下一运输节点的时间，以便提前做好在下一节点的仓储或换装准备；各种线路改造、桥梁加固、路面清障任务也应以货物在各个路段的运输时间为依据，提前组织完成。因此，从货物运达时间的可靠性到运输过程中的高效组织安排，都对长大货物运输时间的合理测算提出更高的要求。

由此可见，无论是从货主、承运人和运输管理部门的利益出发，还是从货物运输过程中的组织安排出发，对于长大货物的运送时间都有较强的敏感性，所以在进行长大货物联运路径决策时有必要将运输时间作为一项合理性因素对可行运输方案进行评判和筛选。

运输时间包括货物行程时间和换装时间，其中换装时间主要包括在换装点的装卸时间和排队等待时间。如果需要进行路面拓宽、桥梁加固等改造工作，则相应的改造时间也要考虑到最终的总运输时间之内。

路段行程时间及换装点换装时间具有一定的模糊性，常用的方法就是凭借历史数据或以往经验，根据相似货物在相似路段上的行程时间和在相似换装点的换装时间，采用 CBR 案例推理技术推测待运输货物在相应路段或换装点的行程时间和换装时间。

7.3.2　运输费用

货物运输费用指为了使货物发生位移而不得不付出的费用，包括运输行程费用和换装费用。具体到长大货物运输，其运输费用主要包括公路运费、铁路运费、水路运费、换装费用(装卸车费、装卸船费)、地方关系协调费、路桥修建改造费、沿途清障费、目的站点卸货费等费用。运输费用是货主和承运人都十分关注的一个方面，影响货物运输费用的重要因素是货物自身特征和货物运输路径。在选择长大货物运输路径时必须重点考虑运输费用这一合理性因素。

1)行程费用

长大货物行程费用是指货物在运行途中所产生的费用，与换装费用相区别。由于各种运输方式技术经济特征不同，其单位运输费用及运输费用核算方法也不尽相同。一般而言，公路运输的费用较大，例如在实际运输中就发生过如下的情况：2013年12月份，一辆车货总重约244吨、长约20米的大型运输车从陕西铜川行驶至陕蒙界收费站，全程约500公里，单单过路费就超过12万元。

公路和水路的行程费用容易计算，铁路运输的行程费用计算相对复杂，原因在于铁路运输时，从车辆的选择、列车的编组计划到运输线路的确定、运行速度的控制、会车条件等方面，长大货物运输都有更高的要求，使得长大货物铁路运输的费用计算更加复杂。根据《铁路货物运价规则》，铁路长大货物运输费用核收执行"TB/T2116.2整车货物作业"相关规定，其行程费用主要包括：铁路货物基本运价、铁路建设基金、新路新价均摊运费、铁路电气化附加费、D型长大货物车使用费。

2)换装费用

换装费用主要来自货物在换装点的吊装或滚装操作，包括人工费用和设备使用费。若长大货物需要进行换装，则必须依靠大型起重设备或滚装设备，此类设备的使用费用较高，特别是水陆换装时，换装费用可高达几十万元。如果需要从别处调用起重设备，则调用费用也要记入换装费用。

7.3.3　运输风险

高风险性是长大货物联运的重要特征之一。长大货物联运是一项耗时耗力同时又极具市场和社会价值的运输活动。之所以说长大货物联运耗时耗力在于其牵涉面广、运输环节多、技术难度大，操作起来有很大的复杂性。而其市场价值和社会价值主要体现在长大货物联运的对象往往是一些国家大型建设项目或国防相关的配套设备设施，关系着整个国民经济的发展和国家安全建设。正因为长大货物联运持续时间长、运输费用高、技术难度大、市场和社会价值极高，同时货物本身的造价也动辄上亿，使得长大货物联运过程中的风险管理不容小觑、不可忽略。

从长大货物联运风险的特征可以看出其风险是客观存在的，并且风险的大小与运输方案密切相关。不同的装载加固方式、不同的运输路径选择、不同的驾驶及操作人员配置、不同的风险管理措施都会导致长大货物联运项目的风险大小发生变化，而运输路径选择是影响长大货物联运风险大小的关键因素。所以，在进行长大货物联运路径决策时需将路径的运输风险考虑在内，尽量选择风险较小的路径通行，为了达到此目的，就必须预先对长大货物联运的风险因素进行识别，对不同路段的风险值进行定量评估。按照 GB/T 24353—2009《风险管理原则与实施指南》的标准定义，风险评估主要包括风险识别、风险分析和风险评价三个过程。

7.3.3.1　风险识别

风险识别是发现、认可并记录风险的过程，其目的是确定可能影响系统或组织目标得以实现的事件或情况。风险识别主要包括识别那些可能对目标产生重大影响的风险源、影响范围、事件及其原因和潜在的后果。由于本书是针对长大货物联运路径选择时应考虑的风险因素进行研究，所以此处长大货物联运风险识别是指分析和查找长大货物在联运途中(从货物在起运点完成装载加固开始，至长大货物到达目的地卸载之前为止)可能造成损失的风险因素，形成风险列表。

长大货物联运系统是一个由人、机、环境等构成的动态系统。"人"主要包括驾驶员、起重机操作员、铁路调度人员、路障排除人员、桥梁加固人员、管理人员等，"机"主要包括公路牵引车及装载车辆、铁路机车及装载车辆、船舶、起重机械等，"环境"主要包括线路(道路、铁路和航道)状况、交通条件、天气气候条件、政治环境等。在整个系统中，"人"从环境中获取信息，这些信息经过处理和分析后形成动作指令，来操控"机"，使"机"产生运动；运动后"机"的状态和"环境"的状态会得到更新，更新后的信息又反馈给"人"，引起新一轮的动作，如此往复，完成长大货物的整个联运过程。人、机、环境三个因素属于显性因素，它们之间的相互协调还需要一系列的管理措施和流程，因此，长大货物联运风险识别可以从人、机、环境、管理四个方面展开。

1) 人员因素

人是整个运输过程的主导者、执行者和监管者，起着十分关键的作用。同时，人的特性极其复杂，不仅有生理和心理的，也有社会和文化的，且不同的人在同一环境下的表现会有所不同，即便是同一个人在同一个环境中前后两次的表现也有极大的不确定性。另外，在进行长大货物联运时，不同路段或节点上的参与人员可能存在不同(比如公路路段的汽车司机和铁路路段的机车司机)，其对联运风险的贡献值也不尽相同，所以有必要对不同路段和节点的人员风险值加以研究。人员因素主要包括操作人员的技能水平、身体状况、心理素质和责任意识。

（1）技能水平。长大货物联运是一项技术性很高的运输活动，从联运方案设计、线路勘察、桥梁改造、路障清理到货物装载加固、途中行驶、吊装转运、车辆状态监控、卸载等过程，都需要极具专业素质和实践经验的人员进行操作和组织。相反，若操作人员专业技能不够或者实践经验欠缺，一个小小的疏忽都可能给运输项目带来难以弥补的损失，其应对突发事件的能力更无从谈起。例如，2009 年 8 月 17 日，某危化品运输槽车在 316 国道陕西省境内的某转弯处，由于驾驶员违规操作，使该车辆在公路上发生侧翻，损失严重。对联运参与人员的技能水平可以通过考察该人员的工作年限、参与类似运输项目的次数以及相关技能证书（比如驾驶证、起重机操作证等）的获得情况加以评价。

（2）身体状况。一个人的身体状态对其心理和情绪有着极大的影响，也会影响到他在具体工作中的反应速度及决策质量。长大货物运输从业人员在高度紧张、高度风险、高度压力的环境中，人自身的身体状况和精神状态随时都可能发生变化，这又给运输过程增加了一个风险因素。参与人员的身体状况主要与年龄、患病情况、饮酒情况、连续工作时间等因素相关。

（3）心理素质。驾驶员（包括汽车司机、机车司机、船舶驾驶员、起重机操作员等）在操纵运输工具及起重机械时，要面临各种复杂且危险的情况，而长大货物联运过程往往持续时间长、跨越地理范围广、沿途各种环境具有极大随机性和动态特征，这就要求驾驶员必须对外界环境具有较强的感知能力，能够长时间集中注意力，有稳定良好的情绪和情感，有较好的记忆、思维和反应能力，也即要求驾驶员必须具备良好的心理素质。由于心理素质差、思想麻痹大意、情绪不稳定等问题势必造成的驾驶员反应时间长、观察错误、判断错误，继而导致操作错误而引发长大货物联运事故。因此，良好的心理素质是长大货物联运远离风险的最基本的保证。

（4）责任意识。责任意识虽然难以量化，但其重要性毋庸置疑，是自然人在从事运输作业时一切行为活动的重要支配者。对长大货物联运的参与人员而言，责任意识意味着严格遵守各项交通法规和内部纪律，做好自己的分内之事；同时要认真配合组织者，听从统一的指挥和管理，以整个联运项目为重，保证内部和谐。

2）机械设备因素

长大货物联运所涉及的机械设备主要包括运载工具（船舶、车辆等）、换装设备、货物绑扎加固设备及材料，这些机械设备的运行状况和功能可靠性直接关系到货物的运输安全。与人员因素相同，在长大货物运输过程中，不同路段或节点的机械设备种类及作业类型都有可能不同，所带来的风险大小也不相同，因此在进行路段和节点的风险评估时需将机械设备因素也考虑在内。

(1)运载工具。车辆(船舶)的功能稳定性和可靠性直接关系到运输质量和运输安全,是长大货物联运的一个重要风险源。在运输过程中,车辆(船舶)难免会有一些颠簸,再加上货物也有可能发生轻微的移位,使得车体主纵梁各截面的应力、弯矩和变形量都在时时刻刻发生变化,一旦这些力学因素超出汽车挂车、船舶甲板或铁路车辆的设计参数,则会发生车体受损、货物倾覆等事故。

车辆(船舶)的功能稳定性和可靠性主要与车辆(船舶)的设计参数、使用年限以及日常维护相关。车辆(船舶)的设计参数主要包括轴距、轮距、车辆制动器性能、轮胎特性、车辆(船舶)的底板材料、中心位置、质量分配等。车辆(船舶)的技术状况会直接影响其功能水平,而技术状况好坏是随着使用和维护的变化而变化的,比如随着车辆(船舶)的使用时间变长,零部件磨损、弯曲、断裂、脱落、锈蚀老化等情况时有发生,特别是一些电子元器件的老化更是常见且难以察觉,这些隐患都有可能导致车辆(船舶)在长大货物联运过程中出现功能障碍或酿成交通事故。因此在进行长大货物联运路径风险评估时,需要根据车辆(船舶)的设计参数、使用年限以及日常维护情况对其安全性做出评价。

(2)换装设备。长大货物联运时会涉及货物在不同运输方式或运载工具之间的换装过程。常见的换装技术主要包括吊装和滚装两种。在长大货物吊装过程中,货物处于凌空状态,此时的风险性极大,一个小小的差错就有可能造成货物碰伤、坠落、伤及人身安全等事故。吊装设备的起重能力及其可靠度、吊装钢丝绳的强度及可靠度、起吊的位置和速度都是影响吊装过程安全性的重要因素。

滚装技术主要运用于长大货物水陆换装过程,由于水面的波动性及涨落潮的影响,给水陆换装带来极大的不便和风险,这就要求滚装设备应随着水面的变化而适时调整自身的各项参数,以保证换装的平稳进行。

(3)货物绑扎加固设备及材料。在对长大货物进行绑扎加固时,要事先进行各种力值验算,选择合理的绑扎方式和加固材料,确保其运输安全。但实际运输中,仍然发生过不少因货物加固不当而造成的事故。例如,2008年6月23日,在运送吕梁大土河220千伏变电站的主变压器至某一上坡时,因绑扎、固定方式不合理,造成货物在板车上发生位移并倾斜,货物局部接触地面,变压器内部损坏严重;再如,2001年7月13日,在四川省境内达成线运行的装载有石油钻井设备的29008次列车,运行途中,其用于加固货物的铁丝断裂,造成钻井设备的摇臂向右侧转动倒下并随即撞倒路边的水泥电线杆,将电线杆拖行数十里,横扫沿线的电杆、警示牌,打死、打伤沿线行人38人,其中死亡22人,引起社会的巨大关注。可见,货物绑扎加固设备及材料的可靠性会直接或间接影响货物的运输安全。通过计算货物绑扎加固后在各方向上能够抵抗的最大倾覆力矩或最大滑动力,进而可以对货物绑扎加固设备及材料的可靠性或安全性做出评价。

3）环境因素

环境因素属于长大货物联运风险的外部影响因素，具有高度的复杂性和不确定性，是运输企业最难控制的因素。环境因素可以从线路状况、交通条件、天气气候条件、政治环境四个方面进行分析。

（1）线路状况。线路状况是指长大货物运输时所经过的公路、铁路或航道自身的设计参数，主要包括线路的几何线形、路基路面质量、横纵断面设计、线路周围的地形地貌特征等。线路状况是运输风险的重要影响因素，比如在公路运输中，线路的几何线形和纵断面设计会直接影响驾驶员的驾驶体验，过于单调漫长的平直道路容易对驾驶员产生催眠作用，使得驾驶员注意力不集中，进而使得汽车运行状态难以掌控；又比如，若某一路段的连续长大下坡数目过多，将极易造成刹车失灵的事故发生。另外，在山区公路或铁路中，弯道数目相对较多，给长大货物运输带来的风险将会更大。

（2）交通条件。交通条件包括公路、铁路或航道上的交通流状态、交通设施及其他交通参与者的行为。交通流状态通过交通量和交通组成来反映，交通量的大小直接影响交通饱和度，而交通饱和度与交通事故率有密切关系，这一点在公路运输中表现得更加明显，一般来说，交通饱和率与交通事故相对数量之间存在如图 7-3 所示的关系。交通组成是影响交通安全的另一重要因素。在公路运输中，交通组成主要包括客车、货车、摩托车、自行车、行人等，它们行驶性能不同、速度各异、随意性大，给长大货物公路运输带来巨大的安全隐患。在铁路运输中，由于我国采用的是空间隔离的行车方法，每个行车区间同一时间最多只有一列列车运行，极大地保证了行车安全，只是当线路上开行的不同等级列车种类较多时，将会降低列车的平均行驶速度，可能会带来交货延期的风险。在水路运输中，由于船行速度本身较慢，且航道宽度往往比较充裕，交通组成情况对运输安全的影响相对较低。

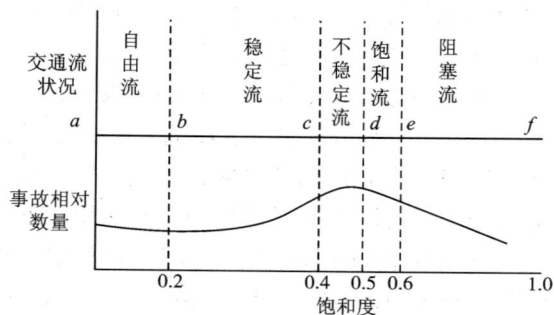

图 7-3　交通事故与交通饱和度之间的关系

交通设施包括交通信号、交通标志与标线、护栏、道路绿化、照明设施等，交通设施的设置越合理与完善，就越有利于提高交通的安全性。其他交通参与者行为，比如突然超车、刹车、行人突然横穿马路、汽车追尾、沉船、交通管制等，都会直接影响长大货物运输车辆或船舶的行驶安全。可以通过考察路段历史事故数据，进而对路段上其他交通参与者的行为做出评价。

（3）天气气候条件。由于长大货物联运往往是远距离、长时间的运输活动，途经地区的天气状况事先很难预测，并且我国幅员辽阔，不同地区的天气气候特征有很大差异，具有很大的随机性，大大地增加了长大货物运输的风险性。不良的天气气候会对长大货物运输安全带来巨大的影响，例如在公路运输中，高温天气容易使汽车发动机"开锅"，使轮胎爆炸，使驾驶员更容易疲劳和烦躁，使沥青路面更容易被烤化，进而引发交通事故。在多雨的季节或地区，更容易发生山体滑坡、泥石流、落石、路基坍陷或被冲毁、航道水位猛涨等情况，导致驾驶员视距受限、操作人员心理紧张、路面与轮胎之间附着力减小、各交通参与者反应迟缓、刹车距离变长等一系列后果，可能造成长大货物运输受阻或货物被损等事故。在进行水路运输时，更加需要关注风浪对船舶的影响，必要条件下还应该组织抛锚停航。对于某些在防潮、防尘等方面有特殊要求的长大货物，还需要注意空气湿度及 PM 值对运输的影响。另外，在长大货物联运时若遭遇特大洪水、地震、海啸等自然灾害，货物受损、人员伤亡将很难避免，此处将各种自然灾害也归并到天气气候条件因素进行考虑。对运输路径的天气气候评价可借助相关历史气象资料进行。

（4）政治环境。政治环境是指一个国家或地区在一定时间段内的政治大背景，牵涉方面较多，而与长大货物联运风险相关的因素主要包括社会秩序、法律法规、政府干预等方面的状况。

社会秩序良好与否，关系到社会生活的方方面面，若某一国家或地区的政治局势动荡或治安不良，则该国家或地区发生大规模示威游行、罢工、劫持、盗窃、强制禁行等事件的概率就会增加，将会严重影响长大货物运输安全。虽然本书研究的是国内长大货物联运，但有时会涉及一些边境运输，如由我国东部地区运送到西南地区的长大货物，可能会选择湄公河—澜沧江这一路段，那么其运输安全肯定会受到途经国家(如泰国)政治局势的影响。

国家或地方的与长大货物联运相关的法律法规是为了保障长大货物运输的有序进行而颁布的，其完善与健全是一个动态过程，并且任何法律法规都有被修订或被废止的可能。一旦与长大货物联运相关的法律法规发生变化，将会给长大货物运输带来重大风险，可能对运输时间、运输费用甚至整个运输方案造成严重影响。

由于长大货物运输有可能对途经路段造成较大影响，如道路限行、拆除收费亭、桥梁加固等，所以政府部门会对长大货物运输有诸多限制或要求，政府部门的干预方式和力度同样会影响到长大货物的运输时间和运输费用，进而给运输企业带来延期交货或经济损失的风险。

4）管理因素

管理因素不是引发运输事故的直接原因，但通常是事故发生的根本原因，在进行风险评估时必须将管理因素考虑在内。在不同的联运路段上，可能会涉及不同的运输企业和运输管理部门，它们的管理水平存在一定的差异，给长大货物联运安全带来的隐患也不尽相同。管理因素主要从运输企业管理和运管部门管理两个方面进行分析，此处的运管部门是指所有与长大货物联运相关的政府管理部门。

（1）运输企业管理。运输企业进行风险（安全）管理的机制是否健全、制度是否完善、人员是否具有专业资格、职责是否清楚、责任是否落实到位、内部人员信息沟通是否畅通和可靠等都是影响长大货物运输安全的关键。

（2）运管部门管理。运管部门主要负责长大货物运输审批、安全保障、引航护航、运输相关的基础设施维护等工作。运管部门的管理水平主要体现在长大货物运输审批效率、安全保障机制健全程度、引护航工作流程严密程度、管理人员执法合理性等方面，是影响长大货物运输时间的重要因素。若某运管部门在长大货物运输管理方面存在严重漏洞或管理水平低下，则经该地区运送长大货物将会有极大的交货延迟风险。

通过上述的风险因素识别，可以得到长大货物联运的风险清单如表7-3所示。

表7-3　长大货物联运风险因素表

一级因素	二级因素	三级因素	可能引发的风险事件
人员因素U_1	技能水平U_{11}	专业技术认证情况U_{111}	无证上岗，操作不当或错误
		操作熟练度U_{112}	操作缓慢或失误
		工作经验U_{113}	操作不当
	身体状况U_{12}	年龄U_{121}	操作缓慢、体力不够
		患病情况U_{122}	疾病突发或恶化
		饮酒情况U_{123}	酒后驾驶、反应迟缓
		疲劳度U_{124}	疲劳驾驶、反应迟缓
	心理素质U_{13}	情绪U_{131}	情绪低落、难以控制
		注意力U_{132}	注意力不集中、操作失误
		空间感知能力U_{133}	方向或距离判断错误
	责任意识U_{14}	职业道德U_{141}	工作消极、应付了事
		作风纪律U_{142}	不遵守纪律、违规操作

续表 7-3

一级因素	二级因素	三级因素	可能引发的风险事件
机械设备因素U_2	运载工具U_{21}	设计参数 U_{211}	质量差，故障不断
		使用年限 U_{212}	零部件老化，功能失效
		日常维护情况 U_{213}	维护不到位，故障不断
	换装设备U_{22}	设计参数 U_{221}	质量差，故障不断
		换装辅助设备可靠度 U_{222}	设备损坏或功能失效
		使用方法 U_{223}	吊装或滚装方法不当，失去控制
	货物绑扎加固设备及材料U_{23}	设备或材料可靠度 U_{231}	设备或材料损坏，货物失稳
		绑扎加固位置及方法 U_{232}	绑扎方法不妥，货物失稳
环境因素U_3	线路状况U_{31}	几何线形 U_{311}	整体线形不合理，发生事故
		路基路面质量 U_{312}	质量差，行驶速度降低
		横纵断面设计 U_{313}	设计不合理，发生事故
		线路周围地形地貌 U_{314}	地形地貌复杂，发生事故
	交通条件U_{32}	交通流状态 U_{321}	交通密度大，行驶速度低，发生事故
		交通设施 U_{322}	交通设施配置不合理，发生事故
		其他交通参与者行为 U_{323}	其他交通参与者安全意识差，造成事故
	天气气候条件U_{33}	恶劣天气 U_{331}	遭遇恶劣天气，运输过程受阻
		极端气候 U_{332}	遭遇极端气候，运输过程受阻
		自然灾害 U_{333}	遭遇自然灾害，运输过程受阻
	政治环境U_{34}	社会秩序 U_{341}	社会秩序混乱，导致运输过程受阻
		法律法规 U_{342}	法律法规变更，导致运输过程受阻
		政府干预情况 U_{343}	政府干预强度过大，导致运输过程受阻
管理因素U_4	运输企业管理U_{41}	风险管理机制 U_{411}	机制不健全，风险管理管控能力差
		信息管理机制 U_{412}	信息沟通不及时，导致决策失误或延缓
		人员奖惩制度 U_{413}	人员奖惩不当，导致工作人员消极怠工
	运管部门管理U_{42}	相关安全管理制度 U_{421}	制度不健全，导致运输过程受阻
		审批制度与效率 U_{422}	审批制度不健全或效率低，使运输受阻
		执法能力 U_{423}	执法能力低下，导致运输过程受阻

7.3.3.2　风险分析

通过上述风险识别过程，已得到可能给长大货物联运带来风险的主要风险因素，但不同的运输项目或运输方案所具有的风险大小有所不同，必须结合具体情况，开展风险分析。风险分析通常涉及对风险事件潜在后果及相关概率的估计，以便确定风险等级。根据风险分析的目的、可获得的可靠数据以及组织的决策需要，风险分析可以是定性的、半定量的、定量的或以上方法的组合。由于长大货物联运的某些风险因素难以量化，或具体取值难以获取，故采用专家打分法等半定量法进行风险分析。

1) 风险后果分级

风险事件一旦发生，将会给运输参与者带来损失或伤害，此处的运输参与者可分为人、车(以及其他与运输相关的设备、设施)、货物、运输任务等。风险事件发生对人造成的损失主要是指人身伤害，可分为死亡、重伤、轻伤、生病等；对车的风险后果主要是财产损失，可分为报废、重度损坏、轻度损坏等；对货物的风险后果主要是财产损失或社会影响，可分为货物毁坏、重度损坏、轻度损坏、引起社会轰动等；对运输任务的风险后果可分为财产损失、信用受损及其他社会影响。对风险后果的判定可按照表7-4所示标准进行分级判定。

表7-4　风险后果分级表

级别	危险性	破坏	伤害
1	灾难性的	系统报废	伤亡
2	危险性的	主要系统破坏	严重伤害
3	临界的	次要系统破坏	轻伤
4	安全的	系统无损坏	无损害

2) 风险可能性分级

风险可能性可通过历史数据或经验得出，在进行风险估计时选取适当的概率语言进行表述。风险事件发生的可能性是衡量长大货物联运风险的一个重要指标，可按照表7-5所示标准进行分级判定。

表7-5　风险可能性分级表

级别	可能性	说明
1	频繁	几乎经常出现、连续发生的
2	很可能	出现的概率较大、经常发生的

续表 7-5

级别	可能性	说明
3	有时	出现概率较小、有时发生的
4	极少	不能认为不会出现、可能发生的
5	几乎不可能	出现概率接近于零、可以假设不发生的

3）风险等级标准

风险等级标准可通过将风险后果和风险可能性二者合成而得到，合成方法如表 7-6 所示。其中一级风险包括 1~5，为不能接受风险；二级风险包括 6~9，为不希望有风险；三级风险包括 10~17，为有条件接受风险；四级风险包含 18~20，为可以接受风险。

表 7-6　风险等级表

可能性 ＼ 后果	灾难的	严重的	轻度的	轻微的
频繁	1	2	7	13
很可能	2	5	9	16
有时	4	6	11	18
极少	8	10	14	19
几乎不可能	12	15	17	20

4）风险分析的步骤

（1）将风险识别所得的风险因素表进行完善，在每一项风险因素之后添加"风险等级"一栏组成路段风险等级打分表；风险等级按照表 7-6 所示标准分为四级。

（2）选取长大货物运输企业的各级领导、技术人员、机关业务人员、经验丰富的现场工作人员组成专家库；

（3）将运输项目的基本信息、运输路径的具体情况分发给专家库成员，各成员根据自己的知识和经验，结合所获得的信息，对路径上的风险因素进行打分；

（4）收集各专家的打分意见并汇总，将汇总情况反馈给各专家，组织上述专家进行座谈会，专家根据座谈情况修改自己的打分意见；

（5）再次汇总打分意见并提交给风险评价人员，作为风险评价的基础数据。

7.3.3.3 风险评价

风险评价包括将风险分析的结果与预先设定的风险准则相比较，或者在各种风险的分析结果之间进行比较，确定风险的等级。风险评价的方法有定性评价、半定量评价和定量评价三种类型。本书根据长大货物联运风险因素的特点，考虑数据的可获得性，选用模糊综合评价的方法对长大货物联运风险进行综合评价。模糊综合评价法（Fuzzy Comprehensive Evaluation，简称 FCE）是由我国汪培庄教授于 1980 年首次提出的，它是一种应用模糊关系合成原理，将一些边界不清、不易定量的因素定量化，从多个角度对评价对象隶属等级状况进行综合评价的方法。

风险评价的主要步骤：①建立风险评价指标体系；②确定各评价指标权重；③根据风险分析结果，采用模糊综合评价法进行风险评价。

1）建立风险评价指标体系

根据风险识别和风险分析过程，确定长大货物联运风险评价指标体系，包括人员因素（U_1）、机械设备因素（U_2）、环境因素（U_3）和管理因素（U_4）等 4 个一级指标，人员技能水平（U_{11}）、身体状况（U_{12}）等 13 个二级指标，以及专业技术认证情况（U_{111}）、操作熟练度（U_{112}）等 39 个三级指标，详见表 7-3。

2）确定各评价指标权重

指标定权的方法多种多样，其中层次分析法是最常见的一种。它是将与决策相关的元素分解成目标、准则、方案等层次，在此基础之上进行定性和定量分析的决策方法。这种方法的特点是在对复杂的决策问题的本质、影响因素及其内在关系等进行深入分析的基础上，利用较少的定量信息使决策的思维过程数学化，从而为多目标、多准则或无结构特性的复杂决策问题提供简便的决策方法，尤其适合于对决策结果难于直接准确计量的场合。具体到长大货物联运路径风险评价问题，该问题的目标层即为长大货物联运路径风险，中间层是一级风险因素和二级风险因素，准则层为三级风险因素。

求解同一层级指标权重的具体步骤为：

Step1：对于同一层级的 n 个元素，分别比较两两元素对上层目标的影响大小，得到成对比较矩阵 $A=(a_{ij})_{n\times n}$，其中 a_{ij} 表示因素 C_i 和因素 C_j 相对于上层目标的重要值，其取值规则如表 7-7 所示。

表 7-7　1~9 尺度 a_{ij} 的含义

尺度 a_{ij}	含义
1	C_i 与 C_j 的影响相同
3	C_i 比 C_j 的影响稍强
5	C_i 比 C_j 的影响强
7	C_i 比 C_j 的影响明显的强
9	C_i 比 C_j 的影响绝对的强
2，4，6，8	C_i 比 C_j 的影响之比在上述两个相邻等级之间
1，1/2，…，1/9	C_j 与 C_i 的影响之比为上面 a_{ij} 的互反数

取值时，成对比较矩阵 A 应满足以下条件：

①$a_{ij}>0$；

②$a_{ij}=1/a_{ji}(i\neq j)$；

③$a_{ii}=1(i,j=1,2,\cdots,n)$.

Step2：计算成对比较矩阵 A 的最大特征根 λ 及对应特征向量 ω，利用一致性指标 CI、随机一致性指标 RI 和一致性比率 CR 做一致性检验。若通过检验，ω 即为权向量；若不通过，则需要重新构造判断矩阵。其中，一致性指标 CI 的计算公式为：

$$CI=\frac{\lambda-n}{n-1} \tag{7-6}$$

随机一致性 RI 的取值可参照表 7-8。

表 7-8　随机一致性指标 RI

n	1	2	3	4	5	6	7	8	9	10	11
RI	0	0	0.58	0.90	1.12	1.24	1.32	1.41	1.45	1.49	1.51

一致性检验的标准为：

$$CR=\frac{CI}{RI}<0.1 \tag{7-7}$$

重复上述过程至最底层因素（即三级指标），可得到所有因素相对目标层的综合排序权重，实现所有因素的总排序。为描述和计算方便，记长大货物联运风险评价体系中的一级指标 U_i 的综合权重为 w_i，二级指标 U_{ij} 的综合权重为 w_{ij}，三级指标 U_{ijk} 的综合权重为 w_{ijk}，记权重向量 $\boldsymbol{W}=(w_{111},w_{112},\cdots,w_{ijk},\cdots,w_{423})$。

3）基于模糊综合评价法建立风险评价模型

（1）确定评语集。根据风险因素发生概率及后果影响大小，确定风险评语集为{一级风险，二级风险，三级风险，四级风险}，用 $\boldsymbol{V}=\{v_1,v_2,v_3,v_4\}$ 表示。风险等级的划分参考表 7-6。

（2）单因素评价。将第三级风险因素 U_{ijk} 到评语集 V 看作是一个模糊映射，可根据专家打分分布情况，确定单因素 U_{ijk} 属于评语集 V 中每个评语的隶属度，由此可得到因素 U_{ijk} 关于评语集 V 的模糊评价向量 $\boldsymbol{r}_{ijk}=(r_{ijk}^1,r_{ijk}^2,r_{ijk}^3,r_{ijk}^4)$。

（3）构造子因素集评价矩阵。根据所有三级因素的模糊评价向量，构造子因素集评价矩阵 $\boldsymbol{R}$。

$$R = \begin{bmatrix} r_{111}^1 & r_{111}^2 & r_{111}^3 & r_{111}^4 \\ r_{112}^1 & r_{112}^2 & r_{112}^3 & r_{112}^4 \\ \vdots & \vdots & \vdots & \vdots \\ r_{ijk}^1 & r_{ijk}^2 & r_{ijk}^3 & r_{ijk}^4 \\ \vdots & \vdots & \vdots & \vdots \\ r_{422}^1 & r_{422}^2 & r_{422}^3 & r_{422}^4 \\ r_{423}^1 & r_{423}^2 & r_{423}^3 & r_{423}^4 \end{bmatrix}$$

（4）建立模糊评价模型。根据 FUZZY 理论，运用模糊关系合成运算，得到长大货物联运风险的模糊综合评价向量

$$C = W \circ R = (c_1, c_2, c_3, c_4) \tag{7-8}$$

其中，"$\circ$"为模糊关系合成算子。模糊关系合成算子有主因素决定型 $M(\wedge, \vee)$ 或 $M(\wedge, \cdot)$、主因素突出型 $M(\wedge, +)$、加权平均型 $M(\cdot, +)$ 等类型，一般应根据实际情况选取不同类型的模糊算子。在长大货物联运风险评价中，需要依各因素权重大小，综合考虑所有风险因素的作用，因此应选取加权平均型模糊算子，此时长大货物联运风险的模糊综合评价向量：

$$C = W \circ R = W \times R \tag{7-9}$$

（5）综合评价结果的处理。经过上述步骤可得到模糊综合评价向量 C，该向量反映出长大货物联运风险对各风险等级的隶属度。为了更加直观地反映风险大小和便于不同运输路径进行运输风险比较，可以选择适当的数学方式或模糊关系算子进行处理，常见的方法有最大隶属度法、模糊向量单值化法、模糊分布法、隶属度对比系数法等，本文选用模糊向量单值化法对风险的综合评价结果进行处理。

所谓模糊向量单值化法，即首先对评语集 V 中各元素 v_j 进行赋值，同时把模糊综合评价向量 C 中的 c_j 作为权数，将各评语元素 v_j 的值进行加权平均，记风险单值化结果为 f，其计算公式如下：

$$f = \frac{\sum_{j=1}^{4} c_j v_j}{\sum_{j=1}^{4} c_j} \tag{7-10}$$

其中，风险评语集 V 中各元素的赋值规则如表 7-9 所示。

表 7-9 风险评语赋值表

评语集	模糊评语	得分范围	赋值
$V=\{$一级风险，二级风险，三级风险，四级风险$\}$	一级风险，不能接受风险	(75, 100]	85
	二级风险，不希望有风险	(55, 75]	65
	三级风险，有条件接受风险	(15, 55]	35
	四级风险，可以接受风险	(0, 15]	10

　　通过上述模糊综合评价模型即可计算出长大货物联运路径所包含路段或节点的风险值，通过一定的数学方法即可得到整个路径的风险大小。

第8章
考虑路网改造的长大货物联运路径决策

长大货物联运路径决策是长大货物运输的一个关键环节，并且具有很强的技术性。关于长大货物运输的路径决策，国内外相关学者和企业已开发出部分路径决策支持系统，比如美国特拉华州运输局于 2005 年开发出的高速公路超限/超载车辆路径审批决策支持系统，融合 GIS 技术和网络优化技术，将管辖内的高速公路限界以及桥梁承载能力信息进行集成，大大提高了超限/超载车辆路径的审批效率；国内学者雷定猷等开发出的网络版铁路超限超重货物运输决策支持系统，基本包含了超限超重货物自承运至最后交货的所有环节，其中的路径决策模块具有很高的决策效率；公路运输方面，国内的中远集团已经根据自身的实际情况和需要，自主开发出公路大件运输的计算机决策系统，用于日常的运输指导工作，取得了一定的经济效益。但是，对于长大货物联运的路径决策研究却少之又少。本章基于前述章节关于长大货物联运路径影响因素的分析，借鉴铁路、公路长大货物运输路径决策模型和多式联运的相关理论，构建长大货物联运网络图，建立长大货物联运路径决策模型，并设计启发式算法进行求解。

8.1 问题描述与分析

8.1.1 问题描述

为方便描述，本书将长大货物联运节点和路段定义如下：

定义 8.1 节点。 线路(公路、铁路、水路)的起点、终点、交叉点、沿线车站、城市、码头以及不同运输方式之间的衔接点称为节点。根据节点所在线路的不同，可将节点分为公路节点、铁路节点、水路节点以及换装节点，其中换装节点是指两种或两种以上运输方式衔接的地点，主要包括铁路货场、水运码头等。

定义 8.2　路段。相邻节点之间的线路(包括公路、铁路和水路)称为节点路段,简称路段。

长大货物联运路径决策问题可简要描述为:在联运网络中,对于已确定装载方案的长大货物,要求从起始点运送到目的地,中途要经过若干个节点,任意相邻节点之间有若干种运输方式,货物可以在任意具备换装能力的节点进行运输方式的转换,在此前提下选择出一条安全、经济、便捷的长大货物联运路径。所谓安全,就是所选路径必须满足各项可行性因素的制约;所谓经济、便捷,是指路径具有较高的合理性。可行性因素是路径决策时必须要考虑的约束因素,合理性因素是对路径"效用"的一种客观反映。因此,可以以路径可行性因素为约束因子、合理性因素为目标函数,建立长大货物联运路径优化模型。

所谓路网改造是指在不新增或删减节点或不改变网络拓扑关系的情况下,结合线路限界、路基及桥梁承重能力的可改造性特征,在此基础上考虑路径决策问题。

8.1.2　长大货物联运网络图分析与构建

长大货物联运路径决策本质上属于最短路问题,而基于图论的最短路径算法是求解最短路问题的经典方法。因此,在对长大货物联运路径决策问题进行数学建模时,需要首先构建长大货物联运网络图模型。

现实的长大货物联运网络由公路网、铁路网、水路网(内河运输网和近海运输网)构成,这三个子网络存在共同的节点,可以进行不同运输方式的转换。长大货物联运网络示意图如图 8-1 所示。

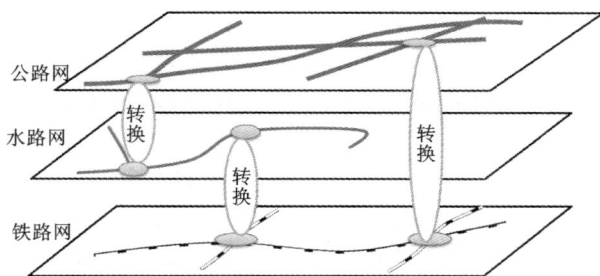

图 8-1　长大货物联运网络示意图

长大货物联运网络图是对现实联运网路关系的拓扑表达,可以分解为公路网络图、铁路网络图、水路网络图三个子网络图。从现有路网中提取具备长大货物运输资质的线路,依据现实路网的地理位置信息,在一定的容差范围内,对各子路网的节点和路段进行提取和捏合,建立节点和路段之间的拓扑关系,即可构建各子网络图。对于不同的货物运输范围和路径决策精度，可以从地图中选择不同级别的地理位置作为网络节点，比如当长大货物联运只涉及市内运输时，则需选取道路交叉口、铁路货运站、水运码头等作为网络节点；当货物运输范围较广或处于路径决策前期阶段时，可以选取城市、铁路枢纽、港口等较大区域作为网络节点。

在子网络内部，相邻节点之间可能存在多条运输路段。统一起见，可通过增添虚拟节点和虚拟路段，以使所有相邻节点之间最多存在一条有向路段。具体增添规则为：如节点 i, j 之间存在 $m_{i,j}$ 条同种运输方式的运输路段，则在该运输方式的子网络上添加 $m_{i,j}$ 个虚拟节点和 $m_{i,j}$ 条虚拟路段，具体添加过程如图 8-2 所示（以 $m_{i,j}=2$ 为例）。

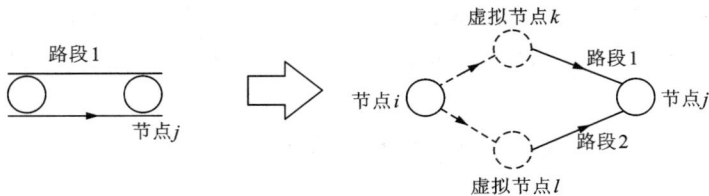

图 8-2　$m_{i,j}=2$ 时添加虚拟节点示意图

为描述方便，将按上述规则得到的虚拟节点（如节点 k, l）称作衍生节点、虚拟路段（如路段 (i, k)、(i, l)）称作衍生路段。记所有衍生节点组成集合 V_{ys}，所有衍生路段组成集合 E_{ys}。由衍生节点的生成过程可知，网络图中不会存在邻接的两个衍生节点。对于衍生路段，默认其具备长大货物运输资质，并将其路段容量设置为无穷大、路段权值设置为 0。

对三个子网络图分别进行上述虚拟处理，处理之后的公路网络图可表示为：$G_g=(V_g, E_g)$，V_g 为公路运输网络节点集，E_g 为公路节点间的路段集，$E_g=\{(i, j)\mid i\in V_g, j\in V_g\}$；铁路网络图表示为 $G_t=(V_t, E_t)$，V_t 为铁路运输网络节点集，E_t 为铁路节点间的路段集，$E_t=\{(i, j)\mid i\in V_t, j\in V_t\}$；水路网络图表示为 $G_s=(V_s, E_s)$，V_s 为水路运输网络节点集，E_s 为水路节点间的路段集，$E_s=\{(i, j)\mid i\in V_s, j\in V_s\}$。所有子网络图中的节点集合均包含实际节点和衍生节点。显然地，只有当 3 个子网络的节点集合存在交集，即公路、铁路和水路运输方式之间存在换装点，长大货物联运才能得以实施。记 $V_{gt}=V_g\cap V_t$，表示公路和铁路运输的换装点，主要包括铁路货场、货运站或专用线装车点等；记 $V_{gs}=V_g\cap V_s$，表示公路和水路运输的换装点，主要包括港口、码头等；记 $V_{ts}=V_t\cap V_s$，表示铁路和水路运输的换装点，同样包括港口、码头等；记 $V_{hz}=V_{gt}\cup V_{gs}\cup V_{ts}$，表示联运网络中的换装点集，则实现长大货物联运的前提条件为 $V_{hz}\neq\varnothing$。我国目前的交通网络可以满足这一条件。

　　在公路网络图、铁路网络图、水路网络图三个子网络图已经建成的基础上，通过在不同子网络之间添加换装路段(也可称作换装弧)，即可构成长大货物联运网络图。对任意节点 $i \in V_{hz}$ 添加换装弧，添加规则为：若节点 i 处存在 n_i 种运输方式的转换，则将节点 i 扩展为 n_i 个虚拟节点，每个虚拟节点代表一种运输方式节点，同种运输方式路段连接于同一虚拟节点，不同虚拟节点之间用换装弧连接，代表相应的换装过程。具体虚拟过程如图 8-3、图 8-4 所示(以 $n_i = 2$、3 为例)。

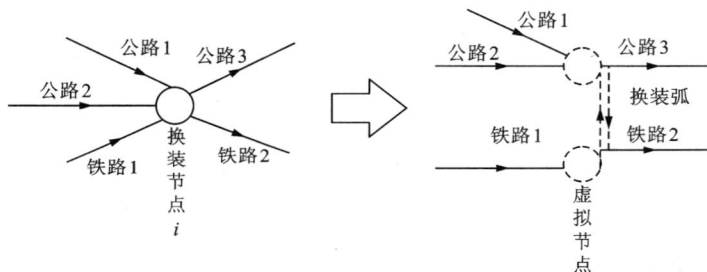

图 8-3　$n_i = 2$ 时换装节点的虚拟过程图

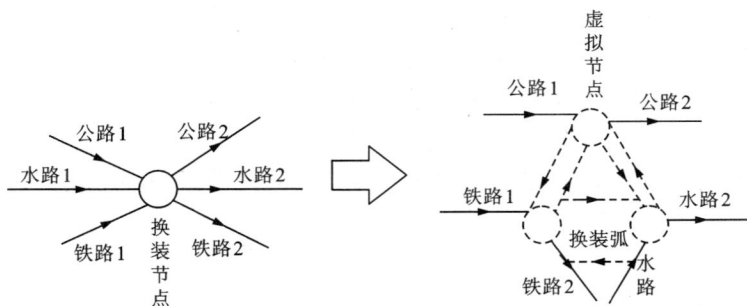

图 8-4　$n_i = 3$ 时换装节点的虚拟过程图

　　为方便描述，将上述虚拟节点称作虚拟换装节点，所有虚拟换装节点组成虚拟换装节点集 V_{hzx}，则映射 $f: V_{hzx} \rightarrow V_{hz}$ 表示将虚拟换装节点投影到对应的实际换装节点；记换装弧集为 E_{hz}，$E_{hz} = \{(i, j) \mid i \in V_{hzx}, j \in V_{hzx}\}$。对于换装路段，默认其具备运输资质，并将其路段运输时间、费用和风险分别等同于换装时间、费用和风险，路段容量需依据实际换装能力而定。需要特别说明的是，对于任意 $n_i = 3$ 的换装节点，假定其对应换装弧的同一弧权之间均满足三角不等关系。

　　通过添加虚拟节点和换装弧，可将三个子网络图合并为一张大的联运网络

图。记长大货物联运网络图为：$G=(V, E)$，V 为联运网络节点集，$V=(V_g \cup V_t \cup V_s \cup V_{hzx})-V_{hz}$，$E$ 为联运路段集，其中既包括原有实际路段，也包括衍生路段和换装路段，记 $E=\{(i, j) | i \in V, j \in V\}$，$E=E_g \cup E_t \cup E_s \cup E_{hz}$。联运网络图 G 中所有节点均不带权，且任意相邻节点间只有一条有向路段连接，可以很好地适应经典的最短路算法。

在长大货物联运图的基础上，可将长大货物联运路径决策问题描述如下：对于给定的长大货物 W，以及长大货物联运网络图 $G=(V, E)$，求货物 W 在运输网络 G 中由起点 o 至终点 d 的安全、经济的运输路径，并将该运输路径用点弧交错的序列表示。

8.2 模型构建

8.2.1 模型假设

长大货物联运路径决策模型构建假设如下：

假设 1：货物只能在节点进行换装，并且在各节点最多进行一次换装。此处主要考虑到长大货物的换装需要借助于专业的吊装或滚装设备，并且换装的成本和复杂性较高，在任意一个节点最多进行一次换装。

假设 2：长大货物在节点之间只能整体运输，不可分拆。此处主要考虑到长大货物往往是单件的大型设备，且不宜拆解。

假设 3：长大货物在相邻节点之间运输时，只能选择一种运输方式和一条运输路径。

8.2.2 模型符号说明

为方便起见，将模型所使用的符号说明如下：

G_g，G_t，G_s：分别表示公路、铁路、水路网络图；

V_g，V_t，V_s：分别表示公路、铁路、水路网络图中节点集；

E_g，E_t，E_s：分别表示公路、铁路、水路网络图中路段集；

V_{ys}，E_{ys}：分别表示衍生节点集和衍生路段集；

V_{hz}，V_{hzx}：分别表示实际换装节点集和虚拟换装节点集；

E_{hz}：换装路段或换装弧；

G：长大货物联运网络图；

V：长大货物联运网络节点集，$V=\{v_1,\ v_2,\ v_3,\ \cdots,\ v_n\}$，其中 $n=|V|$，表示长大货物联运网络节点总数；

i,j,k：表示 V 中的节点；

E：长大货物联运网络路段集，$E=\{e_{ij}|e_{ij}=(i,j),\ i\in V,j\in V\}$，$(i,j)$ 表示由节点 i 通往节点 j 的路段；

gl_{ij}：若路段 $e_{ij}\in E_g$，则 $gl_{ij}=1$；否则，$gl_{ij}=0$；

tl_{ij}：若路段 $e_{ij}\in E_t$，则 $tl_{ij}=1$；否则，$tl_{ij}=0$；

sl_{ij}：若路段 $e_{ij}\in E_s$，则 $sl_{ij}=1$；否则，$sl_{ij}=0$；

hz_{ij}：若路段 $e_{ij}\in E_{hz}$，则 $hz_{ij}=1$；否则，$gl_{ij}=0$；

Ω_{ij}：路段 $e_{ij}\in E$ 的综合限界，若 $e_{ij}\in(E_{ys}\cup E_{hz})$，则 Ω_{ij} 的值为一个边界在无穷远处的平面区域；

z_{ij}：路段 $e_{ij}\in E$ 范围内桥梁和路基可承载的最大轴载质量（单位：kg），如 $e_{ij}\in(E_s\cup E_{ys}\cup E_{hz})$，则令 $z_{ij}=\infty$；

p_{ij}：路段 $e_{ij}\in E$ 的最大纵坡度（单位：度），若 $e_{ij}\in(E_s\cup E_{ys}\cup E_{hz})$，则令 $p_{ij}=0$；

h_{ij}：路段 $e_{ij}\in E$ 可通行船舶的最大吃水深度（单位：m），若 $e_{ij}\in(E_g\cup E_t\cup E_{ys}\cup E_{hz})$，则令 $h_{ij}=\infty$；

r_{ij}：路段 $e_{ij}\in E$ 的最小曲线半径（单位：m），若 $e_{ij}\in(E_{ys}\cup E_{hz})$，则令 $r_{ij}=\infty$；

u_{ij}：路段 $e_{ij}\in E$ 最大的吊装或滚装吨位（单位：t），若 $e_{ij}\in(E_g\cup E_t\cup E_s)$，则令 $u_{ij}=\infty$；

t_{ij}：路段 $e_{ij}\in E$ 的运输时间，若 $e_{ij}\in E_{ys}$，则 $t_{ij}=0$；若 $e_{ij}\in E_{hz}$，则 t_{ij} 等于换装时间；

t_{ij}^0：路段 $e_{ij}\in E$ 的改造时间；若 $e_{ij}\in E_{hz}$，则 t_{ij}^0 等于换装改造时间；

c_{ij}：路段 $e_{ij}\in E$ 的运输费用，若 $e_{ij}\in E_{ys}$，则 $c_{ij}=0$；若 $e_{ij}\in E_{hz}$，则 c_{ij} 等于换装费用；

c_{ij}^0：路段 $e_{ij}\in E$ 的改造费用；若 $e_{ij}\in E_{hz}$，则 c_{ij}^0 等于换装改造费用；

f_{ij}：路段 $(i,j)\in E$ 的运输风险，若 $(i,j)\in E_{ys}$，则 $f_{ij}=0$；若 $(i,j)\in E_{hz}$，则 f_{ij} 等于换装风险；

L：路段属性集，$L=\left\{\begin{array}{l}gl_{ij},\ tl_{ij},\ sl_{ij},\ hz_{ij},\ \Omega_{ij},\ z_{ij},\ p_{ij},\ h_{ij},\ r_{ij},\ u_{ij},\\ t_{ij},\ t_{ij}^0,\ c_{ij},\ c_{ij}^0,\ f_{ij}\end{array}\right\}$；

W：给定装载加固方案和牵引方案的长大货物；

Q：货物自身总重（单位：t）；

o：货物运输起点，$o\in V$；

d：货物运输终点，$d\in V$；

$\Omega_g,\ \Omega_t,\ \Omega_s$：分别表示货物以公路、铁路、水路方式运输时，货物装载后并

且考虑安全裕量的车(船)货总轮廓;

Z_g, Z_t, Z_s：分别表示货物以公路、铁路、水路方式运输时，车辆的最大轴载质量(单位：kg)，其中 $Z_s = 0$;

P_g, P_t, P_s：分别表示货物以公路、铁路、水路方式运输时，车辆能通过的最大纵坡度(单位：度)，其中 $P_s = \infty$;

H_g, H_t, H_s：分别表示货物以公路、铁路、水路方式运输时，船舶需要的吃水深度(单位：m)，其中 $H_g = H_t = 0$;

R_g, R_t, R_s：分别表示货物以公路、铁路、水路方式运输时，车辆(船舶)能够通过的最小曲线半径(单位：m);

B：货物属性集，$B = \left\{ \begin{matrix} o, d, Q, \Omega_g, \Omega_t, \Omega_s, Z_g, Z_t, Z_s, P_g, \\ P_t, P_s, H_g, H_t, H_s, R_g, R_t, R_s \end{matrix} \right\}$;

x_{ij}：0-1 决策变量，若长大货物经由路段 $e_{ij} \in E$ 运输，则 $x_{ij} = 1$；否则，$x_{ij} = 0$;

X：全体 x_{ij} 的取值构成长大货物联运决策解向量 X，解 X 与运输路径为一一对应关系;

α_i：节点 i 的后邻节点集，即 $\alpha_i = \{j | j \in V \text{ 且 } e_{ij} \in E\}$;

β_i：节点 i 的前邻节点集，即 $\beta_i = \{j | j \in V \text{ 且 } e_{ji} \in E\}$。

8.2.3 原始决策模型

综合考虑长大货物联运路径决策问题的影响因素，建立以总运输时间最短、总运输费用最少、总运输风险最小为目标的长大货物联运路径决策模型，记作原始决策模型 M_1。记货物运输总时间为 S_1，它包括两个部分：货物在路段上的运输时间和在节点上的换装时间，由此得到模型第 1 个目标函数如式(8-1)：

$$\min S_1 = \sum_{(i,j) \in E} x_{ij} t_{ij} \tag{8-1}$$

记货物运输总费用为 S_2，它是所有经由路段运输费用或换装费用之和，由此得到模型的第 2 个目标函数如式(8-2)：

$$\min S_2 = \sum_{(i,j) \in E} x_{ij} c_{ij} \tag{8-2}$$

记货物运输总风险为 S_3，它包括货物在实际路段上的运输风险和在换装节点上的换装风险，路段或节点风险可以通过 7.3.3.3 节所提方法进行计算。对于某运输路径而言，其运输风险可以用该路径上各路段风险的最大值来衡量，由此得到模型的第 3 个目标函数如式(8-3)所示：

$$\min S_3 = \max_{\forall (i,j) \in E} (x_{ij} f_{ij}) \tag{8-3}$$

路段限界是影响长大货物联运路径选择的重要因素之一，要求货物装载后的车(船)货总轮廓必须小于路段的综合限界，由此得到模型约束条件 1 如式(8-4)

所示：

$$x_{ij}\tilde{\otimes}[gl_{ij}\tilde{\otimes}\Omega_{\mathrm{g}}\tilde{\oplus}tl_{ij}\tilde{\otimes}\Omega_{\mathrm{t}}\tilde{\oplus}sl_{ij}\tilde{\otimes}\Omega_{\mathrm{s}}]<\Omega_{ij} \tag{8-4}$$

其中，$\tilde{\otimes}$，$\tilde{\oplus}$ 为自定义运算符，且 $\tilde{\otimes}$ 运算的优先级别大于 $\tilde{\oplus}$ 运算。以 $gl_{ij}\tilde{\otimes}\Omega_{\mathrm{g}}$ 为例说明运算符 $\tilde{\otimes}$ 的运算规则，当 $gl_{ij}=1$ 时，$gl_{ij}\tilde{\otimes}\Omega_{\mathrm{g}}$ 等于货物经公路运输时的装载后轮廓 Ω_{g}；当 $gl_{ij}=0$ 时，$gl_{ij}\tilde{\otimes}\Omega_{\mathrm{g}}$ 为描述货物轮廓坐标系的原点。$\tilde{\oplus}$ 表示将两个轮廓区域进行合并运算。$<$ 为限界比较关系符，读作"小于"，当货物轮廓区域全部位于路段限界区域以内时，就认为货物轮廓小于路段限界。式（8-4）表示在考虑安全裕量的前提下，货物装载后的总轮廓应小于路段综合限界。

长大货物运输对路基或桥梁的破坏性较大，一旦长大货物车的轴载质量大于路基或桥梁的承载能力，极有可能使路基或桥梁发生不可逆转的破坏或造成严重的运输事故，所以长大货物车的最大轴载不能大于路段内路基和桥梁的可通行轴载限制。由此得到模型约束条件 2 如式（8-5）所示：

$$x_{ij}(gl_{ij}Z_{\mathrm{g}}+tl_{ij}Z_{\mathrm{t}}+sl_{ij}Z_{\mathrm{s}})\leqslant z_{ij} \tag{8-5}$$

在牵引方案已经确定的前提下，线路坡度（主要指线路纵坡度）是影响长大货物车能否顺利通过路段的又一关键因素。长大货物牵引车（组）能通过的最大坡度须大于或等于线路的最大坡度，由此得到模型约束条件 3 如式（8-6）所示：

$$x_{ij}p_{ij}\leqslant(gl_{ij}P_{\mathrm{g}}+tl_{ij}P_{\mathrm{t}}+sl_{ij}P_{\mathrm{s}}) \tag{8-6}$$

运输长大货物的船舶一般吨位较大，需要较大的吃水深度。若航道水深不够，则船舶难以顺利通行。由此得到模型约束条件 4 如式（8-7）所示：

$$x_{ij}sl_{ij}H_{\mathrm{s}}\leqslant h_{ij} \tag{8-7}$$

装载长大货物的车辆通常尺寸较大，转弯时需要较大的转弯半径。若线路的曲线半径过小，会造成车辆转弯困难或难以通过。由此得到模型约束条件 5 如式（8-8）所示：

$$x_{ij}(gl_{ij}R_{\mathrm{g}}+tl_{ij}R_{\mathrm{t}}+sl_{ij}R_{\mathrm{s}})\leqslant r_{ij} \tag{8-8}$$

长大货物在进行换装时，换装点必须具备足够的换装能力，即换装点能够换装的最大吨位应大于或等于货物重量，由此得到模型约束条件 6 如式（8-9）所示：

$$x_{ij}hz_{ij}Q\leqslant u_{ij} \tag{8-9}$$

根据模型假设，长大货物在任一换装点最多只能进行一次换装，即货物运输路径中不能连续出现两条及以上换装路段，由此得到模型约束条件 7 如式（8-10）所示：

$$\sum_{(i,j)\in E}x_{ij}hz_{ij}+\sum_{(j,k)\in E}x_{jk}hz_{jk}\leqslant 1 \quad \forall j\in V \tag{8-10}$$

另外，对于运输路径上的节点流量，起点有流出量、无流入量，中间节点流入量等于流出量，终点有流入量、无流出量，由此得到模型约束条件 8 如式

(8-11)所示：

$$\sum_{j\in\{j|j\in\alpha(i)\}} x_{ij} - \sum_{j\in\{j|j\in\beta(i)\}} x_{ji} = \begin{cases} 1, & i=o \\ 0, & i\neq o,d \\ -1, & i=d \end{cases} \quad (8-11)$$

综上，长大货物联运路径的原始决策模型 M_1 可描述如下：

$$\min S_1 = \sum_{(i,j)\in E} x_{ij}t_{ij} \quad (8-12)$$

$$\min S_2 = \sum_{(i,j)\in E} x_{ij}c_{ij} \quad (8-13)$$

$$\min S_3 = \max_{\forall(i,j)\in E}(x_{ij}f_{ij}) \quad (8-14)$$

s. t.

$$x_{ij}\widetilde{\otimes}[gl_{ij}\widetilde{\otimes}\Omega_g\widetilde{\oplus}tl_{ij}\widetilde{\otimes}\Omega_t\widetilde{\oplus}sl_{ij}\widetilde{\otimes}\Omega_s] < \Omega_{ij} \quad (8-15)$$

$$x_{ij}(gl_{ij}Z_g+tl_{ij}Z_t+sl_{ij}Z_s) \leqslant z_{ij} \quad (8-16)$$

$$x_{ij}p_{ij} \leqslant (gl_{ij}P_g+tl_{ij}P_t+sl_{ij}P_s) \quad (8-17)$$

$$x_{ij}sl_{ij}H_s \leqslant h_{ij} \quad (8-18)$$

$$x_{ij}(gl_{ij}R_g+tl_{ij}R_t+sl_{ij}R_s) \leqslant r_{ij} \quad (8-19)$$

$$x_{ij}hz_{ij}Q \leqslant u_{ij} \quad (8-20)$$

$$\sum_{(i,j)\in E} x_{ij}hz_{ij} + \sum_{(j,k)\in E} x_{jk}hz_{jk} \leqslant 1 \quad \forall j\in V \quad (8-21)$$

$$\sum_{j\in\{j|j\in\alpha(i)\}} x_{ij} - \sum_{j\in\{j|j\in\beta(i)\}} x_{ji} = \begin{cases} 1, & i=o \\ 0, & i\neq o,d \\ -1, & i=d \end{cases} \quad (8-22)$$

$$x_{ij}=0 \text{ or } 1 \quad (8-23)$$

8.2.4 扩展决策模型

值得注意的是，原始决策模型 M_1 并不一定有解。比如，在实际运输中可能因为线路限界或桥梁承重能力等约束，使得起点 o 和终点 d 之间不存在可行路径。考虑到线路限界、路基及桥梁承重能力、线路坡度、线路曲线半径以及换装点换装能力的可改造性，可对模型 M_1 进行扩展处理。

8.2.4.1 约束条件

对模型 M_1 的约束条件1(限界约束)进行松弛处理。公路路段的综合限界可通过暂时拆除路旁广告牌等构筑物或建筑物、暂时移动高速路口收费亭、高架跨线软体障碍(如电线、条幅等)、挖低路基和临时拓宽道路等措施加以改造；铁路路段综合限界主要通过临时拆除路旁信号机等措施加以改造；水路路段综合限界的改造可能性较小，但仍可通过降低航道局部水位以达到增大净高尺寸的目的。

根据货物装载后轮廓，确定路段限界改造的程度和方法，记改造后路段 e_{ij} 的综合限界为 $\overline{\Omega}_{ij}$，改造时间为 t_{ij}^1，改造费用为 c_{ij}^1。若路段 e_{ij} 的限界不存在改造的可能性或不需要改造即可通行，则记 $\overline{\Omega}_{ij}=\Omega_{ij}$，$t_{ij}^1=0$，$c_{ij}^1=0$。如此，则模型 M_1 的约束条件 1 松弛为：

$$x_{ij}\tilde{\otimes}[gl_{ij}\otimes\Omega_{\mathrm{g}}\tilde{\oplus}tl_{ij}\otimes\Omega_{\mathrm{t}}\tilde{\oplus}sl_{ij}\otimes\Omega_{\mathrm{s}}]<\overline{\Omega}_{ij} \tag{8-24}$$

对模型 M_1 的约束条件 2（路基及桥梁承载能力约束）进行松弛处理。在完成对现有路基及桥梁的情况调查后，可结合运载工具的轴载质量，针对不同的路基或桥梁类型，采取不同的加固改造方法。路基的承载能力跟路基的结构及使用年限有关，对于一般路基，可通过加宽基底、填充材料、路基碾压等方法进行改造；对于淤泥、鱼塘、软弱土等地基，可采取换填、固结法、抛石挤淤法、搅拌桩法等措施进行加固改造。桥梁的承载能力取决于桥梁结构和使用年限等因素，目前常用的桥梁临时加固方案主要有以下几种：（1）"桥上桥"方案，即在桥台圆弧滑动面外设置支点，利用现有装备或现加工钢桁架，利用纵横梁加桥面板通载。（2）"桥下桥"方案，即在原有桥梁的下面再架设一座临时桥，使新、老桥梁结合在一起共同承载。（3）"桥旁桥"方案，即在原有桥梁旁边架设临时桥梁。（4）拆除重建法，即把原有桥梁拆除，桥下抛石挤淤，然后填土压实，上面铺设钢板过载。记路段 e_{ij} 中的路基和桥梁经改造后可承运的最大轴载质量为 $\overline{z}_{ij}$，改造时间为 t_{ij}^2，改造费用为 c_{ij}^2。若路段 e_{ij} 的路基或桥梁承载能力不存在改造的可能性或不需要经过改造即可通行，则记 $\overline{z}_{ij}=z_{ij}$，$t_{ij}^2=0$，$c_{ij}^2=0$。如此则可把模型 M_1 的约束条件 2 松弛为：

$$x_{ij}(gl_{ij}Z_{\mathrm{g}}+tl_{ij}Z_{\mathrm{t}}+sl_{ij}Z_{\mathrm{s}})\leqslant\overline{z}_{ij} \tag{8-25}$$

对模型 M_1 的约束条件 3（线路坡度约束）进行松弛处理。线路坡度改造的目的是减小线路坡度，以适应牵引设备的爬坡能力。改善线路平均纵坡指标的方法主要有：抬高坡底设计标高、增加越岭隧道、沿山坡展线等。记路段 e_{ij} 经改造后的最大坡度为 $\overline{p}_{ij}$，改造时间为 t_{ij}^3，改造费用为 c_{ij}^3。若路段 e_{ij} 的线路坡度不存在改造的可能性或者不需经过改造即可通行，则记 $\overline{p}_{ij}=p_{ij}$，$t_{ij}^3=0$，$c_{ij}^3=0$。如此则可把模型 M_1 的约束条件 3 松弛为：

$$x_{ij}\overline{p}_{ij}\leqslant(gl_{ij}P_{\mathrm{g}}+tl_{ij}P_{\mathrm{t}}+sl_{ij}P_{\mathrm{s}}) \tag{8-26}$$

对模型 M_1 的约束条件 5（线路曲线半径约束）进行松弛处理。线路（特别是公路线路）最小曲线半径具有一定的可改造性，通常采用加大弯道处的路面宽度以增大转弯半径；如果条件允许，也可以通过"化曲为直"的方法使车辆顺利通行。记路段 e_{ij} 改造后的最小曲线半径为 $\overline{r}_{ij}$，改造时间为 t_{ij}^4，改造费用为 c_{ij}^4。若路段 e_{ij} 的线路曲线半径不存在改造的可能性，则记 $\overline{r}_{ij}=r_{ij}$，$t_{ij}^4=0$，$c_{ij}^4=0$。如此则可把模型 M_1 的约束条件 5 松弛为：

$$x_{ij}(gl_{ij}R_{\mathrm{g}}+tl_{ij}R_{\mathrm{t}}+sl_{ij}R_{\mathrm{s}}) \leqslant \overline{r}_{ij} \tag{8-27}$$

对模型 M_1 的约束条件 6(换装点换装能力约束)进行松弛处理。换装点常用吊装的方式进行换装,而用于吊装过程的起重设备可以通过一定的方法获取。比如,可采用从别处调用大吨位的移动起重机或浮吊、对原有吊装设备或滚装设备进行加固处理等方法来增大换装点的换装能力。记换装路段 $e_{ij} \in E_{\mathrm{hz}}$ 经换装能力改造后可吊装或滚装的最大货物吨位为 $\overline{u}_{ij}$,改造时间为 t_{ij}^5,改造费用为 c_{ij}^5。若路段 $e_{ij} \in E_{\mathrm{hz}}$ 的换装能力不存在改造的可能性或不经过改造即可完成换装,或者路段 $e_{ij} \in (E_{\mathrm{g}} \cup E_{\mathrm{t}} \cup E_{\mathrm{s}})$,则记 $\overline{u}_{ij}=u_{ij}$,$t_{ij}^5=0$,$c_{ij}^5=0$。如此则可把模型 M_1 的约束条件 6 松弛为:

$$x_{ij}hz_{ij}Q \leqslant \overline{u}_{ij} \tag{8-28}$$

模型 M_1 中的其他约束条件保持不变。

8.2.4.2 目标函数

记路段 e_{ij} 的改造总时间为 t_{ij}^0,改造总费用为 c_{ij}^0。由于路段 e_{ij} 上的各项改造工作可以同时展开,因此路段改造总时间 t_{ij}^0 应取各项改造时间的最大值,即:

$$t_{ij}^0=\max\{t_{ij}^1,\ t_{ij}^2,\ t_{ij}^3,\ t_{ij}^4,\ t_{ij}^5\} \tag{8-29}$$

路段 e_{ij} 改造总费用 c_{ij}^0 为各项改造费用之和,即:

$$c_{ij}^0=c_{ij}^1+c_{ij}^2+c_{ij}^3+c_{ij}^4+c_{ij}^5 \tag{8-30}$$

因此,在考虑路段及节点可改造性的前提下,长大货物联运的运输总时间(记作 F_1)包括路段运输时间、节点换装时间和工程改造时间,又因为不同路段的改造工作可以同时展开,所以路径总的改造时间取路径上所有路段改造时间的最大值,由此得到长大货物联运的运输总时间表达式如式(8-31)所示:

$$\min F_1 = \sum_{(i,j) \in E} x_{ij}t_{ij} + \max_{\forall (i,j) \in E}(x_{ij}t_{ij}^0) \tag{8-31}$$

在考虑路段及节点可改造性的前提下,长大货物联运的运输总费用(记作 F_2)包括路段运输费用、节点换装费用和工程改造费用,其表达式如式(8-32)所示:

$$\min F_2 = \sum_{(i,j) \in E} x_{ij}(c_{ij} + c_{ij}^0) \tag{8-32}$$

路段 e_{ij} 经过改造之后,其线路状况、交通条件等影响长大货物运输风险的因素会发生改变,进而导致路径的运输风险也发生改变。记改造之后的路段运输风险为 $\overline{f}_{ij}$,由此得到在考虑路段及节点可改造性的前提下,长大货物联运的运输总风险(记作 F_3)表达式如式(8-33)所示:

$$\min F_3 = \max_{\forall (i,j) \in E}(x_{ij}\overline{f}_{ij}) \tag{8-33}$$

8.2.4.3 模型表达

在考虑路段及节点可改造性的前提下,建立长大货物联运路径扩展决策模型，记为模型 M_2。根据上述约束条件和目标函数，得到模型 M_2 表达式如下：

$$\min F_1 = \sum_{(i,j)\in E} x_{ij}t_{ij} + \max_{\forall(i,j)\in E}(x_{ij}t_{ij}^0) \qquad (8-34)$$

$$\min F_2 = \sum_{(i,j)\in E} x_{ij}(c_{ij}+c_{ij}^0) \qquad (8-35)$$

$$\min F_3 = \max_{\forall(i,j)\in E}(x_{ij}\overline{f}_{ij}) \qquad (8-36)$$

s. t.

$$x_{ij}\widetilde{\otimes}\,[\,gl_{ij}\widetilde{\otimes}\Omega_{\mathrm{g}}\widetilde{\oplus}tl_{ij}\widetilde{\otimes}\Omega_{\mathrm{t}}\widetilde{\oplus}sl_{ij}\widetilde{\otimes}\Omega_{\mathrm{s}}\,]<\overline{\Omega}_{ij} \qquad (8-37)$$

$$x_{ij}(gl_{ij}Z_{\mathrm{g}}+tl_{ij}Z_{\mathrm{t}}+sl_{ij}Z_{\mathrm{s}})\leqslant\overline{z}_{ij} \qquad (8-38)$$

$$x_{ij}\overline{p}_{ij}\leqslant(gl_{ij}P_{\mathrm{g}}+tl_{ij}P_{\mathrm{t}}+sl_{ij}P_{\mathrm{s}}) \qquad (8-39)$$

$$x_{ij}sl_{ij}H_{\mathrm{s}}\leqslant h_{ij} \qquad (8-40)$$

$$x_{ij}(gl_{ij}R_{\mathrm{g}}+tl_{ij}R_{\mathrm{t}}+sl_{ij}R_{\mathrm{s}})\leqslant\overline{r}_{ij} \qquad (8-41)$$

$$x_{ij}hz_{ij}Q\leqslant\overline{u}_{ij} \qquad (8-42)$$

$$\sum_{(i,j)\in E}x_{ij}hz_{ij}+\sum_{(j,k)\in E}x_{jk}hz_{jk}\leqslant1 \quad \forall j\in V \qquad (8-43)$$

$$\sum_{j\in\{j|j\in\alpha(i)\}}x_{ij}-\sum_{j\in\{j|j\in\beta(i)\}}x_{ji}=\begin{cases}1,\ i=o\\0,\ i\neq o,d\\-1,\ i=d\end{cases} \qquad (8-44)$$

$$x_{ij}=0\ \mathrm{or}\ 1 \qquad (8-45)$$

当解 X 对于模型 M_1 可行时，对于模型 M_2 也可行，反之则不然。当模型 M_2 不存在可行解时，表明现有联运网络不能满足长大货物的运输需求，或者需要对运输网络进行更大规模的改造，比如对不可拆卸的控制物进行改造，或者修筑新的路段。

8.2.5　多目标决策模型简化

8.2.5.1 Pareto 最优路径

长大货物联运路径决策属于多目标决策问题（multiple objective problem，简称 MOP），并且各目标之间存在一定的矛盾，比如为了减少运输费用，往往会选择运输速度较慢的运输方式，从而导致运输时间增加；又如为了减少运输时间，可能会选择交通环境复杂、线路条件不良的路段行驶，这必然会增加运输风险。由于各目标之间的矛盾性，使得多目标决策问题一般不存在绝对最优解（使各个目标都达到最优的解），但存在有效解（也称 Pareto 解）或弱有效解（也称弱 Pareto 解）。参照 Pareto 解的概念，本书引入有关长大货物联运路径决策问题解的定义。设长大货物联运路径决策的可行解集 R 非空，记可行解 X 所对应的目标函数 F_k（$k=1,2,3$）为 $F_k(X)$。

定义 8.3　等价路径。对于可行路径 1 和 2，对应的解为 X1 和 X2，若对于任意 $k \in \{1, 2, 3\}$，均有 $F_k(X1) = F_k(X2)$，则称路径 1、路径 2 互为等价路径。

定义 8.4　占优路径。对于可行路径 1 和 2，对应的解为 X1 和 X2，若对于任意 $k \in \{1, 2, 3\}$，均有 $F_k(X1) \leqslant F_k(X2)$，且至少存在一个 $k \in \{1, 2, 3\}$ 使 $F_k(X1) < F_k(X2)$ 成立，则称路径 1 占优路径 2，或者路径 1 支配路径 2，这表示路径 1 总是优于路径 2。

定义 8.5　Pareto 最优路径。对于可行路径 1，记其对应的解为 X1，若不存在可行解 X，使得对于任意 $k \in \{1, 2, 3\}$，均有 $F_k(X) < F_k(X1)$ 成立，则称解 X1 为 Pareto 最优解(包括有效解和弱有效解)，称路径 1 为长大货物联运的 Pareto 最优路径。

定义 8.6　Pareto 最优路径集。Pareto 最优路径的集合。

由上述定义可知，当 Pareto 最优路径集中只有一条路径或者虽有多条路径但互为等价路径时，Pareto 最优路径集中的路径即为长大货物联运的绝对最优路径；否则，Pareto 最优路径集中不存在占优路径，也就是找不出长大货物联运的绝对最优路径，此时需要决策者从 Pareto 最优路径集中选择满意路径。

8.2.5.2　目标函数处理

选择满意路径或满意解的方法有多种，常见的有分层序列法、评价函数法、目标约束法等。其中评价函数法是指通过构造一个单目标函数，将多目标问题转化为单目标问题求解；目标约束法是指预先给定某一个或某几个目标函数的满意区间，在该区间内去优化其余目标，也即将某些目标函数的满意区间约束转化为模型的约束条件进行求解。结合长大货物联运路径决策问题的特点，本书采用评价函数法和目标约束法对模型进行化简。

对于长大货物运输企业而言，经营风险是时刻存在的，并且有时一定程度的冒险能给企业带来更大的收益，所以在进行长大货物联运决策时，可以预先设定一个运输风险的可接收范围，然后在该范围内寻求运输时间和运输费用的最小值。当运输风险小于或等于 55 时为有条件接受风险或可以接受风险，因此，可将模型 M_2 的第三个目标函数转化为模型约束：

$$\max_{\forall (i, j) \in E} (x_{ij} \overline{f}_{ij}) \leqslant 55 \tag{8-46}$$

经过上述处理，模型 M_2 转化成双目标决策模型，目标函数分别是运输时间和运输费用最小，仍难以直接求解，需做进一步处理。本书采用评价函数法将长大货物联运多目标路径决策转化为单目标问题进行处理。评价函数可以根据多目标的特点和对多目标问题解的实际要求来确定，所以构造的方法有很多，此处采用线性加权法构造评价函数。

线性加权法的指导思想是：根据各个目标在问题中的主要程度，分别赋予它们一个非负的权系数，然后把这些带系数的各目标相加构成一个评价函数。由于运输时间和运输费用的量纲不同，不能直接进行赋权加和，因此首先对各目标值作统一量纲的处理。对于任意可行解 X，对 $f_k(X)$ 按照式（8-47）作统一量纲处理：

$$F_k^*(X) = \frac{F_k(X)}{F_k^*}(k=1,2)\ \forall\ 可行解\ X \qquad (8-47)$$

式中：$F_k^* = \min\limits_{\forall\ 可行解 X} F_k(X)(k=1,2)$ 表示各目标的最小值，$F_1(X)$，$F_2(X)$ 的计算如式（8-34）、式（8-35）所示。

8.2.5.3　确定目标权重

为了对各目标进行取值需要确定各目标的权系数。目前确定权系数的方法分为两大类：主观赋权法是根据决策者对各属性的重视程度进行赋权的一类方法，如专家调查法、二项系数法、环比评分法及层次分析法等；而客观赋权法则是各个目标根据一定的规则进行自动赋权的一类方法，如主成分分析法、熵权法、目标规划法、α 法等。两类方法各有利弊，客观赋权法能够充分利用已有数据，基本可以避免人的主观干扰，但难以体现决策者意志；主观赋权法可以充分体现人的主观感受，但随意性较大。综合分析后，本书采用主客观集成法确定目标的权系数，该方法将熵权法和层次分析法相结合，既体现了赋权的科学性，同时也使得决策者的意志能够更好地反应在决策过程中，这使得整个长大货物联运路径决策模型具有一定的柔性。

记由层次分析法确定的运输时间和运输费用的归一化权值向量为 $\gamma^1 = (\gamma_1^1, \gamma_2^1)$，则 $\gamma_1^1 + \gamma_2^1 = 1$。

熵权法是根据决策中获取数据或信息的特征，分析各因素（此处指决策目标）所含信息量的大小，对于包含信息量大的因素，说明该因素在决策时应给予重点考虑，赋予一个较大的权值；而对于包含信息量为零的因素，在决策时可不对其进行考虑，即权值为零。熵权法是衡量数据或系统所含信息量大小的一种方法，概念来源热力学，最早由申农引入信息论。根据信息论的基本原理，信息是系统有序程度的一个度量，而熵是系统无序程度的一个度量，二者符号相反，绝对值相等。因此，若某一因素或指标熵值越小，代表该指标所包含的信息量越大，对整个决策所起的作用就越大，相应地，其熵权就越大；反之亦然。

如果系统可能处于 m 种状态，设每种状态出现的概率为 $P_i(i=1,2,3,\cdots,m)$，则系统的熵定义如式（8-48）所示。

$$H = -K\sum_{i=1}^{m} P_i \ln P_i \qquad (8-48)$$

式中：K 是系数，$K = 1/\ln m$。

参照熵的定义，给出长大货物联运路径决策中各目标的熵的定义。设 Pareto

最优路径集中共有 m 个路径方案, 对应 m 组目标值, 记第 $i(i=1, 2, \cdots, m)$ 个路径方案的第 $j(j=1, 2)$ 个目标经统一量纲处理后的取值为 F_{ij}^*, 则可将第 j 个目标的熵定义为:

$$H_j = -K \sum_{i=1}^{m} f_{ij}^* \ln f_{ij}^* \quad (j=1, 2) \tag{8-49}$$

式中: H_j 表示第 j 个目标的熵; K 是系数, $K=1/\ln m$; f_{ij}^* 表示第 j 个目标在第 i 个路径方案下的指标比重, 即 $f_{ij}^* = F_{ij}^* / \sum_{i=1}^{m} F_{ij}^*$, 并假定当 $f_{ij}^* = 0$ 时, $f_{ij}^* \ln f_{ij}^* = 0$。

记第 $j(j=1, 2)$ 个决策目标的熵权为 γ_j^2, 则 γ_j^2 的计算方法如式 (8-50) 所示:

$$\gamma_j^2 = \frac{1 - H_j}{\sum_{j=1}^{2} (1 - H_j)} \quad (j=1, 2) \tag{8-50}$$

由此得到长大货物联运决策目标 (运输时间、运输费用) 的熵权向量为 $\gamma^2 = (\gamma_1^2, \gamma_2^2)$, 其中 $\gamma_1^2 + \gamma_2^2 = 1$。

若主客观因素对目标权重的影响各占一半, 记其组合权重为 γ, 则 γ 的计算方法如式 (8-51) 所示:

$$\gamma = (\gamma_1, \gamma_2) = 0.5\gamma^1 + 0.5\gamma^2 \tag{8-51}$$

式中: γ_1, γ_2 分别表示长大货物联运路径运输时间和运输费用的综合权值。

8.2.5.4 模型简化

经过上述处理, 可以得到化简模型 (记作 M_3) 如下所示:

$$\min F = \gamma_1 F_1^*(X) + \gamma_2 F_2^*(X) \tag{8-52}$$

s.t.

$$\max_{\forall(i, j) \in E} (x_{ij} \overline{f_{ij}}) \leqslant 55 \tag{8-53}$$

$$x_{ij} \widetilde{\otimes} [gl_{ij} \widetilde{\otimes} \Omega_g \widetilde{\oplus} tl_{ij} \widetilde{\otimes} \Omega_t \widetilde{\oplus} sl_{ij} \widetilde{\otimes} \Omega_s] < \overline{\Omega}_{ij} \tag{8-54}$$

$$x_{ij}(gl_{ij}Z_g + tl_{ij}Z_t + sl_{ij}Z_s) \leqslant \overline{z}_{ij} \tag{8-55}$$

$$x_{ij} \leqslant (gl_{ij}P_g + tl_{ij}P_t + sl_{ij}P_s) \tag{8-56}$$

$$x_{ij}sl_{ij}H_s \leqslant h_{ij} \tag{8-57}$$

$$x_{ij}(gl_{ij}R_g + tl_{ij}R_t + sl_{ij}R_s) \leqslant \overline{r}_{ij} \tag{8-58}$$

$$x_{ij}hz_{ij}Q \leqslant \overline{u}_{ij} \tag{8-59}$$

$$\sum_{(i, j) \in E} x_{ij}hz_{ij} + \sum_{(j, k) \in E} x_{jk}hz_{jk} \leqslant 1 \quad \forall j \in V \tag{8-60}$$

$$\sum_{j \in \{j | j \in \alpha(i)\}} x_{ij} - \sum_{j \in \{j | j \in \beta(i)\}} x_{ji} = \begin{cases} 1, & i=o \\ 0, & i \neq o, d \\ -1, & i=d \end{cases} \tag{8-61}$$

$$x_{ij} = 0 \text{ or } 1 \tag{8-62}$$

式中：$F_1^*(X)$，$F_2^*(X)$ 的计算如式（8-47）所示。

可以证明，由上述单目标路径决策模型 M_3 求得的解 $\overline{X}$，当 $\gamma > 0$ 时，$\overline{X}$ 为对应多目标决策问题的有效解；当 $\gamma \geqslant 0$，且至少有一个为严格不等式成立时，$\overline{X}$ 为对应多目标决策问题的弱有效解。

8.3　算法设计

对于简化后的决策模型 M_3，求解的关键在于：（1）求解运输时间和运输费用的最小值，这是进行量纲统一的基础；（2）生成 Pareto 最优路径集合，为熵权法提供原始数据。本节分别设计算法对以上问题进行求解。

8.3.1　联运网络子图生成算法

在进行某特定长大货物 W 的运输路径决策时，可以根据式（8-53）～式（8-59）的约束条件，筛选出满足运输要求的路段，生成联运网络子图，从而减小网络规模，提高路径决策效率。

记联运网络子图为 $G' = (V', E')$，未经可行性检验的路段集合为 I，节点 i 的出度为 $d^+(i)$、入度为 $d^-(i)$，节点 i 后邻点集为 α_i、前邻点集为 β_i，子图 G' 中出度和入度之积为零的节点集合为 V_1'，$V_1' = \{i | i \in V'$ 且 $d^+(i)d^-(i) = 0\}$。特别地，规定当 $i = o$ 时，$d^-(i) \equiv 1$；当 $i = d$ 时，$d^+(i) \equiv 1$。

算法 8.1　联运网络子图生成算法

输入　原始长大货物联运网络图 $G = (V, E)$ 络，路段属性集 L，货物 W 的属性集 B；

输出　满足货物 W 基本运输要求的联运网络子图 $G' = (V', E')$。

开始

$V' = V$；$E' = E$；$I = E$；$V_1' = \varnothing$；

当 $I \neq \varnothing$ 时循环执行：

开始 1

从集合 I 中选择任意路段 (i, j)，令 $x_{ij} = 1$，代入式（8-53）～式（8-59）检查 (i, j) 的可行性，若所有不等式均成立，则 $E' = E'$；否则，$E' = E' - \{(i, j)\}$；

$I = I - \{(i, j)\}$；

返回 1

$E' = E' - \{(i, o) | i \in \beta_o\} - \{(d, i) | i \in \alpha_d\}$；

计算图 $G'=(V',E')$ 中所有节点的出度和入度, 更新集合 V_1';

当 $V_1'\neq\varnothing$ 且 $o\in V'$, $d\in V'$ 时循环执行:

开始 2

从集合 V_1' 中选取任意节点 i, 令 $V'=V'-\{i\}$; $E'=E'-\{(i,j)\mid j\in\alpha_i\}-\{(j,i)\mid j\in\beta_i\}$;

计算 $G'=(V',E')$ 中所有节点的出度和入度, 更新集合 V_1';

返回 2

输出 $G'=(V',E')$.

结束

长大货物联运网络子图 $G'=(V',E')$ 是在待运货物属性确定且已知的情况下, 经过筛选和化简得到的。通过算法 8.1 的过程可以看出, 联运网络子图 $G'=(V',E')$ 中不一定含有运输起点 o 或终点 d, 当 $o\notin V'$ 或 $d\notin V'$ 时, 说明模型 M_3 无解, 即在运输网络 $G=(V,E)$ 中不存在适合该长大货物 W 的可行路径。

8.3.2　运输费用最短路算法

由于所有路段运输费用(包括纯运输费用和改造费用)非负, 并且路径运输总费用等于各个路段运输费用之和, 所以在给定货物运输的起终点时, 可以直接运用 Dijkstra 算法求解运输费用最短路。

设经过算法 8.1 生成的长大货物联运网络子图 $G'=(V',E')$ 中有 n' 个节点, 且 $o\in V'$, $d\in V'$, 路段 $(i,j)\in E'$ 的运输总费用 $C_{ij}=c_{ij}+c_{ij}^0$, 若 $(i,j)\notin E'$, 令 $C_{ij}=\infty$。为每一个节点 $j\in V'$ 赋予一个标号 p_j, 表示从起点 o 到节点 j 的某一条路的长度。通过逐步降低标号 p_j 的长度, 使 p_j 最终成为最短路长; 当 $j=d$ 时, 就得到长大货物运输起点到终点间的运输费用最短路长。记子集 $J\subset V'$ 为永久标号集, $V'-J$ 为临时标号集, 直到 p_j 为最短路长时将节点 j 转移到集合 J 中。

算法 8.2　运输费用最短路算法

输入　长大货物联运网络子图 $G'=(V',E')$, $o\in V'$, $d\in V'$, 路段 $(i,j)\in E'$ 的运输总费用 C_{ij};

输出　节点 o 至节点 d 的运输费用最短路长 F_2^*。

开始

$p_o=0$; 若 $(o,j)\in E'$, 则 $p_j=C_{oj}$, 否则 $p_j=\infty$; $J=\{o\}$;

当 $d\notin J$ 时循环执行:

开始 1

对于满足 $p_k=\min\{p_j:j\in V'-J\}$ 的节点 $k\in V'-J$, $J=J\cup\{k\}$, 并且对所有 $j\in V'-J$, $p_j=\min\{p_j,\ p_k+C_{kj}\}$;

返回 1

$F_2^* = p_d$；

结束

通过算法 8.2 即可得到从长大货物运输起点 o 到终点 d 的运输费用最短路和对应的最小运输费用 F_2^*。

8.3.3 运输时间最短路算法

8.3.3.1 算法分析与设计

由式(8-31)可以看出，在考虑路段可改造性时货物的运输总时间包括两大部分：货物在各路段的运输时间和各路段的最大改造时间。由于货物运输时间计算方法的特殊性，导致不能直接运用传统的 Dijkstra 算法求解运输时间最短路。为描述方便，记从运输起点 o 到终点 d 的路径总数为 m_{od}，按各条路径改造时间的升序进行编号(特别地，当两条路径的改造时间相等时，按运输总时间升序排列)，编为 1，2，…，m_{od}；记路径 $k(1 \leq k \leq m_{od})$ 的运输总时间为 T^k，纯运输时间为 t_{od}^k，改造时间为 t_{gz}^k，则 $T^k = t_{od}^k + t_{gz}^k$，其中 t_{od}^k 为路径 k 中各路段的运输时间之和，t_{gz}^k 为路径 k 中各路段改造时间的最大值。对于所有 m_{od} 条路径，以改造时间为横坐标，运输总时间为纵坐标，将各条路径的运输时间情况反映在如图 8-5 所示的坐标系中。

图中路径 k 为在不考虑改造时间的情况下网络图 $G' = (V', E')$ 中起点 o 到终点 d 的最短路径，可以证明，所有编号大于 k 的路径，其运输总时间一定大于 T^k。设路径 $y(k < y \leq m_{od})$ 的运输总时间、纯运输时间、改造时间分别为 T^y，t_{od}^y，t_{gz}^y，证明 $T^y \geq T^k$。

证明：$\because$ 在不考虑改造时间的情况下，路径 k 为最短路径

$\therefore t_{od}^y \geq t_{od}^k$

$\because k < y \leq m_{od}$

$\therefore t_{gz}^y \geq t_{gz}^k$

$\therefore t_{od}^y + t_{gz}^y \geq t_{od}^k + t_{gz}^k$

$\therefore T^y \geq T^k$

删除所有改造时间大于或等于 t_{gz}^k 的路段，重新求出在不考虑改造时间的情况下起点 o 到终点 d 的最短路径，记为路径 l。参照上述证明过程，同样可以证明对于任意路径 $y(l \leq y < k)$，一定存在 $T^y \geq T^l$ 的关系。接下来，删除所有改造时间大于或等于 t_{gz}^l 的路段，重新求出在不考虑改造时间的情况下起点 o 到终点 d 的最短路径，记为路径 m，则对于任意路径 $y(m \leq y < l)$，同样存在 $T^y \geq T^l$ 的关系。重

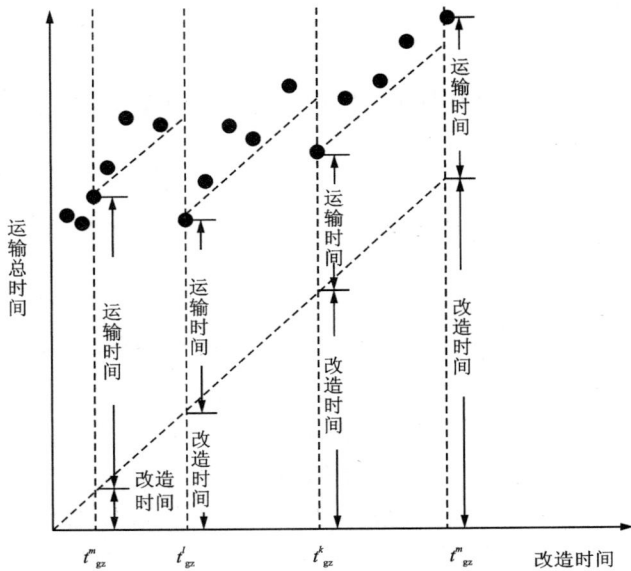

图 8-5　路径改造时间与运输总时间示意图

复此过程，当从起点 o 到终点 d 之间的纯运输时间最小值大于或等于当前运输总时间的最小值时，即结束该循环，最终得到一系列局部最短路径 k，l，m，$\cdots$，从该局部最短路径中选择运输总时间最小的路径，即为在考虑路段可改造性情形下的运输时间全局最短路径。

根据上述求解思路，设计运输时间最短路算法。记在不计改造时间情况下的最短路径为 k，最短路长为 p_d。若路段 $(i,j) \notin E'$，令 $t_{ij} = \infty$，$t_{ij}^0 = \infty$。

算法 8.3　运输时间最短路算法

输入　长大货物联运网络子图 $G' = (V', E')$，$o \in V'$，$d \in V'$，段 $(i,j) \in E'$ 的运输时间 t_{ij}、改造时间 t_{ij}^0；

输出　节点 o 至节点 d 的运输时间最短路长 F_1^*。

开始

$F_1^* = \infty$；

在不考虑改造时间的情况下，利用 Dijkstra 算法求解在网络图 $G' = (V', E')$ 中从起点 o 到终点 d 的最短路径 k、最短路长 p_d；

当 $p_d \leqslant F_1^*$ 时循环执行：

开始 1

$t_{gz}^k = \max\{t_{ij}^0:$ 路段 (i,j) 存在于路径 $k\}$，$T^k = p_d + t_{gz}^k$，$F_1^* = \min\{F_1^*, T^k\}$，$E' =$

$E'-\{(i, j) \mid (i, j) \in E' \text{且} t_{ij}^0 \geqslant t_{gz}^k\}$；

在不考虑改造时间的情况下，利用 Dijkstra 算法求解在网络图 $G' = (V', E')$ 中从起点 o 到终点 d 的最短路径 k、最短路长 p_d；

返回 1

结束

8.3.3.2 算例验证

设计长大货物联运网络子图 $G' = (V', E')$ 如图 8-6 所示，其中节点 1 为运输起点，节点 12 为运输终点。

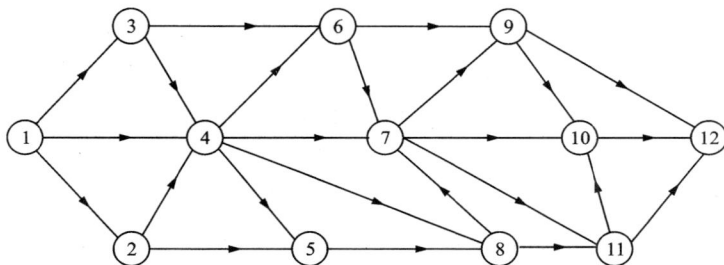

图 8-6 长大货物联运网络子图

各路段运输时间和改造时间如表 8-1 所示。

表 8-1 路段运输时间与改造时间表

始点	终点	运输时间	改造时间	始点	终点	运输时间	改造时间
1	2	9	2	6	7	8	4
1	3	4	2	6	9	10	8
1	4	8	9	7	9	9	7
2	4	9	8	7	10	10	5
2	5	9	3	7	11	10	7
3	4	10	7	8	7	8	6
3	6	9	0	8	11	6	5
4	5	5	1	9	10	5	0
4	6	11	7	9	12	4	6
4	7	5	8	10	12	6	9
4	8	8	9	11	10	10	6
5	8	9	0	11	12	8	6

第 1 步：令 $F_1^* = \infty$。利用 Dijkstra 算法求得节点 1 到节点 12 的纯运输时间最短路径 k 为 1→4→7→9→12，纯运输时间 $p_d = 26$；

第 2 步：$p_d \leqslant F_1^*$，求改造时间 $t_{gz}^k = 9$，运输总时间 $T^k = p_d + t_{gz}^k = 26 + 9 = 35$，当前运输总时间最短路长 $F_1^* = \min\{F_1^*, T^k\} = 35$；删去所有改造时间大于或等于 9 的路段：(1,4)，(4,8)，(10,12)，重新利用 Dijkstra 算法求得节点 1 到节点 12 的纯运输时间最短路径 k 为 1→3→6→9→12，纯运输时间 $p_d = 27$；

第 3 步：$p_d \leqslant F_1^*$，求改造时间 $t_{gz}^k = 8$，运输总时间 $T^k = p_d + t_{gz}^k = 35$，当前运输总时间最短路长 $F_1^* = \min\{F_1^*, T^k\} = 35$；在第 2 步的基础上，删去所有改造时间大于或等于 8 的路段：(2,4)，(4,7)，(6,9)，重新利用 Dijkstra 算法求得节点 1 到节点 12 的纯运输时间最短路径 k 为 1→3→6→7→9→12，纯运输时间 $p_d = 34$；

第 4 步：$p_d \leqslant F_1^*$，求改造时间 $t_{gz}^k = 7$，运输总时间 $T^k = p_d + t_{gz}^k = 41$，当前运输总时间最短路长 $F_1^* = \min\{F_1^*, T^k\} = 35$；在第 3 步的基础上，删去所有改造时间大于或等于 7 的路段：(3,4)，(4,6)，(7,9)，(7,11)，重新利用 Dijkstra 算法求得节点 1 到节点 12 的纯运输时间最短路径 k 为 1→2→5→8→11→12，纯运输时间 $p_d = 41$；

第 5 步：因为 $p_d > F_1^*$，算法结束，得到运输总时间最小值 $F_1^* = 35$，最短路径为 1→4→7→9→12 或 1→3→6→9→12。

通过上述求解过程，验证了算法 8.3 的有效性和正确性。至此，通过算法 8.2 和算法 8.3 可以求得运输时间和运输费用的最小值，为统一二者量纲奠定基础。

8.3.4　Pareto 最优路径集生成算法

Pareto 最优路径集是决策者进行路径选择的重要依据。关于 Pareto 最优路径集的算法有很多种，目前常见的方法是多目标进化算法（MOEA），如 Deb 等人先后提出的 NSGA 算法、基于精英保留策略的 NSGA-II 算法，Rainer Stom 和 Kenneth Price 提出的差分进化算法，该类算法都是基于优胜劣汰的竞争法则，从父代种群中选择优秀的个体进行遗传，同时给出一定的变异概率，使得当前 Pareto 最优解逐步逼近真实的 Pareto 最优解。本书借鉴 NSGA-II 的算法思想，结合长大货物联运路径决策问题的特点，设计长大货物联运的 Pareto 最优路径集生成算法。

8.3.4.1 路径适应度函数

进化算法需要在每一代中选择优良个体进行相关的遗传操作。所谓的优良个体，就是指适应度较大的个体，具体到长大货物联运路径决策问题，就是指运输时间和运输费用较小的路径。参考 NSGA-II 算法过程，本书将长大货物联运路径适应度定义为路径(或解)Pareto 等级和拥挤度的函数。

定义 8.7　路径 Pareto 等级。 对于一个确定的路径方案集 $X = \{X_1, X_2, X_3, \cdots, X_n\}$，可以从 X 中找到对应的 Pareto 最优路径集 X^1，则记集合 X^1 中路径的 Pareto 等级为 1 级；运用同样的方法可以从路径集 $(X-X^1)$ 找到对应的 Pareto 最优路径集 X^2，则记集合 X^2 中路径的 Pareto 等级为 2 级；以此类推，即可确定 X 中所有路径对应的 Pareto 等级。Pareto 等级越小的路径，越接近于全局 Pareto 最优路径，其适应度就越高。记路径 p 的 Pareto 等级为 p_{rank}。

定义 8.8　路径拥挤度。 对于同一 Pareto 等级内的路径，其拥挤度是指该路径解(或者叫作个体)周围的解密度，直观上可以理解为该路径解与相邻解之间的距离。若路径拥挤度较小，代表该路径解与相邻解之间的距离较小，那么该路径是全局 Pareto 最优路径的可能性就越小，其适应度就越小。记路径 p 的拥挤度为 p_{distance}。

路径 Pareto 等级和拥挤度的示意图如图 8-7 所示，图中横纵坐标分别表示路径所对应的目标 1 和目标 2 取值，虚线区域可以直观地显示个体 p 的拥挤度。

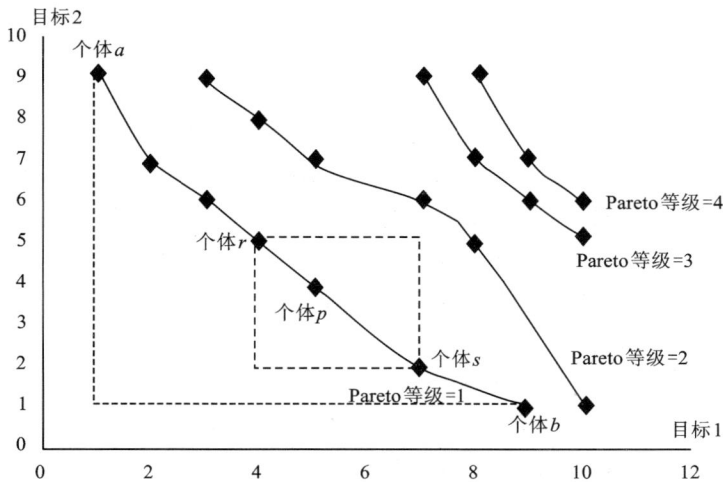

图 8-7　路径 Pareto 等级与拥挤度示意图

1)路径 Pareto 等级

路径 Pareto 等级主要取决于它被其他路径占优和占优其他路径的情况，当路径不被其他个体占优时，就记入当前 Pareto 最优路径集；低 Pareto 等级路径集被确定之后，就重新确定剩余路径的 Pareto 最优路径集，同时将这些路径的 Pareto 等级加 1。如此循环，直到所有路径的 Pareto 等级都被确定为止。具体算法如下：

算法 8.4 路径 Pareto 等级确定算法

输入 长大货物联运路径解集 $X = \{X_1, X_2, X_3, \cdots, X_n\}$ 以及对应的目标函数集 $O = \{O_1, O_2, O_3, \cdots, O_n\}$，其中 $O_k = (F_1^*(X_k), F_2^*(X_k))$，$1 \leqslant k \leqslant n$。

输出 路径 Pareto 等级 $Rank\_X$。

开始

$rank = 0$；$trans\_M = \varnothing$；$rank\_X_1 = rank\_X_2 = \cdots = rank\_X_n = 0$；

当 $O \neq \varnothing$ 时循环执行：

开始 1

$rank = rank + 1$；$trans\_M = O$；

当 $trans\_M \neq \varnothing$ 时循环执行：

开始 2

$F_1^*(X_k) = \min \{F_1^*(X_m) : (F_1^*(X_m), F_2^*(X_m)) \in trans\_M\}$；

$O = O - \{O_k\}$；$rank\_X_k = rank$；

$trans\_M = trans\_M - \{O_m | O_m \in trans\_M \ \text{且} \ F_2^*(X_m) \geqslant F_2^*(X_k)\}$；

返回 2

返回 1

$Rank\_X = \{rank\_X_1, rank\_X_2, \cdots, rank\_X_n\}$；

结束

2）路径拥挤度

路径拥挤度是用来衡量同一 Pareto 等级路径的适应度。如图 8-7 所示，个体（路径）a，b 分别表示第一 Pareto 等级内路径的两个端点，个体 a 的目标 1 取值最小、目标 2 取值最大，个体 b 与之相反。记每一 Pareto 等级两个端点处个体的拥挤度 $a_{\text{distance}} = b_{\text{distance}} = \infty$，任意个体 p 的目标 1 和目标 2 取值分别用 $F_1^*(p)$，$F_2^*(p)$ 表示，则非端点处个体（如图 8-7 中的个体 p）的拥挤度计算方法如式（8-63）所示：

$$p_{\text{distance}} = \frac{F_1^*(s) - F_1^*(r)}{F_1^*(a) - F_1^*(b)} + \frac{F_2^*(r) - F_2^*(s)}{F_2^*(b) - F_2^*(a)} \tag{8-63}$$

其中个体 r、s 是个体 p 的相邻个体（路径）。

至此，通过算法 8.4 和式（8-63）即可完全确定任意路径集中所有路径的适应度大小。定义路径优劣算子"$<_n$"，路径 p 优于路径 r，记作 $p <_n r$，当且仅当 $rank\_p < rank\_r$ 或者 $rank_p = rank\_r$ 且 $p_{\text{distance}} > r_{\text{distance}}$ 时成立；定义路径优劣算子"$\asymp$"，路径 p 等价于路径 r，记作 $p \asymp r$，当且仅当 $rank_p = rank\_r$ 且 $p_{\text{distance}} = r_{\text{distance}}$ 时成立。

8.3.4.2 Pareto 最优路径集生成算法

Pareto 最优路径集的生成属于 NP-hard 问题，通常采用启发式算法求解。本书基于遗传算法的算法框架，设计 Pareto 最优路径集生成算法。算法主体包括编码、初始种群生成、适应度评价、选择、交叉、变异等六个过程，具体流程如图8-8所示。

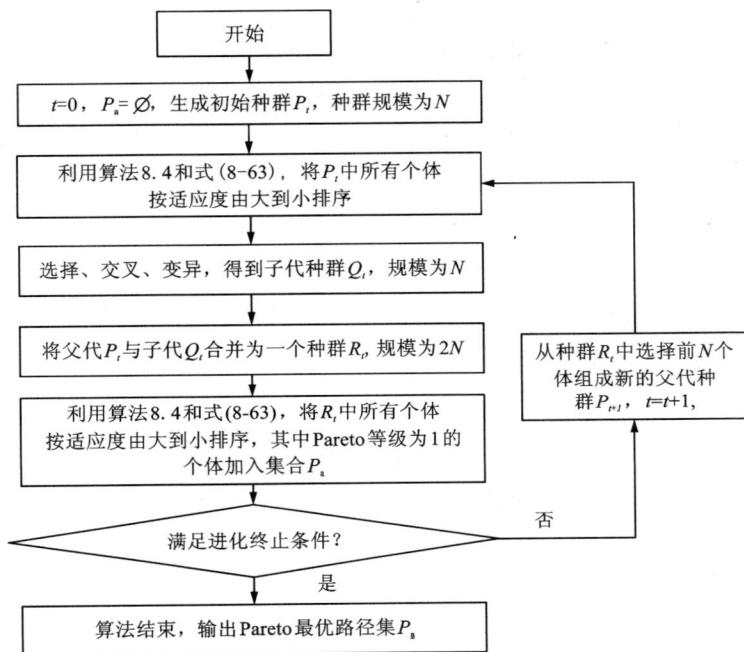

图8-8　Pareto最优路径集生成算法流程图

Pareto最优路径集生成算法具体如下：

Step1：确定编码方案

编码是遗传算法的基础，直接影响算法效率。目前常见的路径编码方法有二进制编码、基于顶点优先权的编码和基于路径的编码。其中二进制编码又有基于节点选择和基于路段选择两种方案，其优点在于编码简单，易于交叉、变异操作，缺点是容易产生大量不可行解，编码较长，影响算法效率。基于顶点优先权的编码方法能确保解的可行性，同时可以使所有解的编码长度都相同，但在进行交叉变异时会对解产生较大破坏，需要做大量修复工作。基于路径的编码是一种以运输路径实际经过的节点编号序列作为一条染色体，不需要解码即可得到实际路径，缺点在于染色体长度不固定，交叉变异操作也相对较难。为了提高算法效率，本书采用基于路径的编码方案。图8-6中从起点1到终点12的一条路径：1→4→7→9→12，即可编码为1 4 7 9 12，染色体长度为5，路径对应的运输时间和费用可以方便求得。

Step2：生成初始种群

初始种群采用随机产生的方法生成，但为了提高算法的效率，必须确保生成个体的合法性。设初始种群 P_0 的规模为 $N(N>1)$，运输起点为 o、终点为 d，则从 o 到 d 的初始解生成算法如下所示：

算法 8.5　初始种群生成算法

输入　长大货物联运网络子图 $G'=(V', E')$，$o \in V'$，$d \in V'$，种群规模 N；

输出　初始种群 P_0。

开始

$m=1$；

当 $m<N$ 时循环执行：

开始 1

$i=o$；将节点 i 存入路径 p_m 中；

当 $i \neq d$ 时循环执行：

开始 2

从节点 i 的后邻节点集 α_i 中随机选择一个节点 j 存入路径 p_m 中，若此时路径 p_m 中出现相同节点，则结束本次循环，返回 1，否则 $i=j$；

返回 2

将路径 p_m 加入初始种群 P_0 中；

$m=m+1$；

返回 1

结束

Step3：适应度评价

根据种群中所有个体的 Pareto 等级和拥挤度，确定各个体的优先级，通过路径优劣算子" $<_n$ "和" $\asymp$ "，对所有个体进行排序，具体过程参考算法 8.4 和式（8-63）。排序完成后，转 Step4。

Step4：选择

在由父代生成子代的过程中，需要选择优良个体遗传到子代以进行相关的交叉和变异操作，在该过程中，选择的方法有多种，如轮盘赌法、锦标赛法、随机均匀挑选法等，本书采用锦标赛法进行该选择。锦标赛法的选择过程为：在父代种群 P_t 中随机选择 K 个体进行比较，适应度大的个体胜出，存入子代种群 Q_t 中，特别地，当两个个体适应度相等时，即两条路径为等价路径时，则随机选取其中一个存入子代种群 Q_t 中；重复该过程 N 次，即可得到子代种群 Q_t^1。其中 K 被称作竞赛规模，常取 $K=2$。由锦标赛的选择过程可看出，该方法不仅能较好地选择出优秀个体进入下一代，同时，由于它只使用个体的相对适应度而不是绝对适应度作为选择标准，从而避免了超级个体的影响和种群早熟现象的发生。得到子代种群 Q_t^1 后，转 Step5。

Step5：交叉

对子代种群 Q_t^1 进行交叉操作。按照事先确定的交叉概率 p_c 从 Q_t^1 中随机选择个体，两两配对，进行交叉操作。本书设计交叉算子 crossover(p, q)，其中 p, q 是成功配对的个体，表示两条路径。crossover(p, q) 的思路为：若两条路径存在除起点和终点之外的相同节点，则将相同节点后的部分进行交叉；若不存在相同节点，则不进行交叉。若某以 1 为起点、8 为终点的路径 p, q 的编码如下：

个体 p：1 3 4 5 7 8
个体 q：1 2 4 3 6 7 8

选择相同节点 3 为交叉点，交叉后生成的新个体为：

个体 p'：1 3 6 7 8
个体 q'：1 2 4 3 4 5 7 8

交叉后需检查新个体是否合法，即查看新路径个体中是否存在重复节点，若某路径中存在重复节点，则将重复节点之间的部分路径删除，如上述新个体 q' 中存在重复节点 4，则需删除重复节点 4 之间的部分路径 4→3→4，得到合法个体 q' 如下：

个体 q'：1 2 4 5 7 8

对所有配对个体进行 crossover(p, q) 运算，得到交叉后子代种群 Q_t^2，转 Step6。

Step6：变异

变异操作是为了增加种群的多样性，扩大寻优空间。首先，按照事先确定的变异概率 p_m 从子代种群 Q_t^2 中随机选择待变异个体，进行变异操作。基于路径的编码方案使得变异操作的复杂性较高，为了保证变异之后个体的合法性和更高的适应度，本书设计一种特殊的变异算子 mutation(p)，p 为被选出进行变异操作的个体（路径）。mutation(p) 的算法思想是：在 p 中随机地选择长度为 m（m 一般取 2~6）的局部路径进行变异，首先采用标号法从该段路径的前一个节点开始标记，当得到永久标号的节点属于该段路径之后的节点时，停止标号，用得到的新路径代替被选出的这一段路径，然后检验变异后路径的合法性并进行相应修改。记路径 p 包含的节点总数为 n，并按照从前往后的顺序编号为 1，2，3，…，n，算法具体过程如下：

算法 8.6　变异算子 mutation(p)

输入　长大货物联运网络子图 $G' = (V', E')$，待变异个体（路径）p，待变异的基因片段长度 m；

输出　变异后个体（路径）p'。

开始

修改 m 的取值，若 $m>n-2$，则 $m=\left[\dfrac{n}{2}\right]$，否则 m 保持不变；

随机产生一个随机数 $n1\in[2,\ n-m]$，在只考虑路段运输费用的情况下从 $n1-1$ 基因位(节点)开始，利用 Dijkstra 算法进行标号操作，当获得永久标号的节点 j 属于 $[n1+m,\ n]$ 时，停止标号，输出从节点 $n1-1$ 到节点 j 之间运输费用最短路 p_j；

用 p_j 替换 p 中从节点 $n1-1$ 到 j 的路径(基因片段)，得到新的路径 p_0'；

检查 p_0' 内是否存在重复节点，若不存在则 $p'=p_0'$，若存在，则参照 Step5 中的修改方法，删除 p_0' 中重复节点之间的路径，得到新路径 p'；

结束

对所有待变异个体进行 mutation(p) 运算后，得到变异后的子代种群 Q_t。

Step7：合并

将父代种群 P_t 与子代种群 Q_t 合并成一个大的种群 R_t，即 $R_t=P_t\cup Q_t$，根据算法 8.4 和公式(8-63)计算 R_t 中所有个体的适应度，并将该种群中 Pareto 等级为 1 的所有个体存入集合 P_a 中。这一步的意义在于能够最大限度地保留父代和子代的精英个体。

Step8：算法终止判断

本算法设置两个终止条件，其一是达到最大循环次数 M，其二是集合 P_a 连续 l 代没有发生变化，满足上述任意一个终止条件，算法结束，输出 Pareto 最优路径集 P_a；否则，选取种群 R_t 中适应度较大的前 N 个个体组成下一代父代种群 P_{t+1}，同时种群遗传代数 $t=t+1$，返回 Step4，进行下一轮进化。

经过上述循环，最终得到长大货物联运的 Pareto 最优路径集 P_a。

8.3.5　长大货物联运路径决策算法

在前述算法的基础上，设计长大货物联运路径决策算法对模型 M_3 进行求解。

算法 8.7　长大货物联运路径决策算法

输入　原始长大货物联运网络图 $G=(V,\ E)$，路段属性集 L，货物 W 的属性集 B，决策者关于决策目标的权重向量 γ^1；

输出　长大货物联运路径 p。

开始

调用算法 8.1 生成长大货物联运网络子图 $G'=(V',\ E')$；

调用算法 8.2 和算法 8.3 求解运输费用和运输时间的最小值 F_2^*、F_1^*；

调用 Pareto 最优路径集生成算法得到 Pareto 最优路径集 P_a；

将 P_a 中所有路径对应的统一量纲后的运输时间和运输费用组成 $|P_a|\times 2$ 维矩

阵，运用式(8-50)，计算各目标的熵权向量 γ^2；

运用式(8-51)求出决策目标的组合权重向量 γ；

运用式(8-52)计算 P_a 中所有路径的综合目标值 F，其中 F 取值最小的路径即为模型 M_3 的解，也即长大货物联运路径 p。

结束

第 9 章
考虑干扰度的长大货物联运路径决策

9.1　长大货物联运路径多目标优化模型构建

本章将对所研究问题进行说明，阐明问题特征，提出长大货物联运路径优化模型；在实际运输过程中，长大货物联运网络存在被改造的可能性，因而提出基于改造的长大货物联运路径优化模型；由于长大货物联运过程易对正常运输产生干扰影响，进而提出基于干扰度的长大货物联运路径优化模型；基于以上模型，最终构建出长大货物联运路径多目标优化模型。

长大货物具有外廓尺寸大、笨重等特征，单一的运输方式难以满足长大货物可达性、时效性、经济性等方面的要求，多式联运便成为长大货物的主要运输方法。由于货物的特殊性，该联运过程对运输环境的要求较为苛刻，制定长大货物联运路径方案是该联运过程的关键环节。

在一个给定的长大货物联运网络中，如图 9-1 所示，有一长大货物需从起点运至终点。运输过程中有公路、铁路、水路三种运输方式可供选择，联运网络中有许多中转节点，可供长大货物换装转运。相邻节点之间存在供货物运输的线路，仅一种运输方式被选择。但是，某些线路与节点的运输条件无法满足长大货物的通行要求，不满足运输约束，不可被选择。对于这样的线路与节点，可选择绕行或线路与节点改造的方式以确保货物通行。

由于长大货物的特殊属性，长大货物联运的成本高昂，联运总成本是线路与节点选择的必要决策因素；长大货物联运过程会对原来的正常运输秩序造成较为严重的干扰，因而也将干扰影响作为决策因素。

综合线路限界等影响因素，考虑网络改造的可能性、对正常运输的干扰影响与成本约束，以长大货物联运总成本最小与对正常运输的干扰度最小为优化目标，确定运输线路、节点、运输方式以及改造线路与节点的组合，制定长大货物联运路径方案。

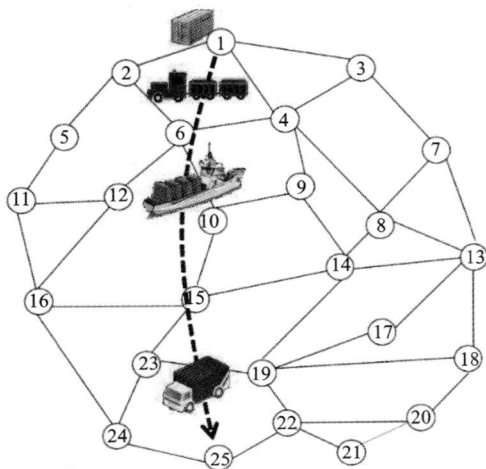

图 9-1　长大货物联运示意图

针对本章所研究问题,作如下假设:

(1)货物只能在节点进行换装,并且在各节点最多进行一次换装。

(2)长大货物在邻近节点之间运输时,仅一种运输方式可被选择。

(3)将节点换装作一个整体,内部的短途换装直接计入节点换装过程中,不单独计算。

(4)不考虑长大货物联运过程中不良天气、设备故障、交通事故等不可控因素。

9.1.1　符号说明

对本章中出现的符号进行说明,如表 9-1 所示。

表 9-1　符号说明

符号	说明
集合	
V	运输网络的节点集合,$V=\{v_1,v_2,\cdots,v_i,\cdots,v_n\}$
E	运输网络的边集合,$E=\{e_1,\cdots,e_h,\cdots,e_l\}$,其中 $e_h=(v_i,v_j)$,$v_i,v_j\in V$
M	运输方式集合,$\{m_1,m_2,m_3\}=\{$公路,铁路,水路$\}$,$a,b\in M$
$G(V,E,M)$	长大货物联运网络集合
变量参数	

续表9-1

符号	说明
c_{ij}^{a}	货物以运输方式 a 从节点 v_i 运至节点 v_j 的运输成本(万元)
$c_{ij}^{a,\text{re}}$	货物以运输方式 a 从节点 v_i 运至节点 v_j 的改造成本(万元)
c_{i}^{ab}	在节点 v_i 运输方式由 a 换至 b 的换装成本(万元)
$c_{i}^{ab,\text{re}}$	在节点 v_i 运输方式由 a 换至 b 而产生的改造成本(万元)
u_{ij}^{a}	货物以运输方式 a 从节点 v_i 运至节点 v_j 时,车与货物的外廓尺寸(包含安全裕量)
U_{ij}^{a}	货物以运输方式 a 从节点 v_i 运至节点 v_j 时的线路限界
U_{ij}^{+a}	改造后新增的限界或外廓尺寸
ω_{ij}^{a}	货物以运输方式 a 从节点 v_i 运至节点 v_j 时的车货总重
W_{ij}^{a}	货物以运输方式 a 从节点 v_i 运至节点 v_j 时路基或桥梁的最大承重能力
W_{ij}^{+a}	改造后路基或桥梁增加的承载能力
h_{ij}^{3}	船舶载货后吃水深度
H_{ij}^{3}	航道水深
d_{ij}^{a}	货物以运输方式 a 从节点 v_i 运至节点 v_j 时,车辆能安全通过线路纵坡度
D_{ij}^{a}	线路最大坡度
D_{ij}^{-a}	改造后线路减少的坡度
r_{ij}^{a}	货物以运输方式 a 从节点 v_i 运至节点 v_j 时,车辆的最小转弯半径(m)
R_{ij}^{a}	货物以运输方式 a 从节点 v_i 运至节点 v_j 时,线路的最小曲线半径(m)
R_{ij}^{+a}	改造后新增的曲线半径
G_{i}^{ab}	在节点 v_i 由方式 a 换装至方式 b 的能力(由起重设备与换装场地衡量),若节点满足换装需求,则取 1,否则取 0
t_{ij}^{a}	货物以运输方式 a 从节点 v_i 运至节点 v_j 的运输时间(天)
t_{i}^{ab}	在节点 v_i 运输方式由 a 换至 b 的换装时间(天)
T	货物由起点运至终点所耗费的总时间(天)
T_{e}	货主期待的送达时间(天)
T_{l}	货主可接受的最晚送达时间(天)
σ	成本与时间的比率(万元/天)
C_{p}	因过晚送达而需支付的惩罚成本(万元)

续表9-1

符号	说明
C_e	承运者期待的运输总成本(天)
C	货物由起点运至终点所耗费的总成本(万元)
f_{ij}^1	对公路正常运输的干扰度
f_{ij}^2	对铁路(v_i, v_j)正常运输的干扰度
v_{ij}^a	在线路(v_i, v_j)以a方式运输长大货物车的平均行驶速度(km/h)
S_{ij}^a	在线路(v_i, v_j)以a方式运输的距离(km)
q_{ij}	公路(v_i, v_j)的原平均交通量(pcu/h)
q_{ij}'	长大货物于公路(v_i, v_j)运输后的平均交通量(pcu/h)
K_{ij}	公路(v_i, v_j)的车流密度(pcu/km)
$\bar{v}_{ij}^1$	线路(v_i, v_j)的原平均交通流速(km/h)
$\bar{v}_{ij}^{1\prime}$	长大货物于线路(v_i, v_j)运输后的平均交通流速(km/h)
r_{ij}^a	线路(v_i, v_j)因管制而封闭或禁会的路段长度(km)
ε_{ij}^a	因改造而在线路(v_i, v_j)产生的干扰度
I	联运过程的总干扰度
I_ε	因改造而产生的总干扰度
决策变量	
x_{ij}^a	货物以运输方式a从节点v_i运至节点v_j，则取1，否则取0
y_i^{ab}	在节点v_i运输方式由a换至b，则取1，否则取0
z_{ij}^a	若对运输方式为a的线路(v_i, v_j)进行改造，则取1，否则取0
z_i^{ab}	若对运输方式由a换至b的节点v_i，进行改造则取1，否则取0

9.1.2　模型构建

9.1.2.1 长大货物联运路径基础模型

长大货物运输对路径条件要求较高，运输路径受多种因素的影响。长大货物的运输路径应满足限界要求，运输途中的道路或桥梁可承担车货的总重量，路段的曲线半径需满足车辆的转弯需求，中转节点的换装处，需有足够的相关设备、场地与存储空间供长大货物的使用。长大货物联运成本包括纯运输成本和节点换装成本。本节将以限界、桥梁承载能力、路段曲线半径与节点换装能力为约束，以联运总成本最小为优化目标，构建长大货物联运路径优化基础模型。

长大货物联运路径优化主要有如下几个约束：

1）限界约束

长大货物运输过程中，车货限界不超过路段(v_i, v_j)的综合限界，即保证车货的外部轮廓尺寸不可超过路段上的设备、建筑等其他物体的轮廓线（留有一定的安全裕量）：

$$u_{ij}^a x_{ij}^a \leqslant U_{ij}^a, \ v_i, \ v_j \in V, \ a \in M \tag{9-1}$$

2）路基或桥梁承载能力约束

长大货物运输过程中，车货总重不超过路段(v_i, v_j)的路基或桥梁的最大承载能力：

$$\omega_{ij}^a x_{ij}^a \leqslant W_{ij}^a, \ v_i, \ v_j \in V, \ a \in M \tag{9-2}$$

3）航道水深约束

长大货物水路运输过程中，保证航道有足够水深：

$$h_{ij}^3 x_{ij}^3 \leqslant H_{ij}^3, \ v_i, \ v_j \in V \tag{9-3}$$

4）线路曲线半径约束

长大货物运输过程中，货车的转弯能力需满足路段的曲线半径：

$$r_{ij}^a x_{ij}^a \leqslant R_{ij}^a, \ v_i, \ v_j \in V, \ a \in M \tag{9-4}$$

5）坡度约束

长大货物运输过程中，货车能安全通过的坡度需大于线路的最大坡度：

$$d_{ij}^a x_{ij}^a \geqslant D_{ij}^a, \ v_i, \ v_j \in V, \ a \in M \tag{9-5}$$

6）换装能力约束

节点需满足货物的换装条件，如吊装设施设备、为货物所提供场地大小等，否则，货物不可换装：

$$y_i^{ab} \leqslant G_i^{ab}, \ v_i, \ v_j \in V, \ a \in M \tag{9-6}$$

7）节点间运输方式唯一性约束

节点与节点之间仅有一种运输方式被选择以运输货物：

$$\sum_{a=1}^{3} x_{ij}^a \leqslant 1, \ v_i, \ v_j \in V \tag{9-7}$$

8）节点换装次数约束

货物在每个节点仅发生一次换装：

$$\sum_{b=1}^{3} \sum_{a=1}^{3} y_i^{ab} \leqslant 1, \ v_i \in V \tag{9-8}$$

9）联运连续性约束

保证联运的连续性，使线路与节点被接续选择：

$$\sum_{a=1}^{3} \sum_{j \in \text{In}(v_i)} x_{ji}^a + \sum_{b}^{3} \sum_{j \in \text{Out}(v_i)} x_{ij}^b = 2 \sum_{a=1}^{3} \sum_{b=1}^{3} y_i^{ab}, \ v_i \in V \tag{9-9}$$

其中，$\text{In}(i) = \{ j \,|\, e_{ji} \in E \}$，$\text{Out}(i) = \{ j \,|\, e_{ij} \in E \}$。

10）流量守恒约束

每个节点的输入量与输出量一致：

$$\sum_{j \in \text{Out}(v_i)} \sum_{a=1}^{3} x_{ij}^a - \sum_{j \in \text{In}(v_i)} \sum_{a=1}^{3} x_{ji}^a = \begin{cases} 1, & i = 1 \\ 0, & i \neq 1, n, \ v_i \in V \\ -1, & i = n \end{cases} \qquad (9\text{-}10)$$

其中，$\text{In}(i) = \{ j \,|\, e_{ji} \in E \}$，$\text{Out}(i) = \{ j \,|\, e_{ij} \in E \}$。

长大货物联运总成本由线路运输时的运输成本与节点中转时的换装成本构成，联运总成本越小，方案越优。因此，本节以长大货物联运总成本最小为优化目标，考虑限界、桥梁承载能力、路段曲线半径与节点换装能力等因素，构建长大货物联运路径优化模型（M1）：

$$\min \left(\sum_{j=1}^{n} \sum_{i=1}^{n} \sum_{a=1}^{3} c_{ij}^a x_{ij}^a + \sum_{i=1}^{n} \sum_{b=1}^{3} \sum_{a=1}^{3} c_i^{ab} y_i^{ab} \right) \qquad (9\text{-}11)$$

s.t. 式（9-1）~式（9-10）

9.1.2.2 基于改造的长大货物联运路径优化模型

长大货物联运路径优化基础模型（M1）未涉及长大货物联运中重要环节——线路与节点改造。因此，本小节将考虑联运过程中可能的路段与节点改造情况，构建基于改造的长大货物联运路径优化模型。

长大货物运输对运输环境的要求严格，运输路段常常因某些因素的制约而无法通行运输长大货物的车辆，承运者则常基于经济性与可操作性等原则，选择绕行或改造措施以运送长大货物。绕行即当所经路段或节点不满足运输或换装要求时，需更改运输路径，以更大的运输里程保证货物送达。改造则是当所经路段或节点不满足运输或换装要求时，通过对路段或节点改造，加大路段的限界、增加桥梁的承载能力、增大转弯半径或增强节点的换装能力等，以满足长大货物的通行条件。

绕行措施较易实现，但常以更大的运输里程为代价，致使运输成本增大。改造措施实现难度较高，且会产生改造成本。绕行措施是首选，但是，若起终点之间不存在可行的运输路径或绕行成本高于改造成本时，则通过改造路段与节点，获得经济、可行的路径。

由前文的长大货物联运改造特征分析可知，基于经济性与可操作性，线路的综合限界、道路与桥梁的承载能力、坡度与曲线半径以及节点的换装能力均有较高的改造可能性，因此，对模型 M1 的相关约束与目标进行改进。

对线路的综合限界进行改造，改造后新增的限界或外廓尺寸记为 U_{ij}^{+a}，则限界约束调整为：

$$u_{ij}^a x_{ij}^a \leqslant U_{ij}^a + U_{ij}^{+a} z_{ij}^a, \quad v_i, \ v_j \in V, \ a \in M \qquad (9\text{-}12)$$

对路基或桥梁的承载能力进行改造，改造后桥梁增加的承载能力记为 W_{ij}^{+a}，则将路基与桥梁承载能力约束调整为：

$$\omega_{ij}^a x_{ij}^a \leqslant W_{ij}^a + W_{ij}^{+a} z_{ij}^a, \ v_i, \ v_j \in V, \ a \in M \qquad (9-13)$$

对线路的曲线半径进行改造，改造后新增的曲线半径记为 R_{ij}^{+a}，则将曲线半径约束调整为：

$$r_{ij}^a x_{ij}^a \leqslant R_{ij}^a + R_{ij}^{+a} z_{ij}^a, \ v_i, \ v_j \in V, \ a \in M \qquad (9-14)$$

对线路的坡度进行改造，改造后减少的坡度记为 D_{ij}^{-a}，则将曲线半径约束调整为：

$$d_{ij}^a x_{ij}^a + D_{ij}^{-a} z_{ij}^a \geqslant D_{ij}^a, \ v_i, \ v_j \in V, \ a \in M \qquad (9-15)$$

对节点的换装能力进行提升，则换装能力约束调整为：

$$y_i^{ab} \leqslant G_i^{ab} + z_i^{ab}, \ v_i \in V, \ a, \ b \in M \qquad (9-16)$$

路段与节点的选择决策先于改造决策，因此，增加改造决策约束：

$$z_{ij}^a \leqslant x_{ij}^a, \ v_i, \ v_j \in V, \ a \in M \qquad (9-17)$$

$$z_i^{ab} \leqslant y_i^{ab}, \ v_i \in V, \ a, \ b \in M \qquad (9-18)$$

对路段与节点进行改造，会产生相应的改造成本，而路段的改造成本为各项改造工程的成本之和。记 $c_{ij}^{a, \, 1}$，$c_{ij}^{a, \, 2}$，$\cdots$ 为路段 e_h 的各项改造工程成本，则路段 e_h 的总改造成本为：

$$c_{ij}^{a, \, re} = c_{ij}^{a, \, 1} + c_{ij}^{a, \, 2} + c_{ij}^{a, \, 3} + \cdots, \ v_i, \ v_j \in V, \ a \in M \qquad (9-19)$$

考虑联运过程中路段与节点的改造可能性，长大货物的联运总成本包含运输成本与线路改造成本、换装成本与节点改造成本：

$$C = \sum_{j=1}^{n} \sum_{i=1}^{n} \sum_{a=1}^{3} (c_{ij}^a x_{ij}^a + c_{ij}^{a, \, re} z_{ij}^a) + \sum_{i=1}^{n} \sum_{b=1}^{3} \sum_{a=1}^{3} (c_i^{ab} y_i^{ab} + c_i^{ab, \, re} z_i^{ab}) \qquad (9-20)$$

综上所述，考虑联运过程中路段与节点的改造可能性，以总成本最小为优化目标，构建基于改造的长大货物联运路径优化模型(M2)：

$$\min C = \sum_{j=1}^{n} \sum_{i=1}^{n} \sum_{a=1}^{3} (c_{ij}^a x_{ij}^a + c_{ij}^{a, \, re} z_{ij}^a) + \sum_{i=1}^{n} \sum_{b=1}^{3} \sum_{a=1}^{3} (c_i^{ab} y_i^{ab} + c_i^{ab, \, re} z_i^{ab}) \qquad (9-21)$$

s. t. 式(9-12)~式(9-19)

9.1.2.3 基于干扰度的长大货物联运路径优化模型

长大货物联运对正常运输存在干扰影响，因此，本小节将考虑长大货物联运对正常运输的干扰影响，通过构造干扰度函数，量化长大货物联运对正常运输组织的干扰程度，以干扰度最小为优化目标，构建基于干扰度的长大货物联运路径优化模型。

受货物外形尺寸大、笨重特征的影响，长大货物公路运输时车辆会占道低速行驶，甚至封锁路段行驶；铁路运输时可能需要限速和禁会；水路运输的载货能力明显强于公路与铁路，长大货物联运对正常的水路运输干扰较小，忽略不计。

长大货物联运因限速、路段封锁、禁会等因素而干扰正常运输组织秩序,基于此,本章将结合长大货物联运对正常运输干扰的相关因素,建立干扰度函数,量化长大货物联运对正常运输的干扰程度。

载重长大货物车外形尺寸大,其行驶速度与一般车辆或列车相差较大,导致该运输过程对原运输产生一定的干扰。长大货物联运的干扰度函数如下:

$$I = f_{ij}^1 \cdot x_{ij}^1 + f_{ij}^2 \cdot x_{ij}^2, \quad v_i, v_j \in V \tag{9-22}$$

公路运输过程中,载重长大货物车车身尺寸较宽或者较长,其运行速度与一般车辆相差较大,导致了该运输过程对原交通流产生一定的干扰。由此提出以交通量变化率来衡量长大货物公路运输过程产生的干扰。公路上的交通流较稳定,符合交通流三参数的基本关系,满足式(9-23)

$$q_{ij} = K_{ij} \cdot \bar{v}_{ij}^1, \quad v_i, v_j \in V \tag{9-23}$$

由于运输距离长,一辆长大货物车对原车流密度的影响可忽略不计,因而将由车流平均速度的变化而引起的交通量变化率作为衡量长大货物运输产生的干扰度的指标。交通流的平均速度同时受到了载重长大货物车的尺寸与运行速度的影响。因此,本章将基于长大货物车尺寸与运行速度,得出受载重长大货物车影响后交通流的平均速度。

本章将载重长大货物车的尺寸影响转化为车辆的折算系数。在公路交通量统计中,以小客车为标准车型,将其他车辆以一定的折算系数计算,换算成标准小客车车辆数。本章参考相关文献,通过计算长大货物车与标准车的动态空间的比例来确定长大货物车的折算系数 PCE,如式(9-24)

$$PCE = \frac{(B+H) \times g(v)}{(B_{标} + H_{标}) \times g(v)_{标}} \tag{9-24}$$

其中,B 和 $B_{标}$ 分别为载重长大货物车和标准车的车体宽度,根据《公路工程技术标准》可知,标准小客车的宽度 $B_{标} = 1.8$ m,H、$H_{标}$ 分别为载重长大货物车和标准车在运行时的横向位移,$g(v)$、$g(v)_{标}$ 分别为载重长大货物车和标准车在运行时的动长度,可取车头时距。

本章提出,将载重长大货物车以速度 v_{ij}^1 于公路上行驶等价为有额外 PCE 辆标准小客车以速度 v_{ij}^1 于公路上行驶。基于车货尺寸与速度因素,得长大货物于路段(v_i, v_j)运输后车流的平均速度,如下式

$$\bar{v}_{ij}^{1\prime} = \frac{q_{ij} \cdot \bar{v}_{ij}^1 + v_{ij}^1 \cdot PCE}{q_{ij} + PCE}, \quad v_i, v_j \in V \tag{9-25}$$

若在路段(v_i, v_j)中,部分路段发生管制,完全禁止其他车辆通行,该部分路段将损失所有的交通量。根据式(9-26),可得出长大货物公路运输对正常运输组织在单位运输时间内产生的干扰度,如下式

$$\Delta q_{ij} = \begin{cases} \dfrac{q_{ij}}{q_{ij}} = 1, \ \text{若路段}(v_i, v_j)\text{封闭} \\ \dfrac{q_{ij} - q'_{ij}}{q_{ij}} = \dfrac{K_{ij}(\bar{v}^1_{ij} - \bar{v}^{1\prime}_{ij})}{K_{ij}\bar{v}^1_{ij}}, \ \text{若路段}(v_i, v_j)\text{开放} \end{cases}, \ v_i, v_j \in V \quad (9-26)$$

令路段(v_i, v_j)中封闭的路段长度为r^1_{ij}，考虑长大货物车的尺寸、速度以及发生管制的路段，则长大货物公路运输的干扰度函数为

$$f^1_{ij} = \frac{(q_{ij} - q'_{ij})(s^1_{ij} - r^1_{ij})}{v^1_{ij} \cdot q_{ij}} + 1 \cdot \frac{r^1_{ij}}{v^1_{ij}}, \ v_i, v_j \in V \quad (9-27)$$

长大货物铁路运输过程中，一般会针对货物特点采取限速、禁会措施。铁路的正常运输组织会因限速运行而受到负面影响，限速越严格，其产生的干扰越大；禁会则会导致区间其他运输任务停止，产生的干扰度最大。本章采用模糊控制理论，通过改进的戒上型隶属度函数定量表示长大货物铁路运输对正常运输的干扰影响。超限超重车以低于$v^2_{ij, \min}$的速度运行或禁止会车时，产生的干扰度最大；以速度$v^2_{ij, \max}$运行，对铁路的正常运输组织干扰最小。由此得长大货物铁路运输单位时间内产生的干扰度，如下式

$$\mu^2_{ij} = \begin{cases} g, \ v^2_{ij} \leqslant v^2_{ij, \min} \\ \dfrac{g}{1 + [\alpha(v^2_{ij} - v^2_{ij, \min})]^\beta}, \ v^2_{ij, \min} < v^2_{ij} < v^2_{ij, \max} \end{cases}, \ v_i, v_j \in V \quad (9-28)$$

其中，由于长大货物车通过弯道、道岔时有限速规定，行驶速度可低至 15 km/h，$v^2_{ij, \min}$取 15；长大货物车以 100 km/h 的速度行驶，接近普快货运列车，则$v^2_{ij, \max}$取 100；g为干扰度函数最大值，为保证与公路干扰度函数的一致性，g取 1；α、β为波动参数，影响着干扰度的曲线形式。

令路段(v_i, v_j)禁会的区间里程为r^2_{ij}，考虑限速、禁会情况，则长大货物铁路运输的干扰度函数为

$$f^2_{ij} = \frac{g}{1 + [\alpha(v^2_{ij} - v^2_{ij, \min})]^\beta} \cdot \frac{s^2_{ij} - r^2_{ij}}{v^2_{ij}} + g \cdot \frac{r^2_{ij}}{v^2_{ij}}, \ v_i, v_j \in V \quad (9-29)$$

综上所述，以长大货物联运对正常运输的干扰度最小为优化目标，构建基于干扰度的长大货物联运路径优化模型：

$$(\min) I = \sum_{j=1}^{n} \sum_{i=1}^{n} \left(\frac{(q_{ij} - q'_{ij})(s^1_{ij} - r^1_{ij})}{v^1_{ij} \cdot q_{ij}} + \frac{r^1_{ij}}{v^1_{ij}} \right) \cdot x^1_{ij}$$

$$+ \sum_{j=1}^{n} \sum_{i=1}^{n} \left(\frac{g}{1 + [\alpha(v^2_{ij} - v^2_{ij, \min})]^\beta} \cdot \frac{s^2_{ij} - r^2_{ij}}{v^2_{ij}} + g \cdot \frac{r^2_{ij}}{v^2_{ij}} \right) \cdot x^2_{ij} \quad (9-30)$$

s. t. 式$(9-1)$~式$(9-10)$

9.1.2.4 长大货物联运路径多目标优化模型

前述模型均为单目标模型，仅单独地从成本或干扰度的角度去考虑问题，对于线路与节点改造可能产生的干扰影响也未作考虑。因此，本节将对长大货物联运成本进行分析，同时将线路与节点改造的干扰影响纳入至模型中，以长大货物联运总成本最小、对正常运输的干扰度最小为目标，构建长大货物联运路径多目标优化模型。

由前文可知，长大货物联运总成本由运输成本、换装成本与改造成本构成。但是，托运人常对货物的送达时间具有一定要求，联运总时间应尽可能控制在托运人期望的时间范围内。否则，承运人将因超时而支付额外的惩罚成本。因此，长大货物联运总成本还应包含可能产生的惩罚成本。

长大货物联运时间包含线路运输时间与节点换装时间。在运输过程中，各项线路改造工程需提前完工，如路面扩宽、桥梁加固等。在装载货物前，相应的运输工具和起重设备需提前备好。因而在长大货物联运过程中，线路与节点的改造是在货物达到之前完成，不影响最终的货物交付时间。因此，长大货物联运总时间为：

$$T = \sum_{j=1}^{n} \sum_{i=1}^{n-1} \sum_{a=1}^{3} t_{ij}^{a} x_{ij}^{a} + \sum_{i=1}^{n} \sum_{b=1}^{3} \sum_{a=1}^{3} t_{i}^{ab} y_{i}^{ab} \tag{9-31}$$

长大货物通常应用于大型基础设施项目或工厂生产中，货物送达时间延迟越多，损失也将越大。若延迟过多，可能会造成无法估量的损失。因此，长大货物联运的惩罚成本为：

$$C_{p} = \begin{cases} 0, & T < T_{e} \\ \sigma(T - T_{e}), & T_{e} < T < T_{1} \\ \infty, & T > T_{1} \end{cases} \tag{9-32}$$

综上所述，长大货物联运总成本为：

$$C = \sum_{j=1}^{n} \sum_{i=1}^{n} \sum_{a=1}^{3} (c_{ij}^{a} x_{ij}^{a} + c_{ij}^{a, \text{re}} z_{ij}^{a}) + \sum_{i=1}^{n} \sum_{b=1}^{3} \sum_{a=1}^{3} (c_{i}^{ab} y_{i}^{ab} + c_{i}^{ab, \text{re}} z_{i}^{ab}) + C_{p} \tag{9-33}$$

承运人对长大货物联运总成本具有一定要求，需保证所承担的长大货物联运活动有利可图，因而对于多目标模型，需确保联运总成本应控制在承运人可接受的范围内。因此，长大货物联运的成本约束为：

$$C < C_{e} \tag{9-34}$$

长大货物联运对正常运输秩序存在干扰影响，尤其是对公路运输与铁路运输的秩序，同样地，线路与节点的改造亦会对正常运输秩序产生干扰影响。改造的干扰影响的大小因改造的对象、工程量大小、时间等不同而有所差异，有的改造产生的影响可能极大，因而线路与节点改造的干扰影响不可忽略。

改造可能是对线路线型的改造，也可能是对沿路侵入限界的交通牌等的清除，干扰度可能极大，也可能很小。每一个改造的情况均不同，产生干扰影响的大小不一，难以统一定量衡量。因此，提出改造的干扰度参数 ε_{ij}^{a}、$\varepsilon_i^{ab} \in (0,1)$，由相关决策人员根据改造的具体情况设值，以定量衡量干扰水平；并令改造时间的长短为干扰影响的持续时间，则长大货物联运过程改造的干扰影响为：

$$\varepsilon_{ij}^{a} = \varepsilon_{ij}^{a,1} t_{ij}^{a,1} + \varepsilon_{ij}^{a,2} t_{ij}^{a,2} + \varepsilon_{ij}^{a,3} t_{ij}^{a,3} + \cdots, \ v_i, \ v_j \in V, \ a \in M \tag{9-35}$$

$$I_\varepsilon = \sum_{j=1}^{n} \sum_{i=1}^{n} \sum_{a=1}^{3} \varepsilon_{ij}^{a} z_{ij}^{a} + \sum_{i=1}^{n} \sum_{b=1}^{3} \sum_{a=1}^{3} \varepsilon_i^{ab} z_i^{ab} \tag{9-36}$$

其中，$\varepsilon_{ij}^{a,1}$，$\varepsilon_{ij}^{a,2}$，$\cdots$ 为路段 e_h 因各项改造工程而产生的对正常运输的干扰度。

综上，长大货物联运对正常运输的总干扰度为

$$I = \sum_{j=1}^{n} \sum_{i=1}^{n} \left(\frac{(q_{ij} - q'_{ij})(s_{ij}^1 - r_{ij}^1)}{v_{ij}^1 \cdot q_{ij}} + \frac{r_{ij}^1}{v_{ij}^1} \right) \cdot x_{ij}^1$$

$$+ \sum_{j=1}^{n} \sum_{i=1}^{n} \left\{ \frac{g}{1 + [\alpha(v_{ij}^2 - v_{ij,\min}^2)]^\beta} \cdot \frac{s_{ij}^2 - r_{ij}^2}{v_{ij}^2} + g \cdot \frac{r_{ij}^2}{v_{ij}^2} \right\} \cdot x_{ij}^2 + I_\varepsilon \tag{9-37}$$

考虑限界、桥梁承载能力、曲线半径与节点换装能力等因素，在确保联运总成本在承运人可接受的范围的前提下，以长大货物联运总成本最小与总干扰度最小为优化目标，最终构建出长大货物联运路径多目标优化模型（M4）：

$$\min C = \sum_{j=1}^{n} \sum_{i=1}^{n} \sum_{a=1}^{3} (c_{ij}^{a} x_{ij}^{a} + c_{ij}^{a,\text{re}} z_{ij}^{a}) + \sum_{i=1}^{n} \sum_{b=1}^{3} \sum_{a=1}^{3} (c_i^{ab} y_i^{ab} + c_i^{ab,\text{re}} z_i^{ab}) + C_\text{p}$$

$$\tag{9-38}$$

$$\min I = \sum_{j=1}^{n} \sum_{i=1}^{n} \left(\frac{(q_{ij} - q'_{ij})(s_{ij}^1 - r_{ij}^1)}{v_{ij}^1 \cdot q_{ij}} + \frac{r_{ij}^1}{v_{ij}^1} \right) \cdot x_{ij}^1$$

$$+ \sum_{j=1}^{n} \sum_{i=1}^{n} \left\{ \frac{g}{1 + [\alpha(v_{ij}^2 - v_{ij,\min}^2)]^\beta} \cdot \frac{s_{ij}^2 - r_{ij}^2}{v_{ij}^2} + g \cdot \frac{r_{ij}^2}{v_{ij}^2} \right\} \cdot x_{ij}^2 + I_\varepsilon \tag{9-39}$$

s. t. 式（9-12）~式（9-19），式（9-31）~式（9-36）

考虑长大货物联运路径优化限制要素，以线路限界、桥梁承载能力、曲线半径、节点换装能力作为约束，提出长大货物联运路径基础模型 M1；随后考虑联运过程中路段与节点的改造可能性，增加改造决策变量，以联运总成本最小为优化目标，提出基于改造的长大货物联运路径优化模型 M2；进而通过构造干扰度函数，量化长大货物联运对正常运输组织的干扰程度，并以干扰度最小为优化目标，构建基于干扰的长大货物联运路径优化模型 M3；最后，结合模型 M1、M2 与 M3，综合分析长大货物联运成本与干扰度，最终以长大货物联运总成本最小与总干扰度最小为目标，构建长大货物联运路径多目标优化模型。

9.2　长大货物联运多路径算法设计

本章将考虑货物联运特征,将原运输网络拓扑为多棱柱虚拟网络;基于多棱柱虚拟网络,结合 KSP 算法,设计联运多路径算法;最终根据长大货物联运的特点,提出长大货物联运多路径算法。

9.2.1　算法思路

长大货物联运是一项复杂的系统工程,其路径优化涉及因素众多,对运输环境有极高的要求。长大货物运输耗资大、耗时长,其运输环境极有可能发生变化,仅一个方案难以适应可能发生变化的运输环境。长大货物运输方案确定前,相关各方会召开协调会,商讨具体的运输路径。本章所提的多组方案,可作为他们决策的基础,再基于具体运输环境、决策偏好等情况进行商讨决定,以提升决策效率。方案制定到执行,间隔的时间常常较长,运输环境复杂多变,存在风险使得方案受到影响。因而常需要提供多个路径方案以作备选。因此,本章提出长大货物联运多路径算法,以求解多组联运方案,供决策支持。

长大货物联运亦是一种多式联运,且长大货物联运更为复杂,因而首先针对联运多路径问题进行研究。多式联运涉及多种运输方式,更换运输方式是多式联运的重要环节之一,这使得联运多路径的求解较为困难。为了计算需要,同时更直观地表达联运过程,本章将运输节点化为多个虚拟节点,构建多重路网,将多式联运网络结构拓扑为多棱柱网络,并提出多棱柱虚拟网络构造算法。为了得到多组联运方案,本章将原问题转化为 K-最短路问题,引入 KSP 算法(Yen 算法),结合三棱柱虚拟网络,设计基于 D-Yen 的联运多路径算法。D-Yen 算法求解速度较慢,因而引入 A * 算法,以优化联运多路径算法,得到基于 A-Yen 的联运多路径算法。本章所研究的问题是具有成本约束的联运多路径问题,亦是带约束的 KSP 问题,可通过增加阈值以优化 A-Yen 算法,提升算法性能,得基于 AB-Yen 的联运多路径算法。

长大货物联运多路径问题与联运多路径问题相似,涉及的联运过程相近,求解算法亦是相通的。因此,基于长大货物联运的特征,结合联运多路径算法,最终提出长大货物联运多路径算法。

综上,算法设计思路为:设计多棱柱网络构造算法以将平面运输网络转化为多棱柱虚拟网络;基于虚拟网络,改进 Yen 算法,提出 D-Yen 算法,引入 A * 算法与设置阈值,优化 D-Yen 算法,分别得到 A-Yen 算法与 AB-Yen 算法;最后考虑长大货物联运特征，设计长大货物联运多路径算法。算法设计思路流程如图9-2所示。

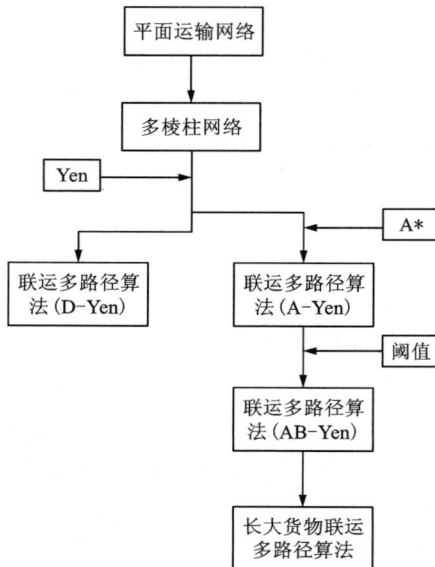

图 9-2　算法设计思路流程

9.2.2　多棱柱虚拟网络构造算法设计

对于多式联运网络问题，将节点划分为多个虚拟节点，或将边划分为多条虚拟边是常有的处理方式，但是多重点的方式无法表示出不同的运输方式，多重边的方式无法表达换装过程。为了保留运输方式和中转节点等信息，本章提出了多棱柱网络构造算法，以将长大货物联运路网改造为包含多重路网与换装信息的类似于多棱柱的运输网络拓扑结构。若某运输过程涉及 m 种运输方式，则将每个节点分为 m 个虚拟节点进行转运，并把具有相同运输方式的虚拟点相连，以形成具有多重路网的虚拟网络。若 m 为 3，则该虚拟网络称为三棱柱网络；如果 m 为 4，则称为四棱柱网络，依此类推。这些虚拟网络被统称为多棱镜网络。以三棱柱、四棱柱与五棱柱网络为例，这些虚拟网络的构造过程如图9-3所示。多棱柱虚拟网络构造算法如下：

输入：原网络 $G1=(V,E,M)$；

输出：多棱柱网络 $G2=(V',E^1,E^2,M)$。

Step1：将节点 $v_i\in V$，$i=1,2,\cdots,n$ 划分为 m 个虚拟节点，转化为虚拟点集

$V_i = ((i-1) m, (i-1) m+1, \cdots, (i-1) m+m-1)$, $i = 1, 2, \cdots, n$, 并令 $V' = V_1 \cup V_2 \cup \cdots \cup V_n$;

Step2：虚拟点集合 V_i, $i = 1, 2, \cdots, n$ 内顶点相互连接，形成边集 $E_i^1 = \left\{ \begin{array}{l} ((i-1) m, (i-1) m+1), ((i-1) m, (i-1) m+2), \cdots, ((i-1) m, (i-1) m+m-1), \\ \cdots ((i-1) m+m-2, (i-1) m+m-1) \end{array} \right\}$,

$i = 1, 2, \cdots, n$, 令 $E^1 = E_1^1 \cup E_2^1 \cup \cdots \cup E_n^1$;

Step3：对任意边 $e_h = (i, j) \in E$, $h = 1, 2, \cdots, l$, 原节点 v_i、v_j 对应的虚拟点间相互连接，形成虚拟边集 $E_h^2 = \{ ((i-1) m, (j-1) m), ((i-1) m+1, (j-1) m+1), \cdots, ((i-1) m+m-1, (j-1) m+m-1) \}$, 令 $E^2 = E_1^2 \cup E_2^2 \cup \cdots \cup E_l^2$;

Step4：对各边赋权，形成多棱柱网络 $G2 = (V', E^1, E^2, M)$。

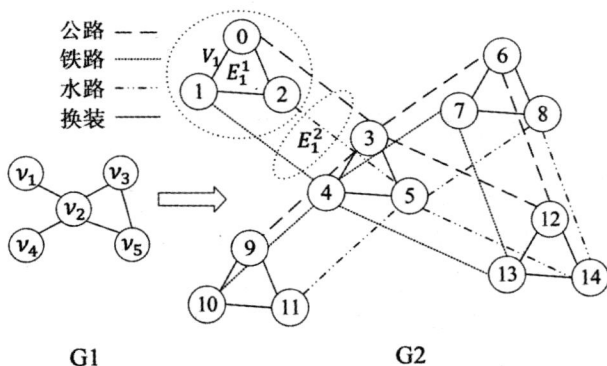

(1) 三棱柱网格

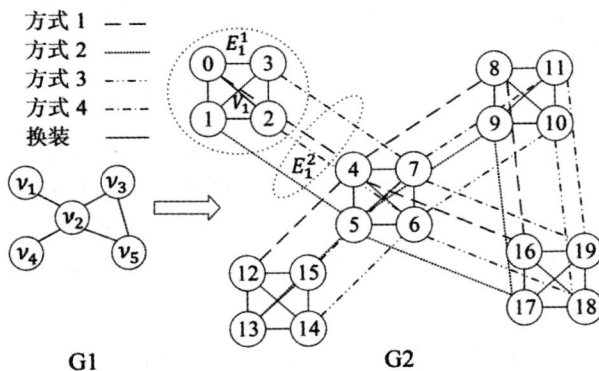

(2) 三棱柱网络

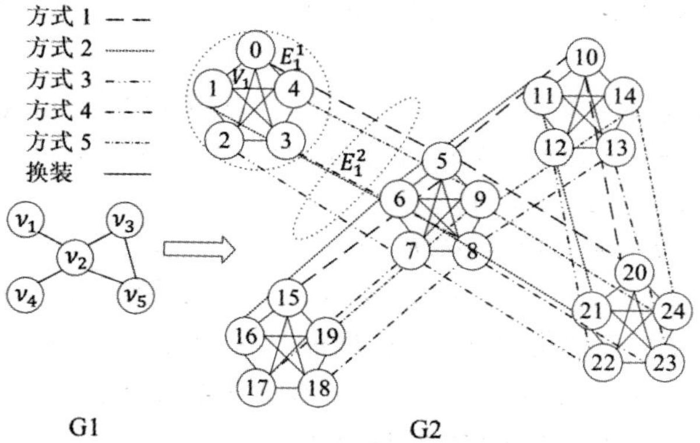

图 9-3　三棱柱网络的构造过程

9.2.3　基于 D-Yen 的联运多路径算法设计

K-最短路问题是最短路问题的延伸，除了求出最短路，还需求出次最短路，第三条最短路，直至第 K 条最短路。KSP 算法已有较多人研究，例如 Yen，Eppstein，Husain 等。其中，Yen 提出了一种应用于无环、无向网络的偏离路径算法——Yen 算法。在长大货物联运过程，可能会发生绕行，因此长大货物联运网络图是无向图。并且，为避免重复运输，所求路径应是无环的。因此，本章引入Yen 算法以求解问题。

Yen 算法由 Yen 在 1971 年提出。Yen 算法中涉及偏离路径这一重要的概念。令 $p_x = \{v_1, \cdots, v_i, \cdots, v_n\}$ 为网络的第 x 条最短路，删去点 $v_{i+1} \in \text{Out}(v_i)$ 且 $\in p_x$，取点 $v_i \in p_x$ 与 $v_j \in \text{Out}(v_i)$ 且 $\notin p_x$，若点 v_i 到 v_n 的最短路径spur_i^x 包含 v_j，则称 v_i 为偏离节点，边 (v_i, v_j) 为偏离边，spur_i^x 为偏离路径。Yen 算法的基本过程为：首先，通过 Dijkstra 算法求出起点 v_1 到终点 v_n 的第一条最短路 p_1，并存于集合 P 中。接着，取第 k 条最短路径 p_k 中除了 v_n 之外的节点 v_i 作为偏离节点，计算路径 v_i 到 v_n 的最短路spur_i^k，其中偏离边 (v_i, v_j) 不属于集合 $P = \{p_1, p_2, \cdots, p_k\}$ 中的任一路径。将 p_k 中的 v_1 到 v_i 的根路径root_i^k 与偏离路径spur_i^k 连接，构成 p_{k+1} 的候选路径，并存于候选集 CPaths 中。最后，从候选集 CPaths 中选出最短的路径成为第 $k+1$ 条路径 p_{k+1}，直至 $k=K$。Yen 算法适用于单一运输方式的 KSP 问题，需要对 Yen 算法进行改进以求解关于长大货物联运的 KSP 问题。

Yen 算法仅适用于单一运输方式的 K-最短路问题，无法处理联运问题。为了求解关于长大货物联运的 KSP 问题，本节将 Yen 算法与上节所提多棱柱网络构造算法相结合，提出基于 KSP 的长大货物联运路径算法。但是，应用 Yen 算法计算基于多棱柱网络的 K 条最短路径时，可能发生一个节点换装多次的情况。以图 9-4 为例，图中所示网络的第 K 条最短路径为 0-3-4-5-8-6。虚拟节点 3、4 和 5 同时出现在第 K 条最短路上，并且它们均属于节点集 V_2，这意味着长大货物在节点 v_2 换装两次，与实际情况不符。Yen 算法是偏离路径算法，每一条新的最短路径均是通过将根路径与偏离路径连接而获得的。但是，根路径与偏离路径的搜索过程是相互独立的，如此可能导致偏离节点（虚拟）与其路径上的前继节点、后继节点同属一个节点集。因此，为了避免上述现象，当从偏离节点（虚拟）$\mu \in V_i$ 开始搜索下一个虚拟节点时，需判断偏离节点 μ 与其在根路径上的前继节点 $\mu.\mathrm{pre}$ 是否位于同一节点集 V_i，若是，则需删除边 (μ, λ)，$\lambda \in \{\lambda \mid j \in V_i, \lambda \neq \mu, \lambda \neq \mu.\mathrm{pre}\}$，以确保同属于一个节点集的虚拟节点在同一路径中最多出现两个。

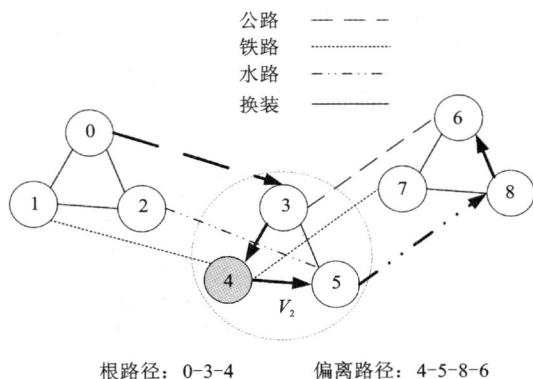

图 9-4　二次换装路径图

　　根据 Yen 算法的思想与多棱柱网络构造算法，提出基于 KSP 的长大货物联运算法。长大货物联运涉及三种运输方式，因而该算法将一般网络转化为三棱柱虚拟网络，基于三棱柱网络计算满足成本、时间约束的 K 条最短路 $p_k = \{s, \cdots, \mu, \cdots, t = n*m-1\}$，$k = 1, 2, \cdots, K$，权重 $C(p_k) \leq C(p_{k+1})$。本章所提长大货物联运路径优化问题还涉及成本约束，因此，计算长大货物联运路径时还需增加筛选过程，以得到满足成本约束的 K-最短路。计算三棱柱虚拟网络最短路时，需对偏离节点 dev 进行检验判断，即检验虚拟节点集 V_i 中的三个顶点是否存在于同一路径中，以避免同一节点换装两次的现象。因此，为保证路径无环，偏离节点 dev 至终点 t 的最短路 $\mathrm{spur}_{\mathrm{dev}}^{k}$ 不能包含当前最短路径 p_k 上从起点至偏离节点 dev 之间的任意虚拟节点，同时，为避免与前 k 条路径重复，从节点 dev 发出的边（dev, Out(dev)）不能与前 k 条最短路上从 dev 发出的边相同。本章以倒序的方式选取偏离节点，相对正序的方式，倒序改变网络图的次数更少，实际运算时更快。综上，基于 D-Yen 的联运多路径算法（D-Yen）的流程如图 9-5 所示。

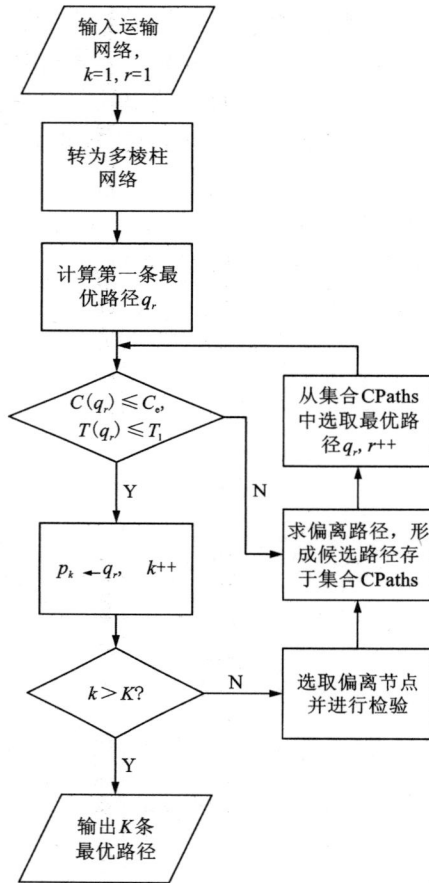

图 9-5　联运多路径算法（D-Yen）流程

9.2.4　基于 A ∗ 算法的联运多路径算法设计

9.2.4.1 基于 A-Yen 的联运多路径算法

应用 9.2.3 节所提 D-Yen 算法求解联运多路径问题时，需对大量的候选路径进行求解计算。大量的候选路径求解即需搜索大量的偏离路径，而对这些偏离路径的搜索过程需耗费大量时间，且这部分的时间占总运行时间比重大。因此，本节将通过引入 A ∗ 算法，替代 Dijkstra 算法来计算偏离路径，通过 A ∗ 算法中的启发式函数，加快偏离路径的搜索。

P. E. Hart 等人于早期提出了著名的 A* 算法，该算法是一种高效的寻路算法。A* 算法中设置了一个估算函数 $F(\mu) = G(\mu) + H(\mu)$，其中，$F(\mu)$ 是各个节点的估算值，由 $G(\mu)$、$H(\mu)$ 这两部分构成；$G(\mu)$ 为起点 s 至当前节点 μ 的代价，$H(\mu)$ 为当前节点 μ 至终点 t 的估计值。算法的基本思路如下：

（1）创建用于存储扩展节点的列表 Start，将起点 s 存于此，创建用于存储未扩展节点的列表 End。

（2）从 Start 中取 F 值最小的节点 v 并删除，添至 End 中。

（3）遍历 v 的相邻节点 v'，对既不存于 Start 也不存于 End 的相邻节点，更新 $G(v')$、$H(v')$ 与 $F(v') = G(v') + H(v')$，v 作为 v' 的父节点；对于存于 Start 的相邻节点，判断原来的 $G(v')$ 与更新后的 $G'(v')$ 的大小关系，若 $G(v') > G'(v')$，则 $G'(v')$ 赋值给 $G(v')$，更新 $H(v')$ 与 $F(v')$，v 作为 v' 的父节点，否则估算函数不变。

（4）重复（2）~（3），直至在 Start 中取出的 v 为 t。

$H(\mu)$ 是 A* 算法最核心的部分，是一个启发式函数。$H(\mu)$ 的设计直接影响着求解的效率与精度。假设当前点 μ 至终点 t 的实际代价为 $H^*(\mu)$，若 $H(\mu) < H^*(\mu)$，即可完全保证问题求解的精度，一定能得到问题的最优解，并且 $H(\mu)$ 越接近于 $H^*(\mu)$，求解的效率越高。

由 A* 算法替代 Dijkstra 算法的联运多路径算法称为 A-Yen 算法。A-Yen 算法关键部分在于确定如何设计 $H(\mu)$。$H(\mu)$ 常设计为曼哈顿距离与欧式距离，前者为两点在标准坐标系上的绝对轴距，后者为两点间的直线距离。本章中的运输节点是地理上的实际点，运输节点间的路段为曲折的直线或曲线，则运输节点间的实际的地理距离一定小于欧式距离，但是不一定小于曼哈顿距离，因此本章将启发式函数 $H(\mu)$ 设置为欧式距离。运输节点均为地理上的实际点，其经纬度容易获取，因而利用经纬度通过 Haversine 公式以近似计算两节点间的欧式距离。

9.2.4.2 基于 AB-Yen 的联运多路径算法

相较于一般的 KSP 问题，求解联运多路径问题时需计算更多的候选路径。这是因为 D-Yen 算法中有两个筛选过程。一是从候选路径集 CPaths 中筛选出最短路径；二是从最短路集合 P 中筛选出满足成本、时间约束的路径。为了减少候选路径的数量以提高计算性能，本章通过设置阈值 C_b、T_b，在偏离路径的搜索过程中便保证所得候选路径满足成本约束。

阈值 C_b、T_b 定义为：$C_b = C_e - \mathrm{root}_\mu^k.\mathrm{cost}$，$T_b = T_e - \mathrm{root}_\mu^k.\mathrm{time}$，其中 $\mathrm{root}_\mu^k.\mathrm{cost}$ 为根路径的联运成本值，$\mathrm{root}_\mu^k.\mathrm{time}$ 为根路径的联运时间值。在形成偏离路径的过程中，通过 T_b 判别是否产生惩罚成本，每一次虚拟节点的选择都应保证所搜索偏离路径的联运成本值不超过阈值 C_b。如图 9-6 所示，节点 1、6 分别为起终

点，求解某一次候选路径时的根路径 root 为 1-2，偏离节点 dev = 2 对应的阈值为 $C_b = C_e$-root. cost。取节点 3 作为偏离节点 dev 的后继节点，得部分偏离路径 $p =$ {3，4}。若路径总成本 $C(p) > C_b$，则该路径一定不满足约束，无须继续搜索下一节点，直接剔除，否则，选取节点 3 的相邻节点继续求解。而原来的求解过程则需搜索至终点 6，形成完整的备选路径后才对路径的成本约束进行判别，耗费很多的时间。通过增加阈值，提前进行约束判别，避免了不必要的计算。

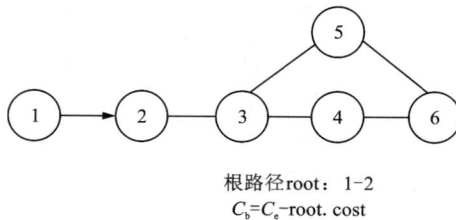

根路径root：1-2
$C_b = C_e$-root. cost

图 9-6 阈值的应用

上述过程将完整路径的外部成本约束转换为偏离路径的内部约束，减少偏离路径的搜索时间，从而提升整个算法的效率。包含阈值的联运多路径算法称为 AB-Yen 算法，其中，偏离路径的搜索算法步骤如下：

输入：$G = (V', E^1, E^2, M)$，偏离节点 dev，终点 t，根路径 root_{dev}^k；

输出：偏离路径 spur_{dev}^k。

Step1：计算阈值 $C_b = C_e - \text{root}_{dev}^k$. cost，$T_b = T_e - \text{root}_{dev}^k$. time；

Step2：生成空列表 Start 与 End，偏离节点 dev 存于 Start 中；

Step3：当 Start 不为空时，执行 step3. 1～3. 3：

Step3. 1：从 Start 中选取 F 值最小的节点 v；

Step3. 2：若 $v = t$，则直接转 Step4，否则执行下一步；

Step3. 3：对节点 v 的每一个相邻节点 v'，执行 step3. 3. 1～3. 3. 4，直到所有相邻节点 v' 均被执行，返回 step3. 1：

Step3. 3. 1：temp1 = $G(v)$+cost(v, v')，判断 $T(v)$+time(v, v') 与 T_b 的大小关系，若前者大于后者，则 temp2 = temp1 + $(T(v)$+time$(v, v') - T_b) * \sigma$，否则 temp2 = temp1；

Step3. 3. 2：判断 temp2 < C_b，若是，则执行下一步，否则返回 step3. 3. 1；

Step3. 3. 3：若 v' 不属于 Start 也不属于 End，则计算 $H(v')$，$G(v') = \text{temp1}$，$T(v') = T(v)$+time(v, v')，$F(v') = G(v') + H(v')$，并令 v 为 v' 的父节点，即 v'_father←v，且 v' 存入 Start 中，转 Step3. 3；

Step3. 3. 4：若 v' 属于 Start，判断 temp1 < $G(v')$，若是，则 $G(v') = \text{temp1}$，

$F(v') = G(v') + H(v')$，$T(v') = T(v) + \text{time}(v, v')$，并令 v 为 v' 的父节点，若 v' 不属于 Start，则转 Step3. 3；

Step4：利用各节点的父节点进行回溯，得到路径 $\text{spur}_{\text{dev}}^k$。

9. 2. 5　长大货物联运多路径算法

长大货物联运不同于一般货物的多式联运，长大货物联运涉及改造环节，并会对正常运输产生干扰影响。基于长大货物联运的特征，对联运多路径算法进行修改，最终提出长大货物联运多路径算法。

基于长大货物联运多路径问题，提出两个函数：一个是成本函数 $F(\mu)$；另一个是时间函数 $T(\mu)$。成本函数为 $F(\mu) = G(\mu) + H(\mu)$，其中 $G(\mu) = C1(\mu) + C2(\mu)$，函数 $C1$ 为从起点 s 到节点 μ 的联运成本，$C2$ 是从起点 s 到节点 μ 的改造成本；$H(\mu)$ 为节点 μ 至终点 t 的估计成本，通常定义为欧几里得距离，但其单位与成本不同。因此，将 $H(\mu)$ 定义为：$H(\mu) = \text{dist} * w * vc + fc$，其中 dist 是利用经纬度计算的实际直线距离，w 是长大货物的重量，vc 与 fc 分别为与距离、货物重量相关的可变成本以及与长大货物的装载情况相关的固定成本。时间函数 $T(\mu)$ 为从起点 s 至节点 μ 的联运时间。

本章所研究的长大货物联运问题为多目标优化问题，分别以联运总成本最小、总干扰度最小为目标。成本与干扰度的量纲不同，不便进行加和处理；从代理人的角度看，成本目标优先于干扰度目标。因此，本章将根据宽容分层序列法的思想处理多目标模型，以总成本最少为第一优化目标，干扰度最小为第二优化目标，确保联运总成本不超多承运者预期的前提下最大程度降低对正常运输的干扰影响。长大货物联运多路径算法具体步骤如下：

输入：输入长大货物运输网络 $G1$ 及其线路节点信息，调用算法 9. 2. 2 构建三棱柱网络 $G2$，根据约束条件筛选路段与节点；

输出：输出长大货物联运路径最佳方案与方案组；

Step1：$k = 1$，$r = 1$，求第一条最短路 q_r；

Step2：计算路径的总时间 $T(q_r)$，判断 $T(p_k) < T_1$，若返回真，则存于集合 Paths $= \{p_1, p_2, \cdots, p_k\}$ 中，$k = k + 1$；

Step3：删去路网 $G2$ 中属于路径 q_r 的各路段；

Step4：以倒序的方式，依次选取除终点外在路径 q_r 上的各虚拟节点作为偏离系节点 dev；

Step5：检验虚拟节点 dev。删去所有出现在 q_r 上的关于偏离节点 dev 的 (dev, Out(dev))，调用算法 9. 2. 2 判断 dev 与其前继节点 dev. pre $\cdot q_r$ 是否同属于一个三角形顶点集 V_{dev}，若是，则删去路段 (dev, v)，$v = \{v | v \cdot V_{\text{dev}}, v \neq \text{dev}, v$

$\ne \text{dev}^r.\,\text{pre}\}$，否则，直接转下一步；

Step6：利用偏离路径搜索算法计算 dev 至 t 的最短路 $\text{spur}_{\text{dev}}^r$，并与 $\text{root}_{\text{dev}}^k = \{s, \cdots, \text{dev}\} \subset q_r$ 相连，作为候选路径存于集合 CPaths 中；

Step7：恢复与 dev 相连的线路，重复 step4 至 step6，直到路径 q_r 上的点取完；

Step8：将路径 $\min \{C(q_x) \mid q_x \in \text{CPaths}\}$ 作为路径 q_{r+1}，恢复所有被删去的路段，$r = r+1$，重复 step2 至 step7，直到 $k = K$；

Step9：根据符合约束条件的路径集合 $\{p_k\}$，$k = 1, 2, \cdots, K$，计算各路径的总成本与干扰度；根据宽容序列法，确定干扰度最小的方案；调用算法 9.2.2，将各虚拟顶点恢复为原节点与对应运输方式。

第 10 章
考虑修建临时码头的长大货物联运网络路径规划

长大货物运输常需要对现有路网进行改造，可能是线路改造，拆除沿途控制设备、加固路基桥梁、疏浚航道等；也可能是节点改造，长大货物在不同运输方式间须进行换装，对于换装能力不能满足需求的节点需要进行相应改造。除此之外，优化联运网络也可以通过新修建临时换装节点的方式，使线路资源得到更充分利用，从而降低运输成本。

水路运输条件与陆路运输条件相比限制较少，通行环境较好，航道对通行高度、宽度、重量等约束较小，一般来说，水路改造难度和改造费用低于陆路运输，加上水路的运输成本本就远低于陆路运输成本，所以总体来说，水路运输相较陆路运输在成本上占有显著优势，同时说明了充分占用水路资源的重要性。一般货流量较大的沿海或者河道都有港口码头，而长大货物运输大多基于工程项目，目的地通常在较为偏僻、陆路交通不怎么发达的地方，或者是新开发的工地，临近并没有可用的靠泊换装码头，实现长大货物通过陆路交通进行运输费用巨高、代价极大，所以为了最终达到货物安全经济通行的目的须在附近选址建造码头。考虑到长大货物运输非永久性的，因此码头也选用临时性的。综上，新修建临时换装节点时应侧重考虑水路与陆路的换装节点，即新建临时码头。

在长大货物运输过程中是否有新修建临时码头的必要，首先需要判断是否有合适的码头地址，即判断码头建设的可行性，然后再根据得到的备用码头地址，分别算出码头建设所带来的整个运输成本的缩减，以此作为最终判定长大货物运输新建临时码头必要性的依据。

10.1　长大货物联运临时码头选址方案决策

10.1.1　临时码头选址方案指标体系

1)临时码头的选址原则

为了确保长大货物运输、换装的安全、可靠，需对初拟的多个临时码头地址就自然条件、船舶进出港、靠泊装卸的条件及其对周边的影响等进行对比研究，选择初步的具备新建临时码头条件的地址，为后期分析新建临时码头对整个运输成本的缩减程度做准备。

要对初拟的多个临时码头地址进行科学、客观分析决策，就必须要构建一套合理的临时码头地址选取的指标体系，决策指标体系的建立基于每个决策指标的确定，决策指标的选取直接影响决策结果。临时码头选址方案的决策指标选取主要遵循以下原则：

(1)科学客观性原则。决策指标体系的建立必须符合客观事实，具备相应的理论依据，每一个指标的选择都有充分的理由，坚持实事求是客观中立的原则，尽可能使得选择的指标能够反映在长大货物多式联运的背景下考虑进行临时码头新修建的特点，并且决策指标与相应的计算都必须以科学理论为依据，能够通过合理的方式进行量化。

(2)系统全面性原则。临时码头选址需要考虑自然条件，同时也要考虑与其他运输方式的衔接以及对周边的影响等，决策指标体系是一个包含了多种因素、需要权衡多目标的复杂体系。选取的指标需要确保最终所建立的体系既可以反映系统内部逻辑，又能反映系统与外部的相互作用和相互影响。

(3)可操作性原则。临时码头选址决策指标的选取，不仅仅要考虑其特点和决策目标，而且要考虑选取指标的可得性、可行性。决策指标可以从目前能获取到的实际资料或者数据中提取或者挖掘出来，是具有可操作性的，不是只停留在理论层面的，以实际资料或数据为基础的研究，才能获得实际有效的结果，使决策更真实客观。

(4)典型性原则。务必保证影响临时码头选址决策的指标是具有代表性的、典型的，能最大可能地体现出在特定的背景下进行决策的特征特点，不能过于繁多过于细碎，这会使得指标之间重叠性较大，但是也不能过于简单，要能反映真实特点和状况。

临时码头选址方案决策指标体系的建立是决策的前提，也是其中至关重要的部分，要建立一套客观合理的、科学可靠的临时码头选址方案指标体系一般要经过下面步骤：

（1）初步选取决策指标。首先要对在长大货物多式联运背景下新建临时码头选址方案决策的影响因素进行深入的调查与剖析，依据临时码头选址的特定目标，指导临时码头选址的因素分解，将产生的各个层面下的因素转化为相应的决策指标，然后基于前面所述的决策指标选取的原则进行初步选取。

（2）建立决策指标体系。经过第一个步骤对临时码头选址方案决策指标进行初步选取；然后对其进一步优化，广泛征求决策相关领域的专家的意见和建议，统筹专家经验建议以及既有的资料和数据对初步分离选取的决策指标集合进行深度筛选和完善；最终建立客观合理的、科学可靠的临时码头选址方案决策指标体系。

2）临时码头选址方案指标分析

国内外没有针对长大货物运输的港址选择作出要求和规范，而且长大货物运输中的工程项目运输不是持续永久的运输，故而考虑新修建的是临时可供换装的码头，跟一般的港址选择有相通之处，但也存在差异，考虑的侧重点有些不同。对临时码头选址决策指标进行分析，首先借鉴一下国内外对港址选择的基本要求，再结合长大货物运输的背景对临时码头选址指标进行具体剖析。

虽然国内外没有完全符合本书研究内容的规范和要求，但已有的河港规定可作为长大货物临时码头选址的参考，再结合现有的对长大货物运输过程中临时码头建设的相关文献，确定在建立临时码头选址方案备选集合时需要考虑的多方面因素。

一般来说，货运量比较集中的航道都有可以直接利用的装卸码头，而长大货物大多是运送到较为偏远、陆路交通相对不发达的地方，其运输会充分发掘利用水路，因此新修建临时码头大多是针对中小河流。由于我国经济技术快速发展，人类社会活动对河道局部的影响日益增大，对于数目极为繁多的中小河流来讲，城市用地规划、发展规划、安全等条件的约束有时更甚于自然条件的限制。因此，有必要统筹考虑自然条件以及其他方面的重要因素，选择出一套备选的码头选址方案，使得码头选址在当前各种因素制约情况下具有建设的可行性。结合长大货物运输的实际情况，确定临时码头选址要考虑的因素如下：

（1）自然条件。不适合在风浪流较大，河势、地质条件较差的地区选择建设场地，以确保货物的运输安全。

（2）距离货运目的地远近。码头到厂区道路越近越经济，应尽量延长水路运输，提高水路在整个运输过程中的比重，充分发挥水运优势，更有可能降低运输总费用；到厂区道路应满足相关的转弯半径、宽度要求。

（3）当地的城市规划、用地规划。若建设码头与规划功能不符，将在土地指标、建设程序、投资金额等方面导致建设难度大幅增加。

（4）配套设施。可利用的进港道路长，给排水、供电和通信等设备齐备，配套设施投资少，会减少码头的建设费用。

（5）环境保护。要求对环境的影响不能是永久性的。基于以往的运输实际，临时码头的建设可能会对原本的自然岸线有所改变，影响水域的状态，临时码头施工会加大水体浑浊程度，改变水体底质环境，并使得水流悬浮物增加，水的自净能力下降。但是一般来说这些都是暂时性的，都是可以恢复的。在临时工程的使用结束，对其进行处理之后，基本可以恢复到原先的环境状态。因此，在环境保护方面的权重可以适当减小。

3）临时码头选址方案指标体系构建

长大货物联运网络临时码头选址指标体系如表 10-1 所示。

表 10-1　长大货物联运网络临时码头选址指标体系

目标层	指标层	子指标层
临时码头选址评价	自然环境	靠泊条件
		气象条件
		水文条件
		地形条件
		地质条件
	城市条件	多式联运连接的便利性
		水电等供给条件
		对土地规划的影响
	经营环境	与站址距离
		竞争环境
		腹地范围
		对本地区及腹地产业链发展的作用
	环境保护	对水域的污染
		对周边环境的影响

10.1.2　临时码头选址方案决策模型

为了对所有的临时码头选址方案进行一个优劣排序并从中选择出选址备选集，根据分析所得的在长大货物联运背景下进行临时码头选址的影响因素，针对决策特点，构建临时码头选址方案的多级指标体系，并建立了相应的以综合属性值为目标函数的决策模型，提出了针对多因素多属性，统筹各个决策指标对方案整体相互影响的模糊综合决策方法。最终借助各级指标之间的权重，以及指标量化数值，对初拟的选址方案进行评价比选。

为了便于描述，首先对临时码头选取模型涉及的符号进行定义：

n——临时码头选址方案的个数；

m——决策指标总数；

A_i——第 i 个选址方案，构成选址方案集 $A = \{A_1, A_2, \cdots, A_n\}$；

R'——初始属性决策矩阵，$R' = [r'_{ij}]_{n \times m}$，其中 r'_{ij} 是选址方案 A_i 第 j 个决策指标上的原始属性值；

R——标准化属性决策矩阵，$R = [r_{ij}]_{n \times m}$；

r_{ij}——标准化后的指标属性值，其中 $i = 1, 2, \cdots, n$，$j = 1, 2, \cdots, m$；

W——指标的属性权重向量，$W = \{w_1, w_2, \cdots, w_m\}$，表示指标在选址方案决策中所占的重要程度；

w_j——第 j 个指标的属性权重。

计算各方案的综合属性值：

$$f_i(w, r) = \sum_{j=1}^{m} w_j r_{ij} \qquad (10-1)$$

综合属性值是对方案属性的综合反映。综合属性值和方案的评价呈现正相关关系，因此其值越大越好，越大则表明各个指标的综合条件越好，越具备建设的良好环境。因此，根据综合属性来对各个方案进行综合优劣评判，建立临时码头选址方案决策模型：

$$\max f(w, r) = (f_1(w, r), f_2(w, r), \cdots, f_n(w, r)) \qquad (10-2)$$

s. t.

$$\begin{cases} f_i(w, r) = \sum_{j=1}^{m} w_j r_{ij} \\ \sum_{j=1}^{m} w_j = 1 \\ 0 < w_j < 1 \\ r_{ij} \in R; w_j \in W \\ i = 1, 2, \cdots, n \\ j = 1, 2, \cdots, m \end{cases} \qquad (10-3)$$

式(10-2)表示选取的是综合属性值最大的方案，但实际目的是对方案优劣进行一个排序，选择多于一个的具备良好建设条件的地址方案。因为在对各个选址方案进行一个综合评价之后，会再对具备良好建设条件的选址方案带来的运输经济效益进行计算，并最终确定临时码头选址方案以及联运路径选择。

10.1.3 临时码头选址方案决策方法

10.1.3.1 临时码头选址模糊综合决策

一个方案的评判触及多种不同的因素，在对其进行综合评价决策的过程中，对于不能确切描述的信息，借助模糊数学的理论方法定量化，使其可进入深入挖掘处理比较，从而可以对整个方案进行综合评选决策，该方法称为模糊综合决策法。将模糊的信息变成可量化可比较的，这使得该方法非常具有科学实用性。

在模糊综合决策的分类中，基于结构层次的区别，它可以分为一级模糊决策和多级模糊决策。本章的长大货物联运临时码头选址方案指标体系中一共有四个一级指标，以及若干二级指标，具体可见表10-1，因此为二级模糊决策，详细流程如图10-1所示。

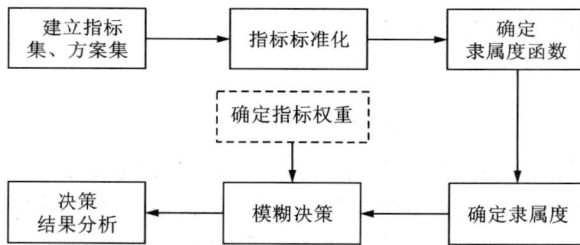

图 10-1　模糊综合决策流程图

Step1：建立指标集和方案集

设决策指标总数为 m，选址方案集为 $A=\{A_1, A_2, \cdots, A_n\}$，由备选方案和决策指标构成初始决策矩阵 $X'=[x'_{ij}]_{n\times m}$。

从表10-1可以看到，临时码头选址的一级决策指标分为四种类型，包含了自然环境、城市条件、经营环境和环境保护，则指标集表示为：

$$U=\{u_1, u_2, \cdots, u_4\} \tag{10-4}$$

式中：u_k 代表的是指标体系中的第 k 个一级指标，$k=1, 2, 3, 4$。

四种类型的一级决策指标下都包含有若干个子指标，例如自然环境包含了5个二级决策指标，分别是靠泊、气象、水文、地形和地质条件。将各个一级指标的子集合，即子指标集表示为：

$$u_k=\{u_{k1}, u_{k2}, \cdots, u_{kp}\} \tag{10-5}$$

式中：u_{kt} 为第 k 个指标的第 t 个子指标，$t=1, 2, \cdots, p$。

一般来说，依据特质大体会将决策指标分成 5 个级别，决策等级集合为：

$$V=\{v_1(好)，v_2(较好)，v_3(中等)，v_4(较差)，v_5(差)\} \tag{10-6}$$

式中：v_g 代表的是第 g 个级别相对应的分数，$g=1，2，\cdots，5$。

Step2：决策指标标准化

不同的决策指标，属性值或者量化后的数值量级不同，难以比较。要想真实反映各个方案综合情况，避免数值差异过大造成无法处理，需要对决策指标的数值进行初步的无量纲化处理。针对定性以及定量指标，具体的操作方法如下。

（1）定性指标：由相关研究方向的专家基于以往的理论学习及经验积累，结合各个方案情况给出的指标等级，并进一步得出具体分值。指标等级相对应的分数区间如表 10-2 所示。

表 10-2　定性指标等级量化表

指标等级	好	较好	一般	较差	差
指标评分	0.8~1.0	0.6~0.8	0.4~0.6	0.2~0.4	0~0.2

（2）定量指标：根据数值大小与指标好坏的关系可以分成效益型指标与成本型指标，针对两种类型指标，其标准化处理方法如下。

①效益型指标：

$$x_{ij}=(1-\alpha)+\alpha\cdot\frac{x'_{ij}-\min x'_{ij}}{\max x'_{ij}-\min x'_{ij}} \tag{10-7}$$

②成本型指标：

$$x_{ij}=(1-\alpha)+\alpha\cdot\frac{\max x'_{ij}-x'_{ij}}{\max x'_{ij}-\min x'_{ij}} \tag{10-8}$$

式中：x_{ij} 代表要求得的指标标准化之后的值；x'_{ij} 代表指标未进行变换的值，即最初的数值；$\max x'_{ij}$ 和 $\min x'_{ij}$ 分别代表初拟的所有选址方案中同一个指标原始数据的最大、最小值；α 为标准化变换系数，$0<\alpha<1$，一般赋值 $\alpha=0.9$。

Step3：确定指标权重

按照前文所分析的，针对子指标，使用改进后的层次分析法与熵权法有机结合的计算方法求出权重，其向量为 $W_k=\{w_{k1}，w_{k2}，\cdots，w_{kp}\}$。而对于一级指标，则使用改进后的层次分析法计算，其向量为 $W=\{w_1，w_2，\cdots，w_5\}$。

Step4：确定隶属度

基于指标体系中的子指标集 u_k 和决策等级集 V，得到所有选址方案中第 i 个方案第 k 个指标的模糊隶属关系矩阵 R_i^k，如式（10-9）所示：

$$R_i^k = \begin{bmatrix} r_{11}^k & r_{12}^k & r_{13}^k & r_{14}^k & r_{15}^k \\ r_{21}^k & r_{22}^k & r_{23}^k & r_{24}^k & r_{25}^k \\ \vdots & \vdots & \vdots & \vdots & \vdots \\ r_{p1}^k & r_{p2}^k & r_{p3}^k & r_{p4}^k & r_{p5}^k \end{bmatrix} \quad (10\text{-}9)$$

式中：R_i^k 矩阵中的元素 r_{tg}^k 代表在第 k 个一级指标中包含的第 t 个子指标对照第 g 个级别的隶属度。

隶属度是模糊数学里面的概念，计算隶属度的关键是在于构建起指标数值与隶属度之间的对应算式，假设在第 k 个一级指标中，第 t 个子指标的属性值为 x_{kt}，所有临时码头选址方案对应于这个指标的数值里，最好、最差值分别为 S_1 和 S_5，S_1 和 S_5 之间的四等分点为 S_2、S_3 和 S_4，符合条件 $S_1 > S_2 > \cdots > S_5$，定义隶属度为降半梯形模型，则 x_{kt} 对应第 g 个等级的隶属函数 r_{tg}^k 为：

$$r_{t1}^k = \begin{cases} 1, & x_{kt} \geqslant S_1 \\ \dfrac{x_{kt} - S_2}{S_1 - S_2}, & S_2 \leqslant x_{kt} < S_1 \\ 0, & x_{kt} < S_2 \end{cases} \quad (10\text{-}10)$$

$$r_{tg}^k = \begin{cases} 0, & x_{kt} \geqslant S_{g-1} \text{ 或 } x_{kt} < S_{g+1} \\ \dfrac{S_{g-1} - x_{kt}}{S_{g-1} - S_g}, & S_g \leqslant x_{kt} < S_{g-1} (g = 2, 3, 4) \\ \dfrac{x_{kt} - S_{g+1}}{S_g - S_{g+1}}, & S_{g+1} \leqslant x_{kt} < S_g \end{cases} \quad (10\text{-}11)$$

$$r_{t5}^k = \begin{cases} 0, & x_{kt} > S_4 \\ \dfrac{S_4 - x_{kt}}{S_4 - S_5}, & S_5 \leqslant x_{kt} < S_4 \\ 1, & x_{kt} \leqslant S_5 \end{cases} \quad (10\text{-}12)$$

参照式（10-10）~式（10-12）就能够求得第 i 个选址方案第 k 个指标的模糊隶属关系矩阵 R_i^k。

Step5：模糊决策分析

基于子指标属性值矩阵进行处理，使子指标权重 W_k 和子指标决策矩阵 R_i^k 相乘，如下式所示，计算可得第 i 个选址方案的第 k 个一级指标的模糊综合决策向量 B_i^k 为：

$$B_i^k = W_k \cdot R_i^k = [w_{k1}, \ w_{k2}, \ \cdots, \ w_{kp}] \cdot \begin{bmatrix} r_{11}^k & r_{12}^k & r_{13}^k & r_{14}^k & r_{15}^k \\ r_{21}^k & r_{22}^k & r_{23}^k & r_{24}^k & r_{25}^k \\ \vdots & \vdots & \vdots & \vdots & \vdots \\ r_{p1}^k & r_{p2}^k & r_{p3}^k & r_{p4}^k & r_{p5}^k \end{bmatrix} \quad (10-13)$$

求出第 i 个方案的模糊隶属关系矩阵 R_i，由模糊综合决策向量 B_i^k 组合构成，如下式所示：

$$R_i = [B_i^1 \quad B_i^2 \quad B_i^3 \quad B_i^4 \quad B_i^5]^T \quad (10-14)$$

求出第 i 个方案的决策模糊向量，由模糊隶属关系矩阵 R_i 和一级指标的权重向量 W 相乘所得：

$$B_i = W \cdot R_i = [w_1, \ w_2, \ \cdots, \ w_5] \cdot [B_i^1 \quad B_i^2 \quad B_i^3 \quad B_i^4 \quad B_i^5]^T \quad (10-15)$$

Step6：计算方案评分

基于决策模糊向量 B_i 和决策集 V 即可求得第 i 个选址方案的总分，如下式所示：

$$P_i = V \cdot B_i^T \quad (10-16)$$

依据上式算出临时码头各选址方案的总分情况，基于得分情况对方案进行排序，并作为决策依据。

10.1.3.2 IAHP-熵权组合赋权法

目前，计算指标权重的方式非常繁多，数不胜数，可以基于决策者的主观认识，也可以基于指标的属性值。依据计算所用的初始数据出处大体可以将方法分为三种类型，分别是主、客观赋权法以及两者结合的组合赋权法。每种方法都有其优劣势和适用性。主观赋权法体现了决策者对不同属性的指标的重视程度，主要是依据自己的经验去判定指标对整体的影响。由于主观色彩比较浓厚，易于解释，但是客观性就相对弱一些。相反，客观赋权法取决于客观信息，基于实际的数据之间的相对差异性，通过一定的数学方法来进行自动赋权的方法。这类方法计算相对复杂，并且有时候会出现得到的结果和实际重要程度不一致的情况，不能进行相应的明确的解释。

这两种方法都有明显的、较为对立的优劣势，第三种方法组合赋权法即是综合了主观、客观赋权，其属性权重权衡了主观的决策者的经验判断，以及指标数据本身所携带的某种客观规律。基于此本书选择使用组合赋权法来计算权重，并且通过综合考量主、客观赋权中包含的各种方法的优劣势，选择改进的层次分析法作为长大货物临时码头选址方案决策确定权重的主观赋权法，熵权法作为其客观赋权法。同时，鉴于常见的组合方法是非常直接粗略地把主、客观赋权方法求得的结果进行加或者乘，而并不是逻辑性地有机结合，因此可能会造成结果并不是那么合理，不能达到我们的预期，因此本书借助于研究相互作用的博弈论思想，提出一种可以有机结合层次分析法–熵权法所得权重的方法来推算得到既包含数据客观规律，又参考了决策主观意识的权重。

1）改进的层次分析法

改进层次分析法（Improved Analytic Hierarchy Process，简称为 IAHP）顾名思义就是对传统的层次分析方法进行了改进，弥补了一些传统方法的缺点，例如计算过程相对复杂、主观性色彩较强、难以做出确切评判等。IAHP 在结果上相比传统层次分析方法有更好的表现。IAHP 和传统方法之间的差别主要在如下几个方面：

（1）IAHP 用三标度方法构建决策矩阵。用传统的九标度方法不易于操作，人的主观感受比较难将类似于有些、比较、非常这种模糊的层次精准区分开来。以 0，1，2 三个数作为比较结果，降低了决策者的难度，同时也就减少了过于主观的意识对于结果的干扰。

（2）IAHP 利用最优传递矩阵转换了比较矩阵，因此，不用另外再进行一致性检验，减少了计算步骤，过程更加简便。

IAHP 计算权重的详细流程为：

Step1：建立比较矩阵。决策者根据主观判断对不同因素之间的重要程度进行评分，建立比较矩阵 A：

$$A_{ij} = \begin{bmatrix} a_{11} & a_{12} & \cdots & a_{1n} \\ a_{12} & a_{22} & \cdots & a_{2n} \\ \vdots & \vdots & & \vdots \\ a_{n1} & a_{n2} & \cdots & a_{nn} \end{bmatrix} \qquad (10\text{-}17)$$

式中：元素 a_{ij} 代表的是第 i 个指标与第 j 个指标的重要程度的比较结果，按照如下公式求值：

$$a_{ij} = \begin{cases} 2, & \text{第 } i \text{ 个指标相比第 } j \text{ 个指标更加重要} \\ 1, & \text{第 } i \text{ 个指标和第 } j \text{ 个指标重要程度一样} \\ 0, & \text{第 } j \text{ 个指标相比第 } i \text{ 个指标更加重要} \end{cases} \qquad (10\text{-}18)$$

Step2：计算排序指数。得到第 i 个指标与其他指标的重要程度比较值后求和，算出排序指数为：

$$r_i = \sum_{j=1}^{n} a_{ij} \qquad (10\text{-}19)$$

Step3：构造判断矩阵。基于排序指数 r_i 建立判断矩阵 B_{ij}，其包含的元素 b_{ij} 计算方法如下式：

$$b_{ij} = \begin{cases} \dfrac{r_i - r_j}{r_{\max} - r_{\min}}(k_{\mathrm{m}} - 1) + 1, & r_i \geqslant r_j \\[2mm] \left[\dfrac{r_j - r_i}{r_{\max} - r_{\min}}(k_{\mathrm{m}} - 1) + 1 \right]^{-1}, & r_i < r_j \end{cases} \qquad (10\text{-}20)$$

式中：$r_{max} = max(r_i)$；$r_{min} = min(r_i)$；$k_m = r_{max}/r_{min}$。

Step4：求出此判断矩阵的拟优一致矩阵 B'_{ij}，其各元素为：

$$b'_{ij} = 10^{c_{ij}} \tag{10-21}$$

式中：$c_{ij} = \dfrac{1}{n}\sum_{k=1}^{n} \lg \dfrac{b_{ik}}{b_{jk}}$，由 c_{ij} 元素组成的矩阵 C 称为最优传递矩阵，n 为比较矩阵的阶数。

Step5：计算矩阵 B'_{ij} 的最大特征值及其对应的特征向量，进而把对应的特征向量归一化处理，即为各指标权重。

2）熵权法

熵权法是依赖于指标数据之间的变异性的权重计算方法，将信息熵处理得到熵权，一般来讲，熵值越大，则意味着指标包含的信息越多。熵权法不依靠人为主观意识，仅利用了数据信息，因此易于解释，更具有客观性，可以用来指导多属性多指标的决策问题。

熵权法计算权重的流程如下：

Step1：决策指标标准化。参照表 10-2 和式（10-7）、式（10-8）对初始的临时码头选址方案决策指标属性值标准化处理，假定标准化后的决策矩阵是 $X = [x_{ij}]_{n \times m}$。

Step2：计算第 i 个长大货物联运临时码头选址指标体系中第 j 个指标数值的比重 p_{ij}：

$$p_{ij} = x_{ij} / \sum_{i=1}^{n} x_{ij} \tag{10-22}$$

Step3：计算第 j 个指标的熵值 E_j：

$$E_j = -K \sum_{i=1}^{n} p_{ij} \ln p_{ij} \tag{10-23}$$

式中：常数 $K = 1/\ln n$，$0 \leq E_j \leq 1$；规定当 $p_{ij} = 0$ 时，$p_{ij}\ln p_{ij} = 0$。

Step4：定义偏差度为 d_j，$d_j = 1 - E_j$，相应地，第 j 个决策指标的熵权为：

$$w_j = \frac{d_j}{\sum_{j=1}^{m} d_j} \tag{10-24}$$

式中：$0 \leq w_j \leq 1$ 且 $\sum_{j=1}^{m} w_j = 1$。

熵权法完全依赖指标数据，结果可能与决策者的认识判断有出入，而改进的层次分析法又完全取决于决策者的重要性比较，主观性过强亦存在不合理性。因此，本书将两者有机集合起来得到组合权重，以达到最终结果既可以涵盖客观数据的规律，同时又能充分表达出决策者意识判断的目的。

3）IAHP—熵权法组合赋权

为了不只是简单地将主、客观赋权法结果进行加乘运算，而更好发挥两种方法的优势，使得组合权重兼具数据本身规律与决策者主观意识判断，考虑借鉴与不同主体之间相互作用有关的理论。博弈论研究的是不同的主体之间在合作竞争中的相互影响和作用，根据主体行为，优化行动策略。其与主、客观赋权方法相互对抗融合，以达到协调统一具有相似性。这就给长大货物选址方案决策权重组合提供了可借鉴的思路。

因此，本书借鉴了博弈论思想，为了得到不同主体一致妥协的权重组合，提出组合赋权法，首先假定临时码头选址方案每个指标的理想属性值，理想属性值组成的集合即为理想方案。进而分别求解改进的层次分析法、熵权法以及组合法求得的权重所决定的方案与理想方案之间的差距，并进一步得到相互之间的差距平方差，即偏差。利用最小化组合权重与主、客观赋权法偏差的平方和建立模型，求解模型则得到主、客观权重有机结合的权重，具体流程如下：

分别采用 IAHP 和熵权法计算临时码头方案决策指标的权重 $G = \{g_1, g_2, \cdots, g_m\}$ 和 $H = \{h_1, h_2, \cdots, h_m\}$，假定融合了权重 G 和 H 的组合权重是 $W = \{w_1, w_2, \cdots, w_m\}$，第 j 个指标的理想值为 r_j^*，以组合权重为例，W 对应的理想方案为 $A* = (w_1 r_1^*, w_2 r_2^*, \cdots, w_n r_n^*)$，计算第 i 个选址方案与假定的理想方案之间的差距为：

$$d_i = \left[\sum_{j=1}^m ((r_{ij} - r_j^*) w_j)^2 \right]^{\frac{1}{2}} \tag{10-25}$$

主、客观权重对应的理想方案参照组合权重。从式（10-25）可得，d_i 越小，则方案 i 越靠近于假定的理想方案，为了便于接下来的变换求解，对主、客观以及组合权重向量单位化处理，令

$$G' = \frac{G}{\sqrt{g_1^2 + g_2^2 + \cdots + g_m^2}}, \ H' = \frac{H}{\sqrt{h_1^2 + h_2^2 + \cdots + h_m^2}}, \ W' = \frac{W}{\sqrt{w_1^2 + w_2^2 + \cdots + w_m^2}} \tag{10-26}$$

基于式（10-25），则同 G、H、W 相对应的各方案与假定的理想方案之间差距的平方为：

$$d_i^2(G') = \sum_{j=1}^m [(r_{ij} - r_j^*) g_j']^2$$

$$d_i^2(H') = \sum_{j=1}^m [(r_{ij} - r_j^*) h_j']^2$$

$$d_i^2(W') = \sum_{j=1}^m [(r_{ij} - r_j^*) w_j']^2 \tag{10-27}$$

则对应的组合权重与主、客观权重之间的各自偏差分别为：

$$d_i^2(W') - d_i^2(G') = \sum_{j=1}^m [(r_{ij} - r_j^*)^2 (w_j'^2 - g_j'^2)] \tag{10-28}$$

$$d_i^2(W') - d_i^2(H') = \sum_{j=1}^m \left[(r_{ij} - r_j^*)^2 (w_j'^2 - h_j'^2) \right] \tag{10-29}$$

协调平衡主、客观权重，研究主体之间的优化策略，使两者有机结合，借鉴博弈论思想，理论上讲，组合后所得权重与主、客观权重的偏差应该越小越好，因此，将组合权重和另两种权重的偏差的平方和最小作为目标函数，建立模型如下所示：

$$\min f = \left[d_i^2(W') - d_i^2(G') \right]^2 + \left[d_i^2(W') - d_i^2(H') \right]^2$$

$$= \sum_{j=1}^m \left[(r_{ij} - r_j^*)^2 (w_j'^2 - g_j'^2) \right]^2 + \sum_{j=1}^m \left[(r_{ij} - r_j^*)^2 (w_j'^2 - h_j'^2) \right]^2$$

$$\tag{10-30}$$

$$\begin{cases} \sum_{j=1}^m w_j'^2 = 1 \\ w_j' > 0, j = 1, 2, \cdots, m \end{cases} \tag{10-31}$$

记 $(r_{ij}-r_j^*)^2 = R_j$，令 $w_j'^2 = a_j$，$A = (a_1, a_2, \cdots, a_m)$，则上面模型简化为：

$$\min f(A) = \sum_{j=1}^m \left[R_j (a_j - g_j'^2) \right]^2 + \sum_{j=1}^m \left[R_j (a_j - h_j'^2) \right]^2 \tag{10-32}$$

$$\begin{cases} \sum_{j=1}^m a_j = 1 \\ a_j > 0, j = 1, 2, \cdots, m \end{cases} \tag{10-33}$$

这个模型所表示的是个条件极值问题，求解则可以通过应用条件极值对应方法求解。采用通用方法构造拉格朗日函数进行计算：

$$L(A, \lambda) = f(A) + 2\lambda \left(\sum_{j=1}^m a_j - 1 \right) \tag{10-34}$$

对式(10-34)进行求导，得

$$\frac{\partial L}{\partial a_j} = 2 \sum_{j=1}^m R_j (a_j - g_j'^2) + 2 \sum_{j=1}^m R_j (a_j - h_j'^2)$$

$$+ 2\lambda = 2 \sum_{j=1}^m R_j (2a_j - g_j'^2 - h_j'^2) + 2\lambda = 0 \tag{10-35}$$

$$\frac{\partial L}{\partial \lambda} = \sum_{j=1}^m a_j - 1 = 0 \tag{10-36}$$

对式(10-35)化简：

$$\sum_{j=1}^m R_j (2a_j - g_j'^2 - h_j'^2) + \lambda = 0 \Rightarrow 2 \sum_{j=1}^m R_j a_j + \lambda = \sum_{j=1}^m R_j (g_j'^2 + h_j'^2) \tag{10-37}$$

记 $R = (R_1, R_2, \cdots, R_m)$，$C = (g_1'^2+h_1'^2, g_2'^2+h_2'^2, \cdots, g_m'^2+h_m'^2)$，则式(10-

37) 简化为：

$$2RA + \lambda = RC \tag{10-38}$$

由于 $\sum\limits_{j=1}^{m} g_j'^2 = 1$，$\sum\limits_{j=1}^{m} h_j'^2 = 1$，引入 m 维向量 $E = (1, 1, \cdots, 1)$，令上式两边乘 E，则得到下式：

$$2RAE + \lambda E = RCE \Rightarrow 2R + \lambda E = 2R \Rightarrow \lambda E = 0 \Rightarrow 2A = C \tag{10-39}$$

因此得到：

$$w_j' = \sqrt{\frac{g_j'^2 + h_j'^2}{2}}, \quad j = 1, 2, \cdots, m \tag{10-40}$$

则归一化处理得到组合权重为：

$$w_j = \frac{w_j'}{\sum\limits_{j=1}^{m} w_j'}, \quad j = 1, 2, \cdots, m \tag{10-41}$$

此组合赋权方法糅合了主、客观权重，既有决策者的主观意识判断，又携带有数据本身的客观规律，平衡了主、客观权重的相互作用，实现了两者的协调一致，令决策结果更具有合理性。

10.1.4 算法

根据决策特点，针对长大货物临时码头选址方案决策模型，确立了多属性多因素的模糊综合决策方法，并将 IAHP 求得主观权重与熵权法求得的客观权重有效结合，以确定最终权重，然后嵌入模糊综合决策方法中，来对临时码头选址方案进行综合比对，指导决策。决策方法的主要流程如下：

Step1：确定指标集 U、方案集 A 和决策集 V。

Step2：对指标标准化处理，得到标准化后的指标属性矩阵为 $X = [x_{ij}]_{n \times m}$。

Step3：用 IAHP 确定二级和一级指标的权重系数分别为 $G_k = \{g_{k1}, g_{k2}, \cdots, g_{kp}\}$ 和 $W = \{w_1, w_2, \cdots, w_5\}$，熵权法计算二级指标的权重为 $H_k = \{h_{k1}, h_{k2}, \cdots, h_{kp}\}$，用 IAHP-熵权组合赋权法确定二级指标的组合权重为 $W_k = \{w_{k1}, w_{k2}, \cdots, w_{kp}\}$。

Step4：基于子指标集 u_k 和决策集 V 确定第 i 个方案第 k 个指标的模糊隶属关系矩阵 R_i^k。

Step5：基于子指标权重 W_k 和隶属度 R_i^k，依据公式 $B_i^k = W_k \cdot R_i^k$ 求得第 i 个方案第 k 个指标的模糊综合决策向量为 B_i^k；

依据 B_i^k 确定第 i 个方案的模糊隶属关系矩阵 $R_i = [B_i^1 \quad B_i^2 \quad B_i^3 \quad B_i^4 \quad B_i^5]^{\mathrm{T}}$；

依据模糊隶属关系矩阵 R_i 和一级指标的权重 W 求得第 i 个方案的决策模糊

向量 $B_i = W \cdot R_i$。

Step6：基于 B_i 和 V，依据公式 $P_i = V \cdot B_i^{\mathrm{T}}$ 求出第 i 个选址方案的总分情况，继而根据总分对方案进行排序。

综合考量自然环境、城市条件、经营环境、环境保护等指标对长大货物联运中临时码头选址决策的影响，主要依据各选址方案的总分 P_i，P_i 越大，就说明该方案综合评价越高，从各个指标来看更具备建设临时码头的条件。

10.2　考虑修建临时码头的长大货物联运网络路径规划

实际长大货物多式联运中，存在货物运送目的地偏远且陆运交通不便，虽临近水域但无可用码头的情况。考虑新建临时码头，增加运输节点供货物停靠换装，可有效利用水路运输，减少运输成本。从本质上讲，新建临时码头可归入路网改造措施中，但为了考察新建临时码头的必要性，且把新建临时码头与既有路网改造的各项参数区分开来，规定新建临时码头的各项参数单独列出，不包含在路网改造的参数中，把运输方案中的运输成本、改造成本以及时间延误成本之和定义为广义运输成本。继而将无新建临时码头时的最小广义运输成本与新建临时码头时的广义运输成本之差，以及临时码头批用期间预期收益一同作为临时码头的效益；将临时码头建设运营成本、因码头修建导致的时间延误成本以及占地设施拆移成本作为新建临时码头的投资成本；以码头的效益与投资成本之比最大为优化目标，建立长大货物多式联运路径决策模型。

10.2.1　符号说明

相关符号说明如表 10-3 所示。

表 10-3　符号说明

符号	说明
$G(V, E, M)$	长大货物多式联运网络。集合 $V = \{1, 2, \cdots, i, \cdots, n\}$ 表示 n 个运输节点；集合 $M = \{m_1, m_2, m_3\}$ 表示 3 种运输方式，对于方式 $m_a \in M$，a 取 1、2、3 时分别表示公路、铁路和水路运输；集合 E 表示运输路段，其中从节点 i 到 j 以方式 m_a 进行运输的路段可表示为 $e_{ij}^a \in E(i \neq j, i, j \in V)$

续表10-3

符号	说明
x_{ij}^a	路段选取变量。若长大货物经路段 e_{ij}^a 运输则取 1，否则取 0
y_i^{ab}	节点换装变量。若长大货物于节点 i 从方式 m_a 换装至方式 $m_b (a \neq b$, 下同)则取 1，否则取 0
z_i	码头修建变量。若于节点 i 新建临时码头则取 1，否则取 0
T_0	运输期限(天)
C_d	运输延误(超过运输期限)的单位时间惩罚成本(万元/天)
c_i	于节点 i 新建临时码头的建设运营成本(万元)
t_i	于节点 i 新建临时码头所需时间(天)
c_{ij}^a	长大货物经路段 e_{ij}^a 运输所需路段运输成本(万元)
σ_{ij}^a	路段 e_{ij}^a 改造至满足运输要求所需路段改造成本(万元)
c_i^{ab}	长大货物于节点 i 从方式 m_a 换装至方式 m_b 所需节点换装成本(万元)
σ_i^{ab}	节点 i 改造至满足长大货物从方式 m_a 换装至方式 m_b 所需节点改造成本，包括换装设备成本等(万元)
t_{ij}^a	长大货物经路段 e_{ij}^a 运输所需路段运输时间(天)
τ_{ij}^a	路段 e_{ij}^a 改造至满足运输要求所需路段改造时间(天)
t_i^{ab}	长大货物于节点 i 从方式 m_a 换装至方式 m_b 所需节点换装时间(天)
τ_i^{ab}	节点 i 改造至满足长大货物从方式 m_a 换装至方式 m_b 所需节点改造时间(天)
W^a	以方式 m_a 运输时的车货或船货总重(吨)
φ^a	以方式 m_a 运输时，长大货物装载完毕后的车货或船货外轮廓尺寸
H^a	以方式 m_a 运输时所需船舶吃水深度，若 $a = 1 \text{ or } 2$，则 $H^a = 0$(米)
D^a	以方式 m_a 运输时所需码头吨位，若 $a = 1 \text{ or } 2$，则 $D^a = 0$(吨)
φ_{ij}^a	路段 e_{ij}^a 改造后的综合限界
w_{ij}^a	路段 e_{ij}^a 中桥梁改造后的承重能力，若 $a = 3$，则 $w_{ij}^a = \infty$(吨)
h_{ij}^a	路段 e_{ij}^a 中航道改造后的通航水深，若 $a = 1 \text{ or } 2$，则 $h_{ij}^a = \infty$(米)
θ_i	节点 i 码头改造后的靠泊吨位(吨)
G_i^{ab}	节点 i 具备从方式 m_a 换装至方式 m_b 的能力则为 1，否则为 0
p_i	节点 i 新建的码头在批用期间可创造的预期收益(万元)
C_i^β	节点 i 新建码头时，第 β 类地面附着物或农用设施需要拆除、拆移或重置的成本(万元)

续表10-3

符号	说明
c_{new}	新建临时码头投资成本(万元)
t_d	因新建临时码头导致的延误时间(天)
T_t	长大货物运输时间, 是各路段运输时间和各节点换装时间之和(天)
T_m	路网改造至满足运输要求所需改造时间, 是各路段改造时间和各节点改造时间的最大值(天)
T_d	延误时间。无新建临时码头时的广义运输成本最小方案对应的延误时间表示为 T_d^0; 新建临时码头时方案不包含码头修建时间的延误时间表示为 T_d'(天)
C_{non}	无新建临时码头时的最小广义运输成本(万元)
C_{new}	新建临时码头时的广义运输成本(万元)
C	运输改造成本, 是各路段改造和运输成本, 及各节点改造和换装成本的总和。无新建临时码头时的广义运输成本最小的方案对应的运输改造成本表示为 C^0; 新建临时码头时方案的广义运输成本表示为 C'(万元)

10.2.2　考虑修建临时码头的长大货物联运路径优化模型

10.2.2.1　约束条件

$$\varphi^a x_{ij}^a \leqslant \varphi_{ij}^a \tag{10-42}$$

$$W^a x_{ij}^a \leqslant w_{ij}^a \tag{10-43}$$

$$y_i^{ab} \leqslant G_i^{ab} + z_i \tag{10-44}$$

$$\sum_{a=1}^{3} x_{ij}^a \leqslant 1 \tag{10-45}$$

$$\sum_{a=1}^{3}\sum_{b=1}^{3} y_i^{ab} \leqslant 1 \tag{10-46}$$

$$\sum_{j \in V_{out(i)}}\sum_{a=1}^{3} x_{ij}^a - \sum_{j \in V_{in(i)}}\sum_{a=1}^{3} x_{ij}^a = \begin{cases} 1, & i=s \\ 0, & i \neq s, t \\ -1, & i=t \end{cases} \tag{10-47}$$

$$x_{ij}^a H^a \leqslant h_{ij}^a \tag{10-48}$$

$$y_i^{ab} D^a \leqslant \theta_i + z_i D^a \tag{10-49}$$

$$\left(\sum_{j \in V_{\text{in}(i)}} x_{ij}^a\right) \cdot \left(\sum_{j \in V_{\text{out}(i)}} x_{ij}^b\right) = y_i^{ab} \tag{10-50}$$

$$z_i = (1 - G_i^{ab}) y_i^{ab}, \ a = 3 \tag{10-51}$$

式（10-42）为限界约束，保证车辆或船舶装货后总轮廓不超过各路段既有或改造后的综合限界；式（10-43）为承载能力约束，保证车货总重不超过各路段中桥梁既有或改造后的最大承载能力；式（10-44）是换装能力约束，保证各节点（包括新建的临时码头）满足长大货物换装要求；式（10-45）是路段单一运输约束，保证每条路段仅以一种方式运输；式（10-46）是节点换装次数约束，保证各节点至多进行一次换装；式（10-47）是输入输出约束，保证各节点的输入输出量平衡，即 $V_{\text{in}(i)} = \{j \in V | e_{ji} \in E\}$，$V_{\text{out}(i)} = \{j \in V | e_{ij} \in E\}$；式（10-48）是水深约束，保证航道水深满足运输需求；式（10-49）是靠泊吨位约束，保证货物进行换装的码头（包括新建的临时码头）靠泊吨位足够，否则，船舶难以靠岸；式（10-50）表示路段选取变量与节点换装变量 y_i^{ab} 之间的逻辑关系；式（10-51）表示节点换装变量 y_i^{ab} 与码头修建变量 z_i 之间的逻辑关系。

10.2.2.2 目标函数

假设路网各改造项目可同时进行，且所有改造完毕以后才开始运输长大货物。新建临时码头的投资成本 c_{new}，包括建设运营成本 c_i、因码头修建导致的时间延误成本 $t_d C_d$，以及码头占地的各类设施拆移成本之和 $\sum C_i^{\beta}$，如式（10-52）所示。其中，c_i 包括了码头场地租用费、吊装设备改造费、工程建设费、长大货物运输期间日常运营维护费，以及使用完毕后的处置费等。

$$c_{\text{new}} = \sum_{i=1}^{n} \left(z_i c_i + t_d C_d + z_i \sum C_i^{\beta}\right) \tag{10-52}$$

式中：t_d 表示因新建临时码头导致的延误时间，其等于在已新建临时码头的情况下，包含码头修建时间在内的延误时间与不包含码头修建时间在内的延误时间 T_d 之差，如式（10-53）所示。若发生延误，则 T_d 其等于运输时间 T_t 加改造时间 T_m 再减去运输期限 T_0，否则为 0，如式（10-54）所示。其中，T_t 由运输路径中各路段运输时间 t_{ij}^a 和各节点换装时间 t_i^{ab} 构成，如式（10-55）所示；T_m 则为运输路径中各路段改造时间 τ_{ij}^a 和各节点改造时间 τ_i^a 中的最大值，如式（10-56）所示。

$$t_d = \max\{\max\{T_m, \max(z_i t_i)\} + T_t - T_0, 0\} - T_d$$
$$= \max\{\max\{T_m, \max(z_i t_i)\} + T_t - T_0, 0\} - \max\{T_m + T_t - T_0, 0\} \tag{10-53}$$
$$= \max\{\min\{\max(z_i t_i) + T_t - T_0, t_i - T_m\}, 0\}$$

$$T_d = \max\{T_m + T_t - T_0, 0\} \tag{10-54}$$

$$T_t = \sum_{i=1}^{n-1} \sum_{j=2}^{n} \sum_{a=1}^{3} t_{ij}^a x_{ij}^a + \sum_{i=2}^{n-1} \sum_{a=1}^{3} \sum_{b=1}^{3} t_i^{ab} \tag{10-55}$$

$$T_m = \max_{i, j \in V, a, b \in M} (\tau_{ij}^a, \tau_i^{ab}) \tag{10-56}$$

新建临时码头的效益，由无新建临时码头时的最小广义运输成本 C_{non} 与新建临时码头时的广义运输成本 C_{new} 之差，以及临时码头批用期间的预期收益 p_i 共同组成。其中，C_{non} 为运输改造成本 C^0 与时间延误成本 $T_d^{\ 0}C_d$ 之和的最小值，对于既有路网，该值为定值，如式（10-57）所示；C_{new} 包括运输改造成本 C' 与时间延误成本 $T_d'C_d$，不含码头修建的相关成本，如式（10-58）所示。式（10-57）和（10-58）中路径的运输改造成本为各路段运输成本 c_{ij}^a 和改造成本 σ_{ij}^a，以及各节点换装成本 c_i^{ab} 和改造成本 σ_i^{ab} 的总和，如式（10-59）所示。

$$C_{\text{non}} = (C^0 + T_d^{\ 0}C_d)_{\text{min}} \tag{10-57}$$

$$C_{\text{new}} = C' + T_d'C^d \tag{10-58}$$

$$C = \sum_{i=1}^{n-1}\sum_{j=2}^{n}\sum_{a=1}^{3}(c_{ij}^a + \sigma_{ij}^a)x_{ij}^a + \sum_{i=2}^{n-1}\sum_{a=1}^{3}\sum_{b=1}^{3}(c_i^{ab} + \sigma_i^{ab})y_i^{ab} \tag{10-59}$$

综上所述，以最大化新建临时码头效益与投资成本之比为优化目标，建立长大货物多式联运路径决策模型如下：

$$\max Z = \frac{C_{\text{non}} - C_{\text{new}} + \sum_{i=1}^{n}z_ip_i}{c_{\text{new}}} \tag{10-60}$$

10.2.2.3 模型构建

$$\max Z = \frac{C_{\text{non}} - C_{\text{new}} + \sum_{i=1}^{n}z_ip_i}{c_{new}}$$

s. t.

式（10-42）~式（10-51）

10.2.3　考虑临时码头修建的长大货物联运网络优化算法设计

考虑新建临时码头的长大货物多式联运路径优化问题影响因素繁多，为找到新建临时码头时的最优路径，除了满足运输路段与节点的各类限制外，路径中还须包含一个或多个临时码头。为使本书方法适用于各类复杂约束条件下不同规模的联运网络，采用粒子群算法（PSO）进行求解，并基于运输节点优先权，结合问题特点及实际影响因素，设计有效的个体编码与运输路径映射方法。

在求解模型之前，先将联运网络中货物换装表示为虚拟运输边，假设对所有需改造的路段和节点进行改造，并在给定的所有新建码头选址处新建满足运输要求的临时码头，以构建完整长大货物联运网络。

10.2.3.1 算法设计

PSO 中粒子位置代表所研究问题的潜在解，本问题中为指示路径的优先权向量；粒子速度则决定它们移动的方向和距离。每次迭代中，以两个极值对粒子进行更新，一个是个体极值，即该粒子迄今为止通过的最佳位置 pBest；另一个是群体极值，即所有粒子迄今为止通过的最佳位置 gBest。粒子位置的优劣由适应度函数决定，粒子速度和位置的具体更新方式如下：

$$v_{gp} = v_{gp} + \alpha_1 k_1 (bl_{gp} - l_{gp}) + \alpha_2 k_2 (Bl_{gp} - l_{gp}),\ g = 1,\ 2,\ \cdots,\ N_s,\ p = 1,\ 2,\ \cdots,\ P$$

$$\tag{10-61}$$

$$l_{gp} = l_{gp} + v_{gp} \tag{10-62}$$

式中：α_1 和 α_2 是加速度系数，其值为常数；N_s 是粒子群中的粒子总数；P 是问题搜索空间的维数，本问题中为节点总数；k_1 和 k_2 是相互独立的伪随机数，服从 $[0, 1]$ 上的均匀分布；$l_g = [l_{g1}, l_{g2}, \cdots, l_{gP}]$ 是 g 粒子的位置；v_{gp} 是 g 粒子的速度；$l_g^b = [l_{g1}^b, l_{g2}^b, \cdots, l_{gP}^b]$ 是 g 粒子的最佳位置，$l_g^B = [l_{g1}^B, l_{g2}^B, \cdots, l_{gP}^B]$ 是整个种群发现的最佳位置。

采用 PSO 求解问题的关键是构建个体编码与运输路径的有效映射，常用编码方式有直接编码和间接编码两种。Gen 等鉴于使用直接编码易生成较多非法解，提出一种基于优先权的间接编码方式，利用节点指示信息构造路径。各节点优先权于初始阶段随机分配，在后续的迭代中以式（10-71）进行更新；运输路径则由生长中路径末端节点邻接的优先权最大节点附加生成；整个过程从源节点开始，止于目的节点，每个节点仅可选取一次。

以图 10-2 中的节点 1 至 21 为例，假设 1 为源节点，21 为目的节点。图 10-2（a）为编码方式 $\{p1, p2, \cdots, p21\}$，图 10-2（b）、（c）和（d）为三个典型编码方案示例。据图 10-2 可知，方案（c）所指路径未终止于目的节点，其在选取节点 3 之后再无邻接节点可选，致使路径无法延伸，这类节点被称为无退出节点，而节点 8 由于被选入路径后可选取的邻接节点只有无退出节点 3，因此亦是无退出节点；还可以看到路径行至节点 16，后又退至节点 2，形成了后向路径；此外路径选取节点 7 以后，又选取了其同位节点 8，形成了环形路径。方案（d）所指路径连续选取了互为同位节点的 14、12、13，即在同一地点换装两次。实际长大货物多式联运中，为节约运输成本和时间，每个节点至多进行一次换装且不允许环形路径存在，因此方案（b）所指路径有效，其余二者所指路径均无效。这类无效路径会导致大量无效计算，因此设计改进的映射方法。

节点编号	1	2	3	4	5	6	7	8	9	10	11	12	13	14	15	16	17	18	19	20	21
节点优先权值	p1	p2	p3	p4	p5	p6														p20	p21

(a) 编码方案

1	2	3	4	5	6	7	8	9	10	11	12	13	14	15	16	17	18	19	20	21
52	67	11	101	121	223	76	156	90	76	8	59	150	163	47	197	132	72	136	102	204

(b) 指向有效路径：1-6-16-14-21

1	2	3	4	5	6	7	8	9	10	11	12	13	14	15	16	17	18	19	20	21
89	90	11	101	121	223	146	65	67	76	8	59	150	163	47	197	13	72	36	102	64

(c) 指向无效路径：1-6-16-14-13-7-2-4-9-8-3

1	2	3	4	5	6	7	8	9	10	11	12	13	14	15	16	17	18	19	20	21
77	67	11	101	121	223	76	156	90	76	8	159	150	163	47	197	132	72	136	102	104

(d) 指向无效路径：1-6-16-14-12-13-20-21

图 10-2　基于优先权的编码方案示例

10.2.3.2 个体编码与路径映射算法优化

针对上述问题，结合长大货物多式联运影响因素，提出改进的粒子个体编码与运输路径映射方法，以降低路径构造过程中产生无效路径的可能性，具体改进方法如下：

（1）排除无退出节点。每次选取节点前，先找到当前所有无退出节点，设其优先权为负值。

（2）排除同一地点多次换装及环形路径。节点被选入路径，且完成下一次迭代后（换装结束），设其同位节点优先权为负值。

（3）减少后向路径。路径中已选节点的最大编号与优先权最高的候选节点的编号之差必须小于 M（M 为正数），若不满足则选择优先权次高者继续判断，直至找到符合条件的节点才能放入路径中，在减少后向路径的同时为潜在的后向移动保留空间。

设联运网络中节点数量为 P，节点 1 为源节点，节点 P 为目的节点；r_q^μ 为生长中的不完整路径，其包含 $\mu+1$ 个节点，终端节点为 q^μ，并即将选择第 $\mu+1$ 个节点，μ 表示迭代次数，$\mu=0$ 时路径仅包含源节点；l^μ 是粒子的位置向量，即动态优先权向量，它最初包括由 l 指向的优先权值。优先权为正数的节点是有效节点，否则是无效节点，除上述改进方法中提到的无退出节点等以外，已选入路径的节点的优先权亦赋负值。个体编码及渐进路径构建的具体过程如下：

算法 10.2.1　个体编码与路径映射算法

Step1 初始化，设置 $\mu\leftarrow 0$，$r_q^\mu\leftarrow\{1\}$，$l^\mu\leftarrow l$，$q^\mu\leftarrow 1$，$l^\mu(q^\mu)\leftarrow -1$。

Step2 无退出节点筛选，从所有有效节点中选出邻接有效节点数为 1 的无退出节点，设其优先权为负，并更新剩余有效节点的邻接有效节点数；循环 Step2，直到无退出节点，转 Step3。

Step3 路径延伸，令 $\mu=\mu+1$，若 $q^{\mu-1}$ 的邻接有效节点中优先权最大且为正数的节点 $q^{\mu}>\max\{q^1, q^2, \cdots, q^{\mu-1}\}-M$，则将 q^{μ} 添加到路径中，更新 $r_p^{\mu}=\{r_p^{\mu-1}, q^{\mu}\}$，转 Step4；若 $q^{\mu-1}$ 的邻接节点均为无效节点，则转 Step5。

Step4 循环判断。若 $q^{\mu}=N_{max}$ 或达到迭代次数，则转 step5；否则更新 $l^{\mu}(q^{\mu})=-1$，令上次迭代中所选节点 $q^{\mu-2}$ 的同位节点优先权为 -1，转 Step2。

Step5 返回路径，若终端节点是目的节点则返回完整路径，否则返回无效路径。

以图 10-2 方案(c)中所示的优先权向量为例，在没有进行上述改进时，其指向无效路径；改进之后指向路径{1, 6, 16, 14, 13, 7, 9, 12, 19, 18, 21}，如图 10-3 所示(取参数 $M=10$ 示例)。例如在步骤 $\mu=6$ 中，优先权最高的节点 2 作为无退出节点被排除，迫使算法选择节点 9；即使节点 2 不是无退出节点，算法也会基于 $2<\max\{1, 6, 16, 14, 13, 7\}-10$ 而选择节点 9。可以看出，改进后的个体编码与路径映射算法能够提高优先权编码转换为有效路径的可能性。

10.2.3.3 算法求解的流程设计

考虑新建临时码头的长大货物多式联运路径优化目标是找到能够发挥最大效益的货物运输方案和码头选址方案，目标函数可直接作为其适度函数；若粒子指向无效路径，则其适应度将被惩罚，避免其属性影响后续搜索。由此得粒子的适应度函数为：

$$f_1 = \begin{cases} \dfrac{C_0-C_1+p_1}{c_1}, & \text{if } q^{\mu}=N_{max} \\ -10000, & \text{else} \end{cases} \tag{10-63}$$

下面是算法的具体描述：

算法 10.2.2　长大货物多式联运路径决策算法

Step1 初始化，对粒子群中各粒子的优先权向量和速度向量进行随机赋值。

Step2 进入循环，调用算法 10.2.1 生成路径，并按式(10-73)计算粒子适应度，得到个体极值 pBest 和群体极值 gBest。

Step3 更新粒子，按式(10-71)和(10-72)更新粒子的速度和优先权，转 step4。

Step4 循环判断，若达到规定迭代次数，转 step5，否则转 step2。

Step5 返回路径，即迭代次数内找到的最优解。

节点编号	1	2	3	4	5	6	7	8	9	10	11	12	13	14	15	16	17	18	19	20	21
节点优先权值	89	90	11	101	121	223	146	65	67	76	8	59	150	163	47	197	13	72	36	102	64

$$\mu=0,\ r_p^{\mu}=\{1\}$$

1	2	3	4	5	6	7	8	9	10	11	12	13	14	15	16	17	18	19	20	21
-1	90	11	101	121	223	146	65	67	76	8	59	150	163	47	197	13	72	36	102	64

$$\mu=1,\ r_p^{\mu}=\{1,6\}$$

1	2	3	4	5	6	7	8	9	10	11	12	13	14	15	16	17	18	19	20	21
-1	90	11	101	121	223	146	106	67	76	8	59	150	163	47	197	13	72	36	102	64

$$\mu=2,\ r_p^{\mu}=\{1,6,16\}$$

1	2	3	4	5	6	7	8	9	10	11	12	13	14	15	16	17	18	19	20	21
-1	90	11	101	-1	-1	146	65	67	76	8	59	150	163	47	-1	13	72	36	102	64

$$\mu=3,\ r_p^{\mu}=\{1,6,16,14\}$$

1	2	3	4	5	6	7	8	9	10	11	12	13	14	15	16	17	18	19	20	21
-1	90	11	101	-1	-1	146	65	67	76	8	59	150	-1	-1	-1	13	72	36	102	64

$$\mu=4,\ r_p^{\mu}=\{1,6,16,14,13\}$$

1	2	3	4	5	6	7	8	9	10	11	12	13	14	15	16	17	18	19	20	21
-1	90	11	101	-1	-1	146	65	67	76	8	59	-1	-1	-1	-1	13	72	36	102	64

$$\mu=5,\ r_p^{\mu}=\{1,6,16,14,13,7\}$$

1	2	3	4	5	6	7	8	9	10	11	12	13	14	15	16	17	18	19	20	21
-1	-1	-1	-1	-1	-1	-1	-1	67	76	8	59	-1	-1	-1	-1	13	72	36	102	64

$$\mu=6,\ r_p^{\mu}=\{1,6,16,14,13,7,9\}$$

1	2	3	4	5	6	7	8	9	10	11	12	13	14	15	16	17	18	19	20	21
-1	-1	-1	-1	-1	-1	-1	-1	-1	76	8	59	-1	-1	-1	-1	13	72	86	102	64

$$\mu=7,\ r_p^{\mu}=\{1,6,16,14,13,7,9,12\}$$

1	2	3	4	5	6	7	8	9	10	11	12	13	14	15	16	17	18	19	20	21
-1	-1	-1	-1	-1	-1	-1	-1	-1	76	8	-1	-1	-1	-1	-1	13	72	86	102	64

$$\mu=8,\ r_p^{\mu}=\{1,6,16,14,13,7,9,12,19\}$$

1	2	3	4	5	6	7	8	9	10	11	12	13	14	15	16	17	18	19	20	21
-1	-1	-1	-1	-1	-1	-1	-1	-1	-1	-1	-1	-1	-1	-1	-1	13	72	-1	102	64

$$\mu=9,\ r_p^{\mu}=\{1,6,16,14,13,7,9,12,19,18\}$$

1	2	3	4	5	6	7	8	9	10	11	12	13	14	15	16	17	18	19	20	21
-1	-1	-1	-1	-1	-1	-1	-1	-1	-1	-1	-1	-1	-1	-1	-1	-1	-1	-1	102	64

$$\mu=10,\ r_p^{\mu}=\{1,6,16,14,13,7,9,12,19,18,21\}$$

图 10-3　改进映射算法的路径构建示例

第 11 章
长大货物多式联运路径再利用决策

11.1　长大货物多式联运路径再利用决策模型

　　长大货物具有超长、超宽、超高、超重等本质属性，单一运输方式难以满足其在安全性、可达性、时效性、经济性等方面的要求。因此，长大货物整个运输活动中需要对部分运输节点与边进行改造，以满足各项要求。

　　现有长大货物运输过程中，受政策、经济等因素影响，大部分长大货物运输采用路径临时改造方案，即改造后的运输路径仅能满足单次长大货物运输要求，无法重复利用。从现代物流或经济学角度分析，路径临时改造方案存在优化空间。修建可重复利用的运输路径一方面可以提高货物运输效率、降低运输费用，符合企业利益。另一方面，节约社会资源、促进国家发展战略的实施，符合国家利益。因此，针对现有长大货物运输存在的不足并结合长大货物多式联运客观需要，提出长大货物多式联运路径再利用规划问题，即通过科学规划长大货物多式联运路径，并在已有长大货物多式联运网络中适当保留改造或新建的节点与边，从而构建长大货物多式联运通道以实现节点与边的重复利用，提升网络运输能力。

　　在满足可达性的前提下，构建一条安全性高、时效性好、经济性佳的长大货物多式联运通道。运输安全性贯穿于整个联运组织过程，因此联运路径必须满足各项可行性因素的制约。时效性好以及经济性佳则需要联运路径在运输（改造）时间、运输（改造）费用等方面具有较强的优势。然而，节点与边的改造需要耗费巨额资金。因此，科学地对节点与边进行改造是解决该问题的关键。这里引入概念 BCR（Benefit/Cost Ratio），即收益投资比值，其目的是以最小的投资获得最大的收益。以可行性因素为约束条件，BCR 收益投资比值最大化为优化目标构建决策模型。不同于一般模型以费用最小或者收益最大为优化目标，本章模型优化目标可以使投资方的收益率最大化，具有较强的现实意义。

11.1.1　联运网络拓扑

普通货物运输网络往往是平面的，即从起点选择一条最优路径到达终点，其对运输节点的换装能力要求不高，主要是利用现有的节点与边进行货物的运输，不涉及节点与边的改造。如图 11-1 所示，通过选择不同的运输路径将货物从起始节点 1 运输到目的节点 7。

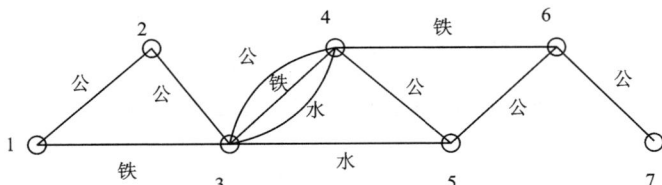

图 11-1　平面货物运输网络

图 11-1 为平面货物运输网络，包括公、铁、水路三种运输方式。该图不能详细表达货物在不同运输方式之间的换装。而节点处的换装能力恰好是制约长大货物多式联运的关键因素。此外，平面图无法表示改造后的运输节点，即通过对运输节点改造升级后使原来不能满足货物换装要求的运输节点符合货物的换装要求。而且该图无法清晰地显示各类运输方式占整个运输网络的比重。因此，有必要构建一种立体的运输网络以克服平面图的缺点。

图 11-2 为基于图 11-1 优化后的立体长大货物多式联运网络拓扑，即将平面运输网络单个节点拆分为三个节点。该立体网络拓扑包含公、铁、水路三层，其中实线代表真实运输边，不同虚线代表货物在公、铁、水路运输方式之间的换装。位于同一垂直线的节点称为同位节点，即地理位置相同、运输方式不同。例如，节点 4、5、6 互为同位节点，分别代表同一地理位置公、铁、水路运输方式的运输节点。根据实际情况，部分节点不存在同位节点或只有一个同位节点，剩余的则为无效节点。三个同位节点之间最多允许换装两次，两个同位节点最多允许换装一次。

立体长大货物多式联运网络克服了平面运输网络信息表达不充分、不清晰的问题。该网络中所包含的运输路径不仅仅是路径本身，还涉及货物的换装（即不同运输方式之间的转换）、节点与边的改造以及运输通道的构建。通过构建成熟的联运通道来降低运输费用，提高运输时效。

图 11-3 为基于图 11-2 的扩展长大货物多式联运网络拓扑，即其中单个节点或边的改造费用不超出许可费用，则假设对所有可以实施改造措施的节点与边进行改造，从而得到改造后的联运网络。

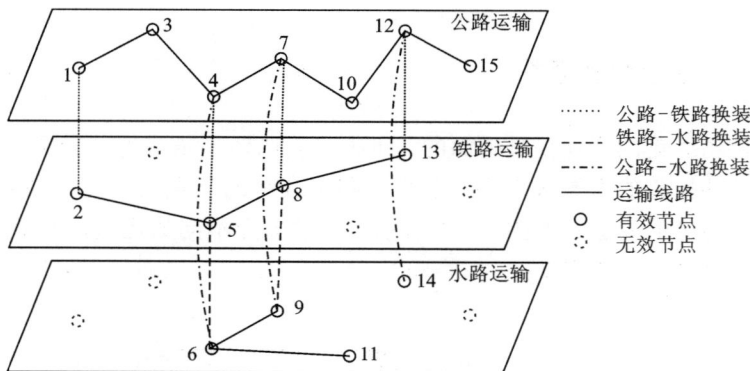

图 11-2　立体长大货物多式联运网络拓扑

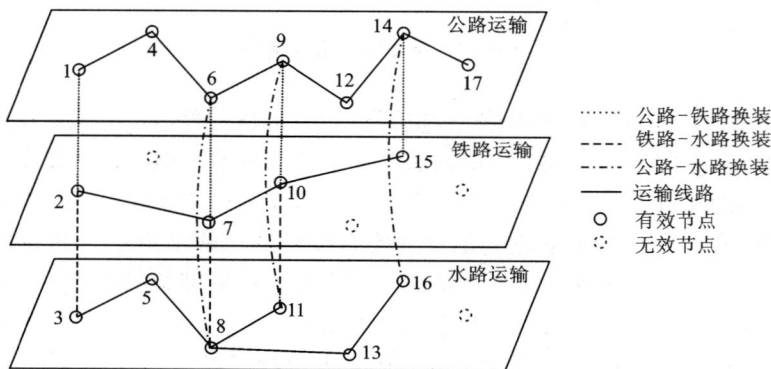

图 11-3　扩展长大货物多式联运网络拓扑

11.1.2　决策模型构建

根据前面分析内容,建立长大货物多式联运路径再利用规划决策模型:设长大货物多式联运网络节点集合 $V = \{v_1, v_2, \cdots, v_n\}$,令节点 v_1 为路径的初始节点,节点 v_n 为路径的终止节点。令 x_{ij} 为决策变量,$x_{ij} = 1$ 表示边 (i, j) 在路径中,或者虚拟换装边 (i, j)(将货物在不同运输方式之间的换装视为虚拟运输边)在路径中,否则 $x_{ij} = 0$。

1)路径决策模型目标函数构建

$$C_1 = \sum_{i=1}^{n} \sum_{j=1}^{n} c_{ij}^1 x_{ij} \tag{11-1}$$

$$T_1 = \sum_{i=1}^{n} \sum_{j=1}^{n} t_{ij}^1 x_{ij} \tag{11-2}$$

$$D_1 = \sum_{i=1}^{n} \sum_{j=1}^{n} d_{ij}^1 x_{ij} \tag{11-3}$$

$$S_1 = \sum_{i=1}^{n} \sum_{j=1}^{n} s_{ij}^1 x_{ij} \tag{11-4}$$

$$RT_1 = \text{Max}\{T_e^1, T_v^1\} \tag{11-5}$$

式(11-1)、式(11-2)、式(11-3)、式(11-4)分别表示实施保留性改造措施前的运输费用、运输时间、运输里程以及临时改造费用(包括土地使用费用、工程建造费用、设备租赁费用等)。若边(i,j)为真实运输边，则c_{ij}^1、t_{ij}^1、分别表示从节点v_i到节点v_j的运输费用、运输时间。若边(i,j)为虚拟换装边，则c_{ij}^1、t_{ij}^1分别表示货物从节点v_i换装到节点v_j的换装费用、换装时间。d_{ij}^1、s_{ij}^1分别表示运输里程以及边(i,j)(或节点v_i)的临时改造费用。式(11-5)为临时改造时间，其中边与节点总改造时间分别为T_e^1、T_v^1。因节点与边的改造可以同时进行，所以改造时间取二者中较大者$\text{Max}\{T_e, T_v\}$。

$$G_{\min} = C_1 + T_1 \varphi + D_1 \mu \tag{11-6}$$

式(11-6)为路径决策模型目标函数，表示实施保留性改造措施前的广义运输费用。包括纯运输费用以及运输时间、运输里程转换的费用。φ、μ为转换系数，将运输时间与里程转换为费用，系数的确定参考了文献的参数以及承运企业调研数据，并结合本章运输实例特性综合考虑了人力成本、设备损耗、潜在收益损失等因素。

2)BCR 决策模型目标函数构建

$$C_2 = \sum_{i=1}^{n} \sum_{j=1}^{n} c_{ij}^2 x_{ij} \tag{11-7}$$

$$T_2 = \sum_{i=1}^{n} \sum_{j=1}^{n} t_{ij}^2 x_{ij} \tag{11-8}$$

$$D_2 = \sum_{i=1}^{n} \sum_{j=1}^{n} d_{ij}^2 x_{ij} \tag{11-9}$$

$$S_2 = \sum_{i=1}^{n} \sum_{j=1}^{n} s_{ij}^2 x_{ij} \tag{11-10}$$

$$RT_2 = \text{Max}\{T_e^2, T_v^2\} \tag{11-11}$$

式(11-7)、式(11-8)、式(11-9)、式(11-10)分别表示实施保留性改造措施后的运输费用、运输时间、运输里程以及改造费用(包括土地使用费用、工程建造费用、设备购买费用、后期维护费用等)。若边(i,j)为真实运输边，则c_{ij}^2、t_{ij}^2分别表示从节点v_i到节点v_j运输费用、运输时间。若边(i,j)为虚拟换装边，则c_{ij}^2、t_{ij}^2分别表示货物从节点v_i换装到节点v_j的换装费用、换装时间。d_{ij}^2、s_{ij}^2分别表示运输里程以及边(i,j)(或结点v_i)的改造费用。式(11-11)表示保留性改造时间,其中边与节点总改造时间分别为 T_e^2、T_v^2。因边与节点的改造可以同时进行,所以改造时间取二者中较大者 $\mathrm{Max}\{T_e^2,\ T_v^2\}$。

$$P = \sum_{i=1}^{n} \sum_{j=1}^{n} \sum_{k=1}^{m} \frac{a_{ijk}}{(1+r)^k} x_{ij} \qquad (11-12)$$

式(11-12)中 P 为构建联运通道后的收益,包括线路使用收益、设备使用收益、广告收益等,不包含未来长大货物运输所节约的临时改造费用、纯运输费用以及运输里程、运输时间转换后的费用。其中 m 为收益年期,k 为年序号,a_{ijk} 为边 (i,j) 未来第 k 年的预期收益,r 为近五年居民消费价格指数均值。

$$BCR_{\max} = \frac{(C_1-C_2)+(T_1-T_2)\varphi+(D_1-D_2)\mu+P}{S_2+RT_2\varphi} \qquad (11-13)$$

式(11-13)为 BCR 决策模型目标函数,$BCR_{\max}$ 为收益与投资的比值。公式分子为实施保留性改造措施前后在运输费用、运输时间、运输里程以及联运通道四个方面的收益差,公式分母为投资的费用与改造所需时间。

3)模型约束

路径决策模型约束与 BCR 决策模型约束类似,因此将两模型约束统一列出。

$$\sum_{j' \in \{j | j \in \Delta(i)\}} x_{ij} - \sum_{j' \in \{j | j \in \square(i)\}} x_{ji} = \begin{cases} 1, & i\ \text{为起点}, \\ 0, & i\ \text{为非起讫点}, \\ -1, & i\ \text{为终点}, \end{cases} \quad \forall i,j \in V \ (11-14)$$

式(11-14)确保节点流量输入与输出平衡,即运输过程中起点只有流出量,终点只有流入量,中间节点流入量与流出量相等。其中 $\Delta(i)$ 表示节点 v_i 后向节点集合,即从节点 v_i 所能到达的所有节点的集合。$\square(i)$ 表示节点 v_i 前向节点集合,即所有能直接到达节点 v_i 的节点的集合。

$$T_1+RT_1 \leqslant T, \quad \forall i,j \in V \qquad (11-15)$$

$$T_2+RT_2 \leqslant T, \quad \forall i,j \in V \qquad (11-16)$$

式(11-15)、式(11-16)保证将长大货物从节点 v_i 运送到节点 v_j 运输时间(包括节点与边的改造时间)不超过允许时间 T。

$$C_1, C_2 \leqslant C, \quad \forall i,j \in V \qquad (11-17)$$

$$S_1, S_2 \leqslant S, \quad \forall i,j \in V \qquad (11-18)$$

式(11-17)、式(11-18)保证运输费用以及改造费用不超过允许运输费用 C 以及改造费用 S。

$$x_{ij}(L_{ij}+E_{ij}) \leqslant \Omega_{ij}, \quad \forall i,j \in V \qquad (11-19)$$

式(11-19)保证车辆载货后总轮廓不超过各条边的限界。其中车辆载货后综合限界为 L_{ij}，安全裕量为 E_{ij}，边 (i,j) 的限界为 Ω_{ij}。

$$x_{ij}Z_{ij} \leqslant \alpha_{ij}, \qquad \forall i,j \in V \qquad (11-20)$$

式(11-20)保证轴载不超过公路、铁路以及桥梁安全承载能力，其中车辆装载货物后轴载为 Z_{ij}，公路、铁路以及桥梁允许轴载为 α_{ij}。

$$x_{ij}A_{ij} \leqslant \delta_{ij}, \qquad \forall i,j \in V \qquad (11-21)$$

式(11-21)保证车辆安全通过坡度大于边的最大坡度，其中车辆能安全通过线路纵坡度为 δ_{ij}，边最大坡度为 A_{ij}。

$$x_{ij}R_{ij} \leqslant \gamma_{ij}, \qquad \forall i,j \in V \qquad (11-22)$$

式(11-22)保证边的曲线半径足够大，其中车辆转弯半径为 R_{ij}，边最小曲线半径为 γ_{ij}。

$$x_{ij}J_{ij} \leqslant \chi_{ij}, \qquad \forall i,j \in V \qquad (11-23)$$

式(11-23)保证铁路线间距足够宽，其中运输车辆所需最小线间距为 J_{ij}，边的线间距为 χ_{ij}。

$$x_{ij}K_{ij} \leqslant \kappa_{ij}, \qquad \forall i,j \in V \qquad (10-24)$$

式(11-24)保证铁路运输线路道岔符合规定，其中车辆运输最小道岔为 K_{ij}，线路道岔为 κ_{ij}。

$$x_{ij}D_{ij} \leqslant d_{ij}, \qquad \forall i,j \in V \qquad (11-25)$$

式(11-25)保证航道有足够水深，其中船舶载货后吃水为 D_{ij}，航道水深为 d_{ij}。

$$x_{ij}W_{ij} \leqslant \omega_{ij}, \qquad \forall i,j \in V \qquad (11-26)$$

式(11-26)保证码头靠泊吨位足够，其中船舶靠泊所需码头吨位为 W_{ij}，节点 v_i 靠泊吨位为 ω_{ij}。

$$x_{ij}N_{ij} \leqslant n_{ij}, \qquad \forall i,j \in V \qquad (11-27)$$

式(11-27)保证船闸级别满足运输船舶运输规定，其中 N_{ij} 为船舶航行所需最小级别船闸，n_{ij} 为边的船闸级别。

$$x_{ij}Q \leqslant \rho_{ij}, \qquad \forall i,j \in V \qquad (11-28)$$

式(11-28)保证节点具有货物换装的装卸能力，其中长大货物质量为 Q，节点 v_i 起重重量为 ρ_{ij}。

4）模型小结

（1）路径决策模型。

$$
\begin{cases}
C_1 = \displaystyle\sum_{i=1}^{n}\sum_{j=1}^{n} c_{ij}^1 x_{ij} \\[2mm]
T_1 = \displaystyle\sum_{i=1}^{n}\sum_{j=1}^{n} t_{ij}^1 x_{ij} \\[2mm]
D_1 = \displaystyle\sum_{i=1}^{n}\sum_{j=1}^{n} d_{ij}^1 x_{ij} \quad\Rightarrow\quad G_{\min} = C_1 + T_1\varphi + D_1\mu \\[2mm]
S_1 = \displaystyle\sum_{i=1}^{n}\sum_{j=1}^{n} s_{ij}^1 x_{ij} \\[2mm]
RT_1 = \mathrm{Max}\{T_e^1,\ T_v^1\}
\end{cases}
\tag{11-29}
$$

s. t.

$$
\begin{cases}
\displaystyle\sum_{j'\in\{j|j\in\Delta(i)\}} x_{ij} - \sum_{j'\in\{j|j\in\square(i)\}} x_{ji} = \begin{cases} 1,\ i\ \text{为起点}, \\ 0,\ i\ \text{为非起讫点}, \qquad \forall i,j \in V \\ -1,\ i\ \text{为终点}, \end{cases} \\[4mm]
T_1 + RT_1 \leqslant T, & \forall i,j \in V \\[1mm]
C_1 \leqslant C, & \forall i,j \in V \\[1mm]
S_1 \leqslant S, & \forall i,j \in V \\[1mm]
x_{ij}(L_{ij} + E_{ij}) \leqslant \Omega_{ij}, & \forall i,j \in V \\[1mm]
x_{ij}Z_{ij} \leqslant \alpha_{ij}, & \forall i,j \in V \\[1mm]
x_{ij}A_{ij} \leqslant \delta_{ij}, & \forall i,j \in V \\[1mm]
x_{ij}R_{ij} \leqslant \gamma_{ij}, & \forall i,j \in V \\[1mm]
x_{ij}J_{ij} \leqslant \chi_{ij}, & \forall i,j \in V \\[1mm]
x_{ij}K_{ij} \leqslant \kappa_{ij}, & \forall i,j \in V \\[1mm]
x_{ij}D_{ij} \leqslant d_{ij}, & \forall i,j \in V \\[1mm]
x_{ij}W_{ij} \leqslant \omega_{ij}, & \forall i,j \in V \\[1mm]
x_{ij}N_{ij} \leqslant n_{ij}, & \forall i,j \in V \\[1mm]
x_{ij}Q \leqslant \rho_{ij}, & \forall i,j \in V
\end{cases}
$$

$$(11-30)$$

路径决策模型以最小化广义运输费用为优化目标，求取最优运输路径。式（11-29）为目标函数，表示广义运输费用，包括纯运输费用以及运输时间、运输里程转化的费用。式（11-30）为模型约束，保证运输时间（包括改造时间）、运输费用、改造费用、线路限界等各项因素不超过允许值。

（2）BCR 决策模型。

$$
\begin{cases}
C_2 = \displaystyle\sum_{i=1}^{n}\sum_{j=1}^{n} c_{ij}^2 x_{ij} \\[2mm]
T_2 = \displaystyle\sum_{i=1}^{n}\sum_{j=1}^{n} t_{ij}^2 x_{ij} \\[2mm]
D_2 = \displaystyle\sum_{i=1}^{n}\sum_{j=1}^{n} d_{ij}^2 x_{ij} \\[2mm]
S_2 = \displaystyle\sum_{i=1}^{n}\sum_{j=1}^{n} s_{ij}^2 x_{ij} \\[2mm]
RT_2 = \text{Max}\{T_e^2,\ T_v^2\} \\[2mm]
P = \displaystyle\sum_{i=1}^{n}\sum_{j=1}^{n}\sum_{k=1}^{m} \frac{a_{ijk}}{(1+r)^k} x_{ij}
\end{cases}
$$

$$\Rightarrow BCR_{\max} = \frac{(C_1 - C_2) + (T_1 - T_2)\varphi + (D_1 - D_2)\mu + P}{S_2 + RT_2 \varphi} \tag{11-31}$$

s. t.

$$
\begin{cases}
\displaystyle\sum_{j' \in \{j|j \in \Delta(i)\}} x_{ij} - \sum_{j' \in \{j|j \in \square(i)\}} x_{ji} = \begin{cases} 1, & i\ \text{为起点}, \\ 0, & i\ \text{为非起讫点}, \quad \forall i,j \in V \\ -1, & i\ \text{为终点}, \end{cases} \\[6mm]
T_2 + RT_2 \leqslant T, & \forall i,j \in V \\[1mm]
C_2 \leqslant C, & \forall i,j \in V \\[1mm]
S_2 \leqslant S, & \forall i,j \in V \\[1mm]
x_{ij}(L_{ij} + E_{ij}) \leqslant \Omega_{ij}, & \forall i,j \in V \\[1mm]
x_{ij} Z_{ij} \leqslant \alpha_{ij}, & \forall i,j \in V \\[1mm]
x_{ij} A_{ij} \leqslant \delta_{ij}, & \forall i,j \in V \\[1mm]
x_{ij} R_{ij} \leqslant \gamma_{ij}, & \forall i,j \in V \\[1mm]
x_{ij} J_{ij} \leqslant \chi_{ij}, & \forall i,j \in V \\[1mm]
x_{ij} K_{ij} \leqslant \kappa_{ij}, & \forall i,j \in V \\[1mm]
x_{ij} D_{ij} \leqslant d_{ij}, & \forall i,j \in V \\[1mm]
x_{ij} W_{ij} \leqslant \omega_{ij}, & \forall i,j \in V \\[1mm]
x_{ij} N_{ij} \leqslant n_{ij}, & \forall i,j \in V \\[1mm]
x_{ij} Q \leqslant \rho_{ij}, & \forall i,j \in V
\end{cases} \tag{11-32}
$$

BCR 决策模型以最大化收益投资比为优化目标，求取运输路径以及改造方案。式（11-31）为目标函数，表示 BCR 收益投资比，即在实施保留性改造措施前后在运输费用、运输时间、运输里程以及联运通道四个方面的收益差与改造费用加改造时间和的比值。式（11-32）为模型约束，保证运输时间（包括改造时间）、运输费用、改造费用、线路限界等各项因素不超过允许值。

11.2　长大货物多式联运路径再利用决策算法

11.2.1　基于固定优先权编码遗传算法

长大货物多式联运路径再利用规划问题属于具体化的运输网络设计问题（TNDP），即通过向运输网络添加节点与边，或对已有的节点与边进行改造从而改善网络运输能力。运输网络设计问题具有广泛的解搜索空间以及包含多个约束，难以用传统方法在可接受的时间范围内求得精确解。因此，像遗传算法这一类通用启发式算法被用来解决运输网络设计问题。利用遗传算法解决运输网络设计问题，最大的难题是如何将运输网络中的路径编码成染色体。然而，由于本问题的特殊性（包含运输路径规划、货物换装以及网络改造措施），0-1 编码、实数编码、整数或字母排列编码、数据结构编码等编码方式都不能很好地表达该问题的解。特别是在进行遗传操作时，普通编码方式容易出现非法解，影响算法性能。

Cheng 提出一种优先权编码，即对染色体的导向信息编码，而不是对路径本身编码。然而，直接利用上述算法对长大货物多式联运路径进行编码仍然会出现非法解，影响算法性能。经过对该问题的研究，将货物换装转换为虚拟的运输边，以及假设对所有可行的节点与边进行改造使其满足长大货物运输要求，构建完整的立体长大货物多式联运网络拓扑。再利用本章提出的固定优先权编码遗传算法求解模型，实现对运输路径、货物换装以及网络改造措施的优化选择。

11.2.2　基于固定优先权编码的染色体

1）固定权重染色体编码规则

固定联运网络中特殊节点（仅有一条边与其相连，起始节点除外）的优先权值，使其小于上一节点的相邻节点的优先权值，以保证路径的延伸。此外，固定起始节点优先权值最小，终止节点优先权值最大，以保证路径顺利从起点延伸到终点。除特殊节点和起始节点，运输网络中其余节点取随机优先权值。

表 11-1 为图 11-2 联运节点的优先权值。该表格中各节点优先权值服从固定优先权编码规则。如图 11-2 所示，节点 11、14 为特殊节点。从节点 6 出发，

其相邻节点有 4、5、9、11，若特殊节点 11 的优先权值最大则节点 6 的下一节点为 11 号。然而，特殊节点 11 除节点 6 以外无其他相邻节点，导致路径无法延伸至终点，因此需要固定此类特殊节点优先权值小于上一节点的相邻节点的优先权值，禁止节点 11 成为节点 6 的下一节点。同理，固定特殊节点 14 优先权值小于其上一节点的相邻节点的优先权值。此外，固定起点优先权值最小，终点优先权值最大，加快路径延伸到终点，其他节点优先权值随机。大型运输网络中存在数量众多的特殊节点。因此，固定特殊节点的优先权值可以解决遗传操作过程中生成的非法解，提高算法性能。

表 11-1　联运节点优先权

联运节点	1	2	3	4	5	6	7	8	9	10	11	12	13	14	15
优先权值	1	11	6	3	4	13	14	9	5	12	2	8	10	7	15

2）固定权重染色体解码规则

设起始节点为 1 号，终止节点为 15 号。根据表 11-1 节点优先权信息，从节点 1 出发，节点 2、3 与其相连，因节点 2 优先权大，所以节点 2 为下一节点。与节点 2 相邻的只有节点 5，因此下一节点为 5 号。与节点 5 相邻的节点有 4、6、8，其中节点 6 的优先权最大，所以节点 6 为下一节点。以此类推，从节点 1 到节点 15 的完整路径为 1→2→5→6→9→7→10→12→15。若同位节点之间存在换装两次的情况，则选择下一延伸节点时忽略同位节点，防止路径延伸陷入循环换装。

11.2.3　遗传算子

针对固定优先权编码特性，设计一种固定权重映射交叉法和单点交叉法，用于解决染色体在遗传操作过程中出现非法解的问题。

1）固定权重映射交叉

固定优先权编码方式本质上属于排列编码类，针对该类编码的交叉操作算子主要有部分映射交叉（PMX）、顺序交叉（OX）和位置交叉（PX）。上述交叉算子产生的子代可能会丢失父代的遗传信息，且都包含一个特殊的修复机制来解决产生的非法子代，因此算法性能受到较大影响。为解决上述算子产生的问题，Gen 提出权重映射交叉（WMX），并且证明该方法效果更佳。该编码方式常应用于与染色体结构类似的两阶段以及固定费用运输问题。然而，直接利用权重映射交叉法对染色体进行交叉，同样存在非法子代。因此，本章提出固定权重映射交叉（FWMX-fixed weight mapping crossover），基本原则是变更交叉后染色体中特殊节点的优先权值,使特殊节点的优先权值小于上一节点的相邻节点的优先权值,且保证调整后的节点优先权值大小相对顺序不变。具体操作步骤如下。

步骤1:随机选择交叉点。

联运节点		1	2	3	4	5	6	7	8	9	10	11	12	13	14	15
优先权值	父代1	1	6	11	3	4	9	12	7	2	8	10	13	14	5	15
	父代2	1	3	6	9	13	11	8	5	4	10	7	14	2	12	15

步骤2:交换父代基因串。

联运节点		1	2	3	4	5	6	7	8	9	10	11	12	13	14	15
优先权值	父代1	1	6	11	3	4	9	12	7	2	10	7	14	2	12	15
	父代2	1	3	6	9	13	11	8	5	4	8	10	13	14	5	15

步骤3:对交换部分基因串,按照优先权值从小到大进行排序,生成映射关系。该映射关系可以理解为交叉部分节点权值的排列顺序。

联运节点		10	11	12	13	14	15		10	11	12	13	14	15
优先权值	父代1	10	7	14	2	12	15	⇒	2	7	10	12	14	15
	父代2	8	10	13	14	5	15		5	8	10	13	14	15

步骤4:按映射关系再次交换基因串,产生中间子代。

联运节点		1	2	3	4	5	6	7	8	9	10	11	12	13	14	15
优先权值	子代1	1	6	11	3	4	9	12	7	2	10	8	14	5	13	15
	子代2	1	3	6	9	13	11	8	5	4	7	10	12	14	2	15

步骤5:调整子代特殊节点(假设节点11、14为特殊节点,其上一节点的相邻节点分别为4、5、9和13、15)优先权值,使其优先权值小于上一节点的相邻节点的优先权值,产生最终子代。需要注意的是,在调整优先权值时,需要保持相邻节点权值大小顺序不变。例如调整之前权值大小排序为节点5>节点4>节点9,调整后权值大小排序不变。

联运节点		1	2	3	4	5	6	7	8	9	10	11	12	13	14	15
优先权值	子代1	1	6	11	4	8	9	12	7	3	10	2	14	13	5	15
	子代2	1	3	6	10	13	11	8	5	9	7	4	12	14	2	15

2）单点变异

由于染色体采用固定权重映射交叉，其结构变化较大，不利于算法收敛。因此，采用单点变异法，即随机选择父代中的两个节点，然后交换节点优先权值。若变异后节点优先权值不满足编码规则，则变更特殊节点的优先权值。该方法能最小限度地减小变异对整个染色体的影响，从而更好地实现局部爬山获得更优解，具体步骤如下。

步骤 1：随机选择父代中的两个节点。

联运节点	1	2	3	4	5	6	7	8	9	10	11	12	13	14	15
父代权值	1	6	11	3	4	9	12	7	2	8	10	13	14	5	15

步骤 2：交换两节点优先权值。

联运节点	1	2	3	4	5	6	7	8	9	10	11	12	13	14	15
子代权值	1	6	11	3	8	9	12	7	2	4	10	13	14	5	15

步骤 3：检查节点优先权值，若不满足优先权编码规则，则变更特殊节点的优先权值，使其优先权值小于上一节点相邻节点的优先权值，并保证调整权值后相邻节点权值的大小顺序不变。假设此时特殊节点为 5 号，其上一节点的相邻节点为 4、6。变更 5 号节点优先权值，并保证相邻节点优先权值大小顺序不变，即节点 6>节点 3>节点 5。

联运节点	1	2	3	4	5	6	7	8	9	10	11	12	13	14	15
子代权值	1	6	11	8	3	9	12	7	2	4	10	13	14	5	15

3）解有效性检验

步骤 1：按照个体优先权值生成联运路径。

步骤 2：计算各联运路径运输费用、运输时间、改造费用及时间（若路径存在改造的节点与边）。

步骤 3：检验联运路径运输费用、运输时间、改造费用及时间是否满足模型相应约束条件。若不满足约束条件，则剔除种群中相应个体。按照固定优先权编码方式生成新的个体，再次检验是否满足约束。直至所有个体生成的路径均满足模型约束。

4）进化选择

采用经典的轮盘赌模型来进行子代的选择，具体操作步骤如下：

步骤一：计算种群所有个体适应值 $f(x_i)$，$i=1,2,\cdots,N$，其中 N 为种群大小。

　　步骤二：计算个体被选择的概率。

$$P(x_i) = \frac{f(x_i)}{\sum_{j=1}^{n} f(x_j)} \qquad (11-33)$$

　　步骤三：计算个体累积概率。

$$q_i = \sum_{j=1}^{i} P(x_j) \qquad (11-34)$$

　　步骤四：生成随机数 $r \in [0, 1]$。

　　步骤五：若 $r < q_1$，则选择个体 1。若 $q_{k-1} < r < q_k$，则选择个体 k。

　　步骤六：重复步骤四、步聚五 N 次，完成所有个体的选择。

　　基于固定优先权编码遗传算法流程图如图 11-4 所示。

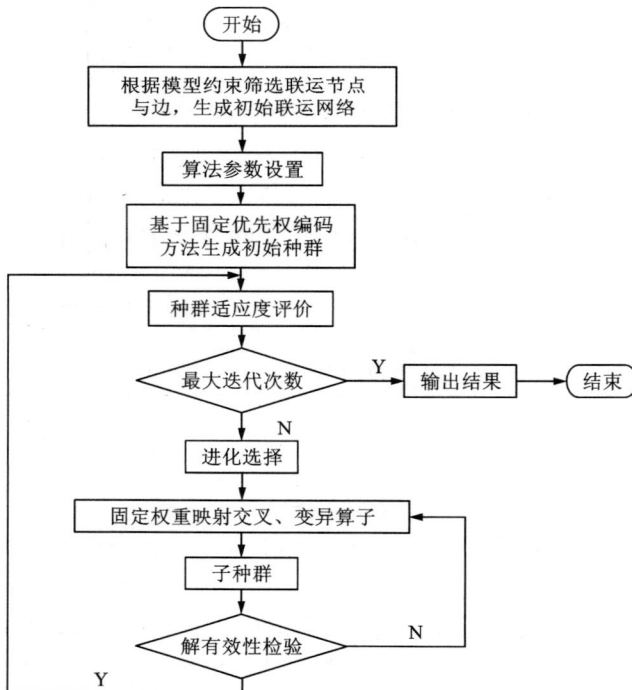

图 11-4　基于固定优先权编码遗传算法流程

第 12 章
长大货物联运风险防控决策

　　长大货物联运往往是长距离、长时间、牵涉面广、参与人员较多的运输活动，运输环境千变万化，使得加强运输过程风险防控显得尤为重要。结合长大货物联运过程，将长大货物联运风险划分成不同的类型，刻画长大货物联运风险特征；从长大货物联运的内部和外部两个方面识别长大货物联运过程中各类风险因素，利用层次分析法确定各风险因素对整体风险的影响权重，运用模糊综合评价方法对长大货物联运进行风险评估，设计长大货物联运风险识别与评估技术，构造长大货物联运风险控制流程，提出长大货物联运风险控制策略，构建长大货物联运应急预案体系，以切实有效地解决长大货物联运风险防控决策问题。

12.1　长大货物联运风险评估

　　根据 7.3.3 节，长大货物联运的风险评估主要评估运输项目整体风险的影响程度、发生概率及损失大小。鉴于长大货物联运数据的缺乏，并且很多因素无法用精确的数字进行定量化描述，需要借助于模糊信息处理的方法。本章用风险水平来衡量风险的影响程度和发生概率，将风险水平分为高、较高、一般、较低、低五个等级，各等级的含义如表 12-1 所示。

表 12-1　各风险等级的含义

风险水平	含义
高	风险发生概率高、可能造成的损失大，后果不可接受
较高	风险发生概率较高、可能造成的损失较大，后果难以接受
一般	风险发生概率一般、可能造成的损失一般，后果可以接受
较低	风险发生概率较低、可能造成的损失较低，后果影响不大
低	风险发生概率低、可能造成的损失低，后果可以忽略不计

对于一个给定的运输方案，风险评估的作用就是评定其风险水平，发现方案的主要风险点，为制定风险控制措施提供依据。风险水平的高低是一个模糊的概念，特别是对于不同的运输企业和运输决策者，其对风险的承受水平及敏感程度是不尽相同的，因此采用模糊综合评价理论进行风险评估，具有一定的合理性和现实意义。模糊综合评价是一种基于模糊数学理论的评价方法，它根据模糊数学隶属度理论把定性评价转化为定量评价，即用模糊数学对受到多种因素制约的事物或对象作出一个总体的评价。它具有结果清晰、系统性强的特点，能很好地解决模糊的、难以量化的问题。

设某评价对象的因素（指标）集为 $U=\{u_1, u_2, \cdots, u_n\}$，各因素（指标）的权重为 $W=(w_1, w_2, \cdots, w_n)$，评语集 $V=\{v_1, v_2, \cdots, v_m\}$，$n$ 和 m 的取值视具体评价对象和评价精度而定，例如长大货物联运风险评估的评语集可确定为 $V=$ {高，较高，一般，较低，低}。模糊综合评价的最终结果也是一个模糊概念，反应评价对象对评语集中各 v_j 的隶属度，是一个与 V 具有相同维数的向量，记为 B。明显地，B 是 V 上的一个模糊子集，即 $B=\{b_1, b_2, \cdots, b_m\}\in\varphi(V)$，根据最大隶属度原则，评价对象的最终评价等级即为 $b_j(j=1, 2, \cdots, m)$ 中的最大值 $b_{j\max}$ 所对应的等级 v_j。模糊综合评价的关键在于求解综合评价 B，而 B 的取值显然与单因素评估矩阵有关。所谓单因素评估矩阵，即每一个因素 $u_i(i=1, 2, \cdots, n)$ 对应于各评价等级 $v_j(j=1, 2, \cdots, m)$ 的隶属度 r_{ij} 所组成的矩阵，记为 R。由此得：

$$B=W\times R \qquad (12-1)$$

根据模糊综合评价理论，设计长大货物联运风险评估技术，具体步骤：

（1）确定因素集 U、评语集 V、各因素权重向量 W。为了计算方便，可直接选取表 12-1 中确定的 15 个二级风险因素组成因素集 $U=\{U_1, U_2, \cdots, U_{15}\}$，评语集 $V=$ {高，较高，一般，较低，低}，权重向量 $W=(w_1, w_2, \cdots, w_{15})$。

（2）求解单因素评估矩阵 R。对于隶属度 r_{ij} 的求解有很多种方法，比较常用和简便的是利用专家打分法确定。选取 M 位长大货物运输专家，发放专家评分表，记第 k 位专家的打分为 r_{kij}，r_{kij} 只能取值 0 或 1，且

$$r_{kij}=\begin{cases}1, & \text{第 } k \text{ 位专家认为因素 } i \text{ 处于风险等级 } j;\\0, & \text{否则}\end{cases}$$

则有：

$$r_{ij}=\sum_{k=1}^{M} r_{kij}/M \ (i=1, 2, \cdots, 15; j=1, 2, \cdots, 5) \qquad (12-2)$$

（3）求解综合评价 $B=W\times R$。

（4）评估长大货物联运总体风险水平。取 $b_j(j=1, 2, \cdots, 5)$ 的最大值，其编号为 J，则长大货物联运的总体风险水平为 v_J。

12.2 长大货物联运风险控制

长大货物联运风险防控的最终目的就是对风险进行控制，最大限度地降低风险发生的概率、减少风险造成的损失。不同运输方案的风险大小和主要风险因素会有所不同，比如水路运输的主要风险来自自然灾害和天气状况，铁路运输的主要风险在于运输时间的极大不确定性，而相比之下，公路运输的风险要大于铁路和水路。因此，风险控制措施需要根据具体的运输方案而定。本节主要是针对长大货物联运中普遍存在的风险因素，综合运用风险分散、冗余技术和管理理论制定相应的风险控制措施。

12.2.1 长大货物联运风险控制流程分析

管理性方法主要包括管理网络的构建和风险控制流程的制定，这二者是长大货物联运风险控制的基础和前提。

1）长大货物联运风险防控网络

根据长大货物联运特点，设计长大货物联运风险防控网络如图 12-1 所示。

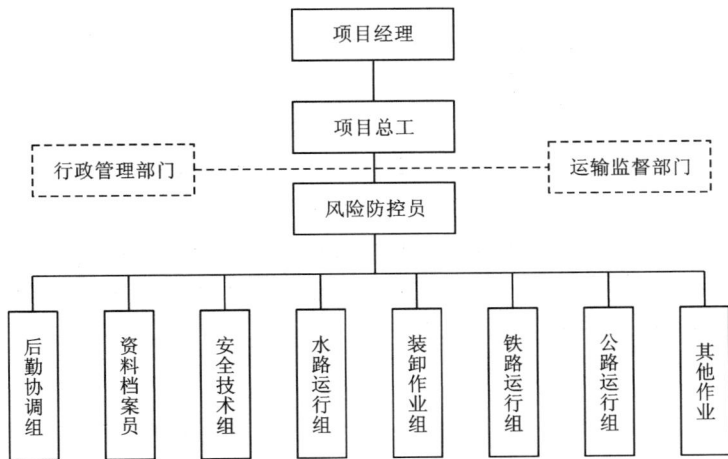

图 12-1 长大货物联运风险防控网络图

各风险防控人员的职责如表 12-2 所示。

表 12-2　风险防控人员的职责表

岗位名称	职责
项目经理	是长大货物联运项目风险防控第一责任人，负责确定项目安全目标，制定相应控制措施并组织实施；负责组织编制项目部各岗位人员风险防控职责；负责与外部接口单位协调与安全相关的事务
项目总工	负责运输方案的编制和审批，长大货物现场吊装施工作业票审批，对方案的安全性负责。负责施工作业中安全技术指导。负责编制项目部管理程序、工程质量计划等重要文件。对施工中检查存在的不合格项提出技术处理意见。负责审查项目部施工过程记录或文件资料
风险管理员	负责项目风险防控的具体工作。对现场运输涉及的所有安全活动进行监督控制，包括后勤协调、安全技术、设备运输、装卸作业等生产环节。负责项目安全等相关文件的编制、运行、维护和有效性的评价以及检查、整改工作

确定了风险防控网络和相关人员的职责后，运输过程中就可以做到令行禁止、权责分明，提高风险防控效率和响应速度。

2) 运输过程风险控制流程

流程设计是风险防控的关键，图 12-2 是长大货物联运风险控制的主要流程。

长大货物联运风险控制流程图中，从工序节点检查到最终结束，这一阶段属于运输过程中的风险控制。相比于货物启运前的准备阶段，运输过程中的风险更难控制。因此，除了从宏观上制定一定的管理措施之外，还需对运输过程中的各工序制定详细的技术性风险控制方法。

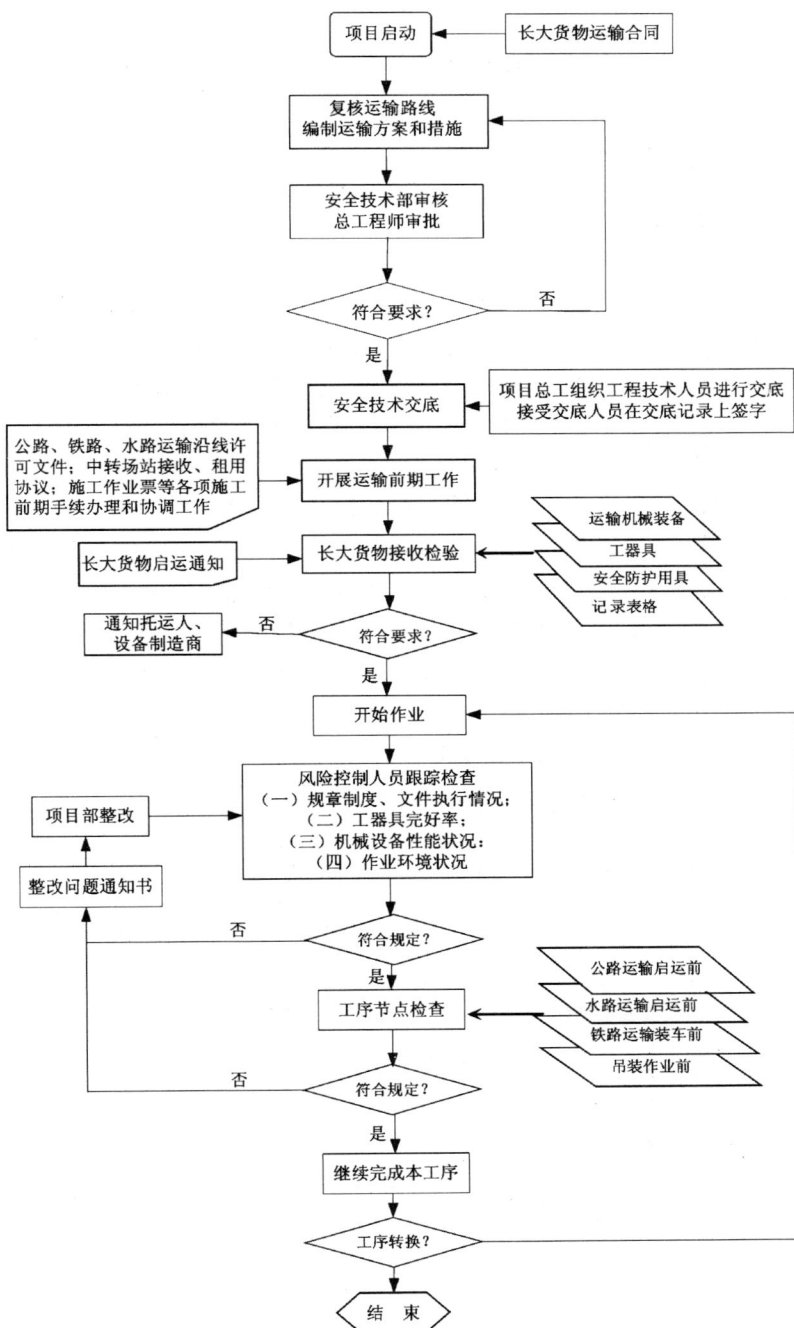

图12-2 长大货物联运风险控制流程图

12.2.2 长大货物联运过程风险控制策略

管理性方法是对风险的宏观控制，针对运输过程中的微观风险源、风险点，可以通过制定预控措施，最大程度降低或避免风险的发生。

1) 风险源控制措施

长大货物联运过程按照运输方式可分为公路运输及装卸和就位过程、铁路运输及装卸和就位过程、水路运输及装卸和就位过程。其中公路运输及装卸和就位过程中的作业活动主要有装卸及就位、车组运行；铁路运输及装卸和就位过程中的作业活动主要有铁路车辆空车位换装至重车位、吊装货物承载肩座、铁路车液压系统顶升货物和运行维护；水路运输及装卸及就位过程中的换驳、水陆运输。不同的运输过程中都有各自的风险点/风险源，总体而言这些风险点/风险源可分为设备风险点、道路风险点、人员操作风险点以及突发因素风险点。

(1) 设备风险点。如公路运输中的液压油管爆裂、道木垛坍塌造成设备损坏和人身伤亡、液压千斤顶失稳、车轮打滑、制动失灵导致货物损失以及人员伤亡；铁路运输中的支撑顶杆倾倒、设备损坏起重伤害、加固装置松动；水路运输中的吊机负荷不足、钢丝绳强度不够、运输船舶承载力不够等。对于这些风险点的控制措施，首先要做到定期检查，保证设备的安全运作并适时做加固处理，除此之外要选取经验丰富的人员进行操作，操作时要严格按照规章制度进行，将风险降到最低。具体控制措施如表 12-3 所示。

表 12-3 设备安全风险点控制措施表

风险点/风险源	风险控制措施
液压油管爆裂	1. 确保油路连接正确、畅顺，避免由于漏油造成泄压、设备倾翻； 2. 定期检查； 3. 作业时加强管路系统监控
道木垛坍塌造成设备损坏、人身伤亡	1. 搭建场地平整、坚实； 2. 选用合格的道木； 3. 由经验丰富员工负责搭建道木，确保道木垛牢固、平整，作业时加强监控
液压千斤顶失稳	1. 千斤顶支座搭设牢靠、道木合格； 2. 卸载缓慢进行，作业时加强监控

续表 12-3

风险点/风险源	风险控制措施
车轮打滑	1. 低速行驶，备用防滑链、草垫、防滑沙等防滑物，配备辅助牵引车； 2. 排障车做好引路工作
制动失灵导致货物损失、人员伤亡	1. 运输前检查车辆制动性，确认制动性能良好才下坡； 2. 下长坡时低速行驶，间歇制动； 3. 配备淋水系统，防止轮毂过热导致刹车失效； 4. 加强安全监控和对来往车辆、人员的疏导和监控
支撑顶杆倾倒	1. 顶撑承载梁的顶杆处地基要坚实平整； 2. 顶杆搭建要求竖直
设备损坏起重伤害	1. 顶升前确认液压管路系统连接良好，管路设备良好； 2. 顶升过程中四个角位处各派一人负责监护管路系统是否存在漏油现象
加固装置松动	1. 驻车时由专人负责检查； 2. 在车辆中底架以下区域进行加固处理； 3. 启运前铁路列检人员会同项目组成员共同检查车辆安全状况，确认符合要求并开具证明后启运
吊机负荷不足	1. 吊装前制定详细方案，查验吊机负荷参数，确保在负荷范围内吊装； 2. 查验吊机相关检验手续，确认其性能参数合格
钢丝绳强度不够	1. 采用 6 倍以上安全系数吊装； 2. 检查钢丝绳检验合格证； 3. 钢丝绳无断股、断丝等现象
运输船舶承载力不够	1. 查验设备运输船的相关手续，确保船龄不大于 8 年，证照齐全，人员符合要求； 2. 选择承载能力符合要求的运输船舶； 3. 装载时严格按照计算确定的位置摆放

（2）线路风险点。主要包括桥梁垮塌、道路塌方等风险，对于这类风险点的控制，需要相关工作人员在运输前确认道路整改已符合要求并做好线路勘察工作，遇有道路险情会危及运输时及时通知长大货物运输车队及时处理，确保车组

通行道路良好。

（3）人员操作风险点。参与运输过程的人员众多，涉及大量技术工作，稍有不慎，将给长大货物运输带来巨大危险。特别在货物换装过程中，货物会暂时失去支撑，悬在空中，此时货物发生跌落的可能性最大，而该过程的完成需要大量工作人员的配合，因此要特别做好换装过程的人员组织和流程控制。表 12-4 是针对换装过程的风险控制措施，旨在通过加强对操作人员的管理以降低风险发生的概率。

表 12-4　吊装过程风险控制措施表

风险点/风险源	风险控制措施
碰击货物造成冲撞物体或工作人员	1. 在吊装前检查钢丝绳、卡环是否良好，能否满足要求； 2. 在安装过程中安排两人负责； 3. 吊装起重机稳步启动； 4. 车辆上设立人员指挥
承载侧梁抬吊时跌落	1. 检查钢丝绳是否符合要求； 2. 起重指挥人员手势明确，信号清晰； 3. 抬吊作业前办理安全施工作业票并进行安全技术交底； 4. 起吊时搭建顶杆位置处各安排 1 人负责监护
吊装指挥	1. 明确指挥人员，统一指挥； 2. 指挥作业人员必须取得相关的资格证

（4）突发因素风险点。主要包括运输过程中的车货整体移位、倾翻以及水路运输中的船只触礁与碰撞、设备移位、遭遇恶劣天气，这类状况往往具有突发性，因此要事先做好应急措施，确保货物安全到达。具体的应对措施如表 12-5 所示。

表 12-5　突发因素风险点控制措施表

风险点/风险源	风险控制措施
船只触礁与碰撞	1. 严格按照航标灯和规定信号航行； 2. 加强同航道指挥台的联系； 3. 不明航道夜间禁止航行，如需航行需领航护航； 4. 加强值班人员对测深仪的监控，选派熟悉航道的人员驾船

续表 12-5

风险点/风险源	风险控制措施
设备移位	1. 启运前检查捆扎加固装置，符合要求后才起航； 2. 运输途中加强对设备的捆扎加固的检查，一旦发现有松动现象立即进行整改
遭遇恶劣天气	1. 通过船上广播收听运输沿途经过海域的天气预报，根据天气情况调整航行时间和途径； 2. 遇大风、大浪、浓雾等恶劣天气时按照海事部门的要求停靠到指定的港口或避风港

2）长大货物联运环境污染风险控制

长大货物联运具有一定的环境污染风险，比如运输途中若发生车辆漏油、船舶漏油事故，会对环境造成很大的影响。针对可能造成环境污染的风险源/风险点，制定如表 12-6 所示的控制措施。

表 12-6　环境污染风险控制措施表

序号	作业活动	环境影响	控制措施
1	利用液压装置顶推装卸车	液压油泄漏	加强工器具检查验收，及时清理泄漏油污
2	拆除货物木包装	废弃包装	统一回收
3	公路、铁路运输	尾气、噪声	所有车辆都通过定期检测，达到国家标准
4	水路运输	垃圾、废水、油污染	实行集中回收，统一处置

12.3　长大货物联运应急预案

长大货物联合运输过程中，不可避免地会出现一些突发情况。为了避免突发事件给运输过程带来危险，应事先制定完善的应急预案。应急预案旨在确保公司相关部门能和项目部在任何时候对运输过程中可能所面临的危险、事故和紧急情况做出及时反应，尽量消除或减少可能造成的事故损失。

12.3.1　长大货物联运应急预案总则设计

由于长大货物联运涉及铁路、公路和水路三种运输方式，长大货物联运应急预案的制定依据除了全国具有普遍使用范围的共有依据，还必须包括不同运输方式自身系统内部应急预案的特有依据。共有依据包括《中华人民共和国安全生产法》《国家突发公共事件总体应急预案》《特别重大事故调查程序暂行规定》等相关法律法规和有关规定；以铁路运输为例，特有依据包括《中华人民共和国铁路法》《铁路技术管理规程》《铁路行车事故处理规则》《铁路货运事故处理规则》《铁路货物运输规程》《铁路超限货物运输规则》《国家处置铁路行车事故应急预案》等相关法律法规和有关规定。

1）长大货物联运应急预案制定目的

对于长大货物来说，由于运送的物资大都是国家建设重点物资。这些物资的安全运送，首先为国家安全、地方经济开发及招商引资带来必要的保障；其次，由于货物笨重、阔大等特征，一旦发生事故，无疑将会给企业、国家带来巨大损失，甚至会带来车毁人亡的严重后果。因此，制定长大货物联运应急预案的目的是：①预防长大货物在整个联运期间可能出现的各种联运风险，规范安全生产事故灾难的应急管理和应急响应程序；②提高对联运事故快速反应和应急处理能力，及时有效地实施应急救援工作，最大限度地减少人员伤亡和财产损失，减轻联运事故对社会的影响；③尽快恢复联运事故路段的正常运输组织。

2）长大货物联运应急预案制定原则

长大货物联合运输是通过"人−设备−环境−管理"多部门、多层次人员分工与协作来实现的，如图12−3所示。因此，人与人之间、人与设备之间、人与环境、设备与环境之间相互作用、相互影响、相互依赖、相互制约，必须协调配合好，才能有效保证长大货物安全联运的顺利进行。如果这些因素之间配合不好，就会造成事故隐患乃至发生联运事故，严重影响长大货物联运过程以及事故路段的正常运输组织。

长大货物联运事故应急预案应由事故的预防和事故发生后损失的控制两个方面构成。因此，制定应急预案的原则是"以预防为主，防救结合"。

（1）从事故预防的角度制定事故应急预案。

从事故预防的角度看，事故预防应由技术对策和管理对策共同构成。首先，技术上采取措施，使得"设备−环境"系统具有保障安全状态的能力；其次，通过管理协调"人自身"以及"人−设备"系统的关系，以实现整个系统的安全。值得注意的是，人员对于安全起着主导作用，长大货物联运安全与许多活动有关，所有各项活动都依赖于高效、安全和可靠的人的行为。对于长大货物联合运输，其工

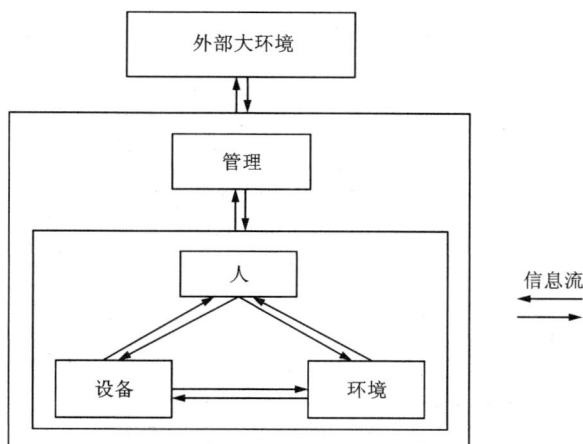

图 12-3　长大货物联运的"人-设备-环境-管理"系统

作的每个环节、每项作业，都是有人参与并且人处于主导地位，从装车、装载加固、检测、换装、运输以及与外部环境进行信息交流等环节，都是由人来完成或者监督控制的，因此提高人的因素可以提高事故预防和控制的可靠性，对长大货物联运安全起着关键的作用。"提高系统安全保障能力"和"将事故控制在局部"是事故预防的两个关键点。

（2）从事故发生后损失控制的角度制定事故应急预案。

从事故发生后损失控制的角度看，事先对可能发生事故后的状态和后果进行预测并制定救援措施，一旦发生异常情况，能根据事故应急预案及时进行救援处理，可最大限度地避免突发性重大事故发生、减轻事故所造成的损失，同时又能及时地恢复生产。"及时进行救援处理"和"减轻事故所造成的损失"是事故损失控制的两个关键点。

12.7.2　长大货物联运应急预案体系构建

按照事故发生过程，长大货物联运应急响应程序可分为接警与事故上报、响应级别确定、应急启动、救援行动、事态控制、应急恢复和应急结束等 7 个过程，如图 12-4 所示。因此，完善的长大货物联运应急预案，应涵盖整个长大货物联合运输事故应急管理的全过程；科学的长大货物联运应急预案，必须在重大危险源潜在事故分析的基础上进行编制；高效的长大货物联运应急预案，应该有完整的组织指挥体系和明确的责任分工。

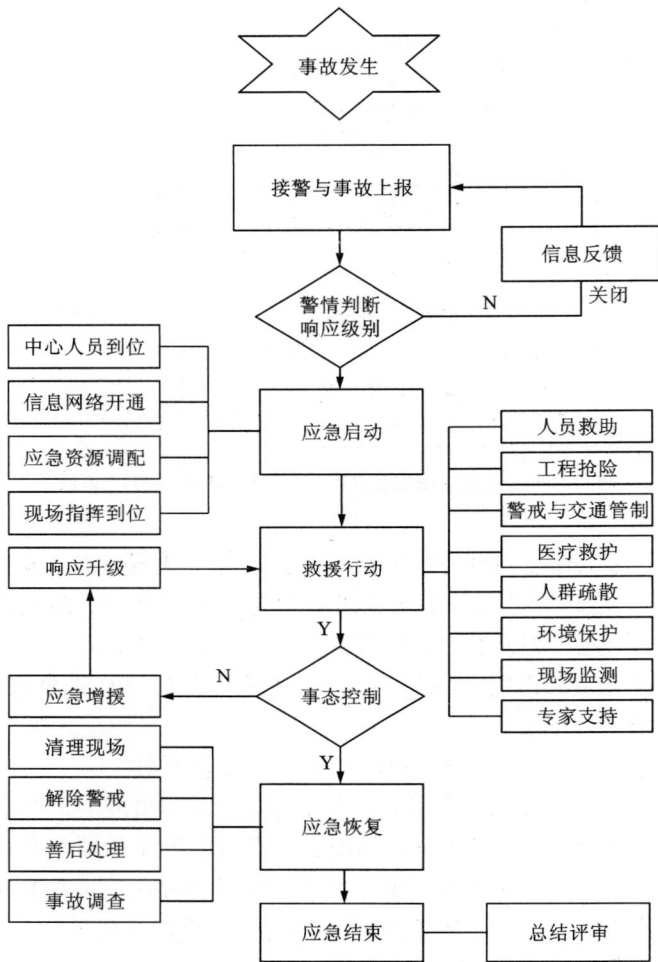

图12-4　长大货物联运应急响应程序

　　长大货物联运应急预案体系应该包括以下六个方面：总则、应急组织指挥体系及职责任务、事故预防、应急响应救援、应急保障、应急预案管理与评审改进。

　　1）总则

　　依据相关法律、法规，编制长大货物联运应急预案的目的、依据、原则及预案适用的范围。

　　2）应急组织指挥体系及职责任务

　　依据长大货物联运安全事故的类别、预案（事故）分级响应条件，设置分级应急救援组织机构，对预案的应急救援系统的组织机构、人员构成、职责分配、总指挥权替补顺序等做出详尽说明。应对事故应急管理过程中可能遇到的问题详加分析，科学全面地将职责划分到相应的应急救援人员中。

　　3) 事故预防

　　安全联运，预防为主。预防程序体现了事故应急管理中事故预防阶段的工作内容。该部分内容对长大货物联运安全事故预防措施、关键设备的检测检验、应急知识的宣传教育、长大货物联运安全评审做出说明和规定。如：为了防止长大货物联运发生事故而采取的有关安全防范措施，开展内部及长大货物联运沿途周边社区人员应急救援知识的宣传教育等。长大货物由于其自身的特殊性，任何一个联运环节的忽视，都可能造成不可估量的后果，因此长大货物联运安全事故预防除保证相关运输设备、起重设备、沿线设施的正常，还要规范其运输程序及相关手续，如装载加固方案的认真执行。另外，当长大货物联运途中，出现装载松动、车梁损坏等一般突发性状况，应按照长大货物联运一般性突发事件应急处理办法，及时有效处置。

　　4) 应急响应救援

　　根据事故的危险程度，划分预案(事故)分级响应条件，按照事故危害的严重程度及应急行动优先原则，分等级制定救援程序。通过实施紧急救援程序，达到尽可能控制事故的发展态势、降低事故造成的财产损失及影响的目的。

　　长大货物联合运输是高风险的运输。长大货物联运的高风险，首先是在于货物本身的价格昂贵。这些货物大都是制造周期长、工艺繁杂的，而且往往是投资上千万，甚至上亿元的重大工程和国防建设的配套设备；其次长大货物联运的高风险是在于它的运输过程。制约长大货物联运风险的因素较多，任何一个环节考虑不周，都将造成联运安全事故或出现其他预料不到的问题，其后果是不堪设想的。如几百吨重的一个庞然大物，堵塞线路，目前起重量最大的 160 t 铁路救援起重机也无法使其复位，因此破坏繁忙干线，造成运输中断。

　　长大货物联运应急救援响应程序可分为接警与事故上报、响应级别确定、应急启动、救援行动、事态控制、应急恢复和应急结束等 7 个过程。

　　(1) 接警与事故上报。

　　事故发生后，长大货物联运工作人员应立即按有关规定，向应急反应领导小组进行报告，并注意将事故的有关情况及可能造成的联运安全详尽汇报，有利于应急反应领导小组做出准确的分析和判断。

　　(2) 响应级别确定。

　　应急反应领导小组接到事故报警后，应立即建立与事故现场的联系，根据事故报告的详细信息，对警情作出判断，确定可能的响应级别后，按照分级响应程序的信息网络通道，迅速上报和通知相应的应急救援机构及有关部门。

　　(3) 应急启动。

应急响应级别确定后，应急反应领导小组按所确定的响应级别启动应急程序，如通知应急反应领导小组有关人员到位、开通信息与通信网络、调配救援所需的应急资源（包括应急队伍和物资、装备等）、派出现场指挥协调人员和专家组等。如需要国家相关部门或地方政府支援，应急反应领导小组负责协调并调配救援所需的资源。应急启动后，应急反应领导小组应立即派相关专家组赶赴事故现场，指挥现场事故救援活动。应急反应领导小组应迅速开动相关应急技术装备数据库、同类事故案例与事故后果判断模拟分析系统、专家咨询库和最优化决策支持系统等数据库与知识库等。

（4）救援行动、事态控制。

现场救援指挥部成立前，由长大货物联运应急反应领导小组指定人员任组长并组织有关单位组成事故现场临时调查处理小组，按有关规定，开展事故现场人员救护、事故救援、起复和事故调查等工作，全力控制事故态势，防止事故扩大。

（5）应急恢复。

救援行动结束后，进入临时应急恢复阶段。其中包括现场清理、人员清点和撤离、警戒解除、善后处理和事故调查等。

（6）应急结束。

当事故发生现场对人员、财产、公共安全的危害性消除，伤亡人员和旅客、群众已得到医疗救护和安置，财产得到妥善保护，事故路段交通秩序恢复正常后，经现场救援指挥部批准，现场应急救援工作结束。应急救援队伍撤离现场，按"谁启动、谁结束"的原则，宣布应急结束。完成事故救援起复后期处置工作后，现场救援指挥部要对整个应急救援情况进行总结，并写出报告报送有关部门。

5）应急保障

应急保障是根据事故的危险分析、应急资源分析，针对可能发生的事故做好专项应急程序，并建立事故应急后勤保障体系，做好应急保障。

6）应急预案管理与评审改进

长大货物联运涉及的铁路、公路和水路相关部门应及时完善长大货物联运安全事故应急预案。随着应急救援法律法规的制定和完善、部门职责的变化以及应急过程中存在的问题和出现的新情况，主管部门应总结分析应急救援经验教训，不断总结和完善，组织相关专家对长大货物联运应急预案进行评审与改进。

12.3.3　长大货物联运应急机构设计

长大货物联运应急机构如图12-5所示。

应急反应领导小组设一名总指挥和一名副总指挥，下设公路、水路、铁路3

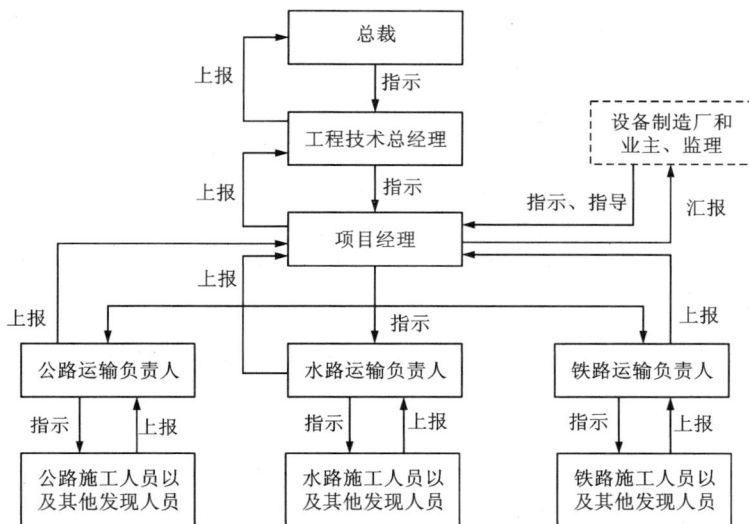

图 12-5　长大货物联运应急机构

个小组，为了能够及时地反馈信息，长大货物联运过程中按照图 12-6 所示进行信息反馈与沟通。

发生紧急情况时，发现人员应立即采用手机联系、口头告知等最快的方式将详细情况汇报给相关领导，同时应采取尽可能的方法解决现场问题。若是重大和特别紧急的事故应立即向更高级领导汇报，以便尽快做出决策。

根据事故大小，汇报方式和时间要求如下：

（1）一般事故发生后 1 小时内项目经理必须向工程技术总经理口头汇报详细情况，包括事故情况、处理措施、目前控制程度等。12 小时内采用电子邮件、传真等方式书面报告至工程技术总经理，总经理在收到邮件后立即传达到相关部门和总裁。

（2）遇特、重大事件必须在 1 小时内告知总裁详细情况，12 小时内形成书面材料汇报到总裁。

事故处理完毕后，项目经理应采取书面形式汇报事故情况，包括事故经过、事故处理措施、事故损失情况、解决办法及解决程度，同时相关记录应存档备查。

12.3.4　长大货物联运应急保障策略

要做好长大货物联运安全事故应急保障，必须提出长大货物联运应急保障策略，才能保证应急救援的顺利实施，主要体现在以下几个方面：

（1）通信与信息保障。长大货物联运项目部负责组织协调通信工作，保证应急救援时通信的畅通。长大货物联运项目部负责组织建立统一的长大货物联运安全事故灾难应急救援指挥系统，逐步整合装运车辆状态信息、地理信息、沿线视频信息，并结合联运安全事故灾害现场动态图像信息和救援预案，建立长大货物联运安全综合信息库，为长大货物联运安全抢险救援提供决策支持。

（2）救援装备和应急队伍保障。长大货物联运项目部根据联运救援体系建设规划，协调、检查、促进联运应急救援基地建设，强化完善救援队伍建设，保证应急状态时的调用。长大货物联运项目部要进一步优化和强化以救援列车、救援队、救援班为主体的救援抢险网络，合理配置救援资源；采用先进的救援装备和安全防护器材，制定各类救援起复专业技术方案；积极开展技能培训和演练，提高快速反应和救援起复能力。

（3）交通运输保障。启动应急预案期间，事发地人民政府和交通运输企业按管理权限调动管辖范围内的交通工具，任何单位和个人不得拒绝。根据现场需要，由地方人民政府协调地方公安交通管理部门实行必要的交通管制，维持应急处置期间的交通运输秩序。

（4）医疗卫生保障。地方卫生行政部门应制定相应的医疗卫生保障应急预案，明确长大货物联运沿线可用于应急救援的医疗救治资源和卫生防疫机构能力与分布情况，提出可调用方案，检查监督本行政区域内医疗卫生防疫单位的应急准备保障措施。长大货物联运项目部在制定应急预案时，应明确不同地区、不同交通方式发生联运安全事故时医疗卫生机构地址、联系方式，并制定应急处置行动方案，确保应急处置及时有效。

（5）治安保障。各级应急处置预案中，要明确事故现场负责治安保障的公安机关负责人，安排足够的警力做好应急期间各阶段、各场所的治安保障工作。

（6）物资保障。长大货物联运项目部要按规定备足必需的应急抢险路料及备用器材、设施，专人负责，定期检查。

（7）资金保障。长大货物联运项目部要采取得力措施，确保长大货物联运安全事故应急处置的资金需求。长大货物联运安全事故应急救援费用、善后处理费用和损失赔偿费用由事故责任单位承担，事故责任单位无力承担的，由地方人民政府和长大货物联运项目部按管理权限协调解决。应急处置工作经费保障按《财政应急保障预案》规定实施。

（8）技术储备与保障。长大货物联运项目部应建立联运事故灾难应急协调办公室，主要负责专家库、技术资料等的建立、完善和更新。

（9）宣传、培训和演习。地方各级人民政府要积极利用电视、广播、报刊等新闻媒体，广泛宣传应急法律法规和公众避险、自救、互救知识，提高公众自我保护能力和守法意识。长大货物联运项目部应全面开展宣传教育工作，提高全体员工安全意识。国务院有关部门和地方人民政府要组织各级应急管理机构以及专业救援队伍的人员进行上岗前培训，定期进行救援知识的专业培训、演习，提高救援技能、交通运输行业应急救援实战能力，提升长大货物联运应急处置水平。

　　上述内容能够有利于构建完善的长大货物联运应急预案体系和应急机构，能及时有效地处置长大货物联运安全事故，提高对联运安全事故快速的反应和应急处置能力，最大限度地减少人员伤亡和财产损失，减轻联运事故对社会的影响。

参考文献

［1］ Higgins A, Kozan E, Ferreira L. Optimal scheduling of trains on a single line track［J］. Transportation Research Part B, 1996; 30(2): 147-161.

［2］ Hinxman A I. The trim loss and assortment problems: a survey［J］. European Journal of Operational Research, 1980, 5(1): 8-18.

［3］ Abkowita M, Cheng P D M. Hazardous materials transport risk estimation under conditions of limited data availability［J］. Transportation Research Record, 1989(1245): 14-22.

［4］ Ang A, Briscoe J. Development of a system risk methodology for single and multimodal transportation system［R］. Final Report, Office of University Research, US DOT, Washington DC, 1989.

［5］ Aronsson M, Kreuger P, Gjerdrum J. An efficient MIP model for locomotive routing and scheduling［J］. Computers in Railways XII, 2010, 114: 964-973.

［6］ Athanasios Ziliaskopoulos, Whitney Wardell. An intermodal optimum path algorithm for multimodal networks with dynamic are travel times and switching delays［J］. European Journal of Operational Research, 2000, 125(3): 486-502.

［7］ Bookbinder J H, Seung-Ju Jeong, Chi-Guhn Lee. The European freight railway system as a hub-and-spoke network［J］. Transportation Research Part A, 2007, 41(6): 524-536.

［8］ Boussedjre, Bloch C, Moudni A E. An exact method to find the intermodal shortest path［C］// IEEE. 2004 IEEE International Conference on Networking, Sensing and Control. Taiwan: IEEE, 2004: 1075-1080.

［9］ Brucker Peter, Hurink Johan, Rolfes Thomas. Routing of railway carriages［J］. Journal of Global Optimization, 2003, 27(2-3): 314-332.

［10］ Cacchiani V, Caprara A, Toth P. Scheduling extra freight trains on railway network［J］. Transportation Research Part B, 2010, 44(2): 215-231.

［11］ Caprara Alberto, Fischetti Metteo, Toth Paolo, et al. Modeling and solving the train timetabling problem［J］. Operations Research, 2006, 50 (5): 851-861, 916.

［12］ Caprara A, Monaci M, Toth P, et al. A lagranangian heuristic algorithm for a real-word train timetabling problem［J］. Discrete Applied Mathematics, 2006, 154(5): 738-753.

[13] Caprara Alberto. A freight service design problem for a railway corridor [J]. Transportation Science, 2011, 45(2): 147-162.

[14] Cheng Xu, Lester A Hoel. A methodology for oversized vehicle trip scheduling [R]. Charlottesville: University of Virginia, 2001.

[15] Chiang W, Russell R. Hybrid heuristics for the vehicle routing problem with time windows[J]. Annals of Operations Research, 1996, 63(1): 4-28.

[16] Clifton A Ericson. Hazard analysis techniques for system safety[M]. Hoboken: John Wiley & Sons Inc., 2005.

[17] Considine M. Risk assessment of the transportation of hazardous substances through road tunnels [J]. Transportation Research Board, 1986(3): 178-185.

[18] Crainic, Teodor Gabriel. Service network design in freight transportation[J]. European Journal of Operational Research, 2000, 122(2): 272-288.

[19] Stamatis D H. Failure mode and effect analysis: FMEA from theory to execution [M]. Milwaukee: ASQC Quality Press, 1995.

[20] David R Kraay, Partrick T Harker. Real - time scheduling of freight railroads [J]. Transportation Research Part B, 1995, 29(3): 214-229.

[21] Desrochers M, Desrosiers J, Solomon M. A new optimization algorithm for the vehicle routing problem with time windows[J]. Operations Research, 1992, 40(2): 342-354.

[22] Desrochers M, Lenstra J, Savelsbergh M, et al. Vehicle routing with time window: optimization and approximation[M]. North-Holland: Amsterdam, 1988.

[23] Devadas S, Newton A R. Algorithms for hardware allocation in data path synthesis[J]. IEEE Transactions on Computer-Aided Design of Integrated Circuits and Systems, 1989, 8(7): 768-781.

[24] Dimitrios A Tsamboulas, Seraphim Kapros. Decision - making process in intermodal transportation [J]. Transportation Research Record: Journal of the Transportation Research Board, 2000, (1707): 86-93.

[25] Barber E, Hildebrand L. Guidelines for applying criteria to designate routes for transporting hazardous materials [R]. Report No. FHWA-IP-80-15, 1980.

[26] Erkut E, Verter V. Modeling of transport risk for hazardous materials[J]. Operations Research, 1998, 46(5): 625-642.

[27] Erkut E, Verter V. A framework for hazardous materials transport risk assessment [J]. Risk Analysis, 1995, 15(5): 589-601.

[28] Erkut E, Ingolfsson A. Transport risk models for hazardous materials: revisited [J]. Operations Research Letters, 2005, 33(1): 81-89.

[29] Felix Redmill, Morris Chudleigh, James Catmur. System safety: HAZOP and software HAZOP [M]. Hoboken: John Wiley & Sons Inc., 1999.

[30] Fisher M, Jornsten K, Madsen O. Vehicle routing with time windows: two optimization algorithms[J]. Operations Research, 1997, 45(3): 488-492.

[31] Glickman T S. Benchmark estimates of release accident rates inhazardous materials transportation of rail and truck [J]. Transportation Research Record, 1988(1193): 22-28.

[32] Godwin T, Gopalan Ram, Narendran T T. Freight train routing and scheduling in a passenger rail network: computational complexity and the stepwise dispatching heuristic[J]. Asia-Pacific Journal of Operational Research G, 2007, 24(4): 499-533.

[33] Dyckhoff H, Wascher G. Cutting and packing[J]. European Journal of Operational Research, 1990, 44(1): 212-225.

[34] Dyckhoff H. A typology of cutting and packing problems[J]. European Journal of Operational Research, 1990, 44(2): 145-159.

[35] Harold Kerzner. Project management: a systems approach to planning, scheduling and controlling[M]. Hoboken: John Wiley & Sons Inc., 2009.

[36] Harper D V, Evers P T. Competitive issues in intermodal railroad-truck services [J]. Transportation Journal, 1993, 32(3): 31-45.

[37] Hong K Lo, Yip C W, Wan K H. Modeling transfer and non-linear fare structure in multimodal network [J]. Transportation Research part B, 2003, 37(1): 149-170.

[38] Hwang C L, Yoon K. Multiple attribute decision making-methods and applications: a state-of-the-art survey [M]. New York: Springer Verlag, 1981.

[39] IMO. MSC Circ. 1023/MEPC 392. Guidelines for formal safety assessment (FSA) for use in the IMO rule-making process. IMO, 2002.

[40] IMO. MSC-MEPC. 2/Circ. 5. Amendments to the guidelines for formal safety assessment (FSA) for use in the imo rule-making process (MSC/Circ. 1023- MEPC/Circ. 392). IMO, 2006.

[41] Janic Milan. An assessment of performance of the European long intermodal freight trains [J]. Transportation Research Part A, 2008, 42(10): 1326-1339.

[42] Julian J R. A web-based spatial decision support system optimizes routes for oversize/overweight vehicles in Delaware [J]. Decision Support Systems, 2007, 43(4): 1171-1185.

[43] Kjetil K Haugen, Arild Hervik. A game theoretic"mode choice" modal for freight transportation [J]. Transportation Research Part E, 2002, 38(2): 1-15.

[44] Kjetil K Haugen, Arild Hervik. A game theoretic "mode-choice" model for freight transportation[J]. The Annals of Regional Science, 2004, 168(3): 469-484.

[45] Kohl N, Madsen O. An optimization algorithm for the vehicle routing problem with time window based on Lagrangian relaxation [J]. Operation Research, 1997, 45(3): 395-406.

[46] Kontoravdis G, Bard J. A GRASP for the vehicle routing problem with time window [J]. ORSA Journal on Computing, 1995, 7(1): 10-23.

[47] Kantorovich L V. Mathematical methods of organizing and planning production [J]. Management Science, 1960, 6(4): 366-422.

[48] Lamsk, Srikanthan T. Accelerating the K-shortest paths computation in multimodal transportation networks [C] //IEEE. The IEEE 5 th International Conference on Intelligent Transportation System. Singapore: IEEE, 2002: 491-495.

[49] Lozano A, Storchi G.. Shortest viable path algorithm in multimodal networks[J]. Transportation Research Part A, 2001, 35(3): 225-241.

[50] Luca Pezzullo, Roberto De Filippo. Perceptions of industrial risk and emergency management procedures in Hazmat Logistics: A qualitative mental model approach[J]. Safety Science. 2009,

47(4): 537−541.

[51] Bonssedjra M, Bloch C, El Moudni A. An exact method to find the Intermodal Shortest Path [A]. Proceedings of the2004 IEEE international Conference on Networking, Sensing&Control [C]. Taiwan, China: 2004.

[52] Mark J Koetse, Piet Rietveld. The impact of climate change and weather on transport: an overview of empirical findings[J]. Transportation Research Part D. 2009, 14(3): 205−221.

[53] Marychev S N, Olenev E A. Automatic control of the freight train make−up[J]. Automation and Remote Control, 2001, 62(6): 901−908.

[54] Minoru M, Hiroji N, Mitsuaki S. Train control system to meet new requirements in railway transportation service field [J]. Toshiba Leading Innovation, 2009, 64(9): 35−39.

[55] Nalin Shinghal, Tony Fowkes. Freight mode choice and adaptive stated preferences[J]. Transportation Research Part E, 2002, 38(5): 367−378.

[56] Gilmore P C, Gomory R E. A linear programming approach to cutting stock problem [J]. Operational Research, 1961, 9(6): 849−859.

[57] Gilmore P C, Gomory R E. A linear programming approach to cutting stock problem − part II [J]. Operational Research, 1963, 11(6): 863−888.

[58] Gilmore P C, Gomory R E. Multistage cutting stock problem of two and more dimensions[J]. Operational Research, 1965, 13(1): 94−120.

[59] Gilmore P C, Gomory R E. The theory and computation of knapsack functions[J]. Operational Research, 1966, 14(6): 1045−1074.

[60] Gilmore P C. Cutting stock, linear programming, knapsacking, dynamicprogramming and integer programming, some interconnections[J]. Annals of Discrete Mathematics, 1979, 4: 217−235.

[61] Trucco P, Cagno E, Ruggeri F, et al. A Bayesian Belief Network modeling of organizational factors in risk analysis: a case study in maritime transportation[J]. Reliability Engineering and System Safety. 2008, 93(6): 823−834.

[62] Wang P Y, Wascher G. Cutting and packing[J]. European Journal of Operational Research, 2002, 141(2): 239−240.

[63] Wang P Y. Two algorithms for constrained two−dimensional cutting stock problems [J]. Operational Research, 1983, 31(3): 573−586.

[64] Paola Modesti, Anna Sciomachen. A utility measure for finding multi−objective shortest paths in urban multimodal transportation networks[J]. European Journal of Operational Research, 1998, 16(3): 495 − 508.

[65] Pattic Nierat. Market area of rail−truck terminals: Pertinence of the spatial theory [J]. Transportation Research Part A, 1997, 31(2): 109−127.

[66] Potvin J, Rousseau J. An exchange heuristic for routing problems with time windows[J]. Journal of the Operational Research Society, 1995, 46(10): 1434−1466.

[67] Potvin J, Rousseau J. A parallel route building algorithm for the vehicle routing and scheduling problem with time windows [J]. European Journal of Operational Research, 1993, 66 (2): 331−340.

[68] Rao K R, Rao S V, Chary V. Estimation of risk indices of chemicals during transportation [J].

Process Safety Progress, 2004, 23(2): 149-154.

[69] Robert M Oliver, Smith J Q. Influence diagram, belief nets, and decision analysis [M]. Hoboken: John Wiley & Sons Inc., 1990.

[70] Roberto Bubbico, Sergio Di Cave, Barbara Mazzarotta, et al. Preliminary study on the transport of hazardous materials through tunnels accident[J]. Analysis and Prevention. 2009, 41(6): 1199-1205.

[71] Russell R. Hybrid heuristics for the vehicle routing problem with time windows [J]. Transportation Science, 1995, 29(2): 156-166.

[72] Saranen J. Railway freight operator service and planning profile[J]. International Journal of Service Science, 2010, 32(3): 158-178.

[73] Satty T L. The analytic hierarchy process[M]. New York: McGraw-Hill, 1980.

[74] Shappert L B, Brobst W A, Langhaar J W, et al. Probability and consequences of transportation accidents involving radioactive-material shipments in the nuclear fuel cycle [J]. Nuclear Safety, 1973, 14(6): 597-604.

[75] Sheffi Yosef, Eskandari Babak, Koutsopoulos Haris N. Transportation modle choice based on total logistics costs[J]. Journal of Business, 1988, 9(2): 135-143.

[76] Solomon M, Desrosiers J. Time window constrained routing and scheduling problems [J]. Transportation Science, 1988, 22(1): 1-13.

[77] Van Duin R, Van Ham H. Three-stage modeling approach for the design and organization of intermodal transportation sevices [C] // San Diego. Proceedings of the IEEE International Conference on Systems. New York: CA Press, 1998.

[78] Vayiokas N, Pitsiave-Latinopoulou M. Developing a framework for assessing risks involved in the transportation of dangerous goods [C] //11th International Symposium: Loss Prevention and Safety Promotion in the Process Industries Loss Prevention. Praha Czech Republic, 2004: 4495-4503.

[79] Dowsland W B. Two and three dimensional packing problems and solution methods [J]. New Zealand Operational Research, 1985, 13(2): 1-17.

[80] Zlatoper T J, Austrian A. Freight transportation demand: A survey of recent economic studies [J]. Transportation Journal, 1989, 16(1): 27-46.

[81] 斯蒂芬森. 美国的交通运输[M]. 刘秉镛译. 北京: 人民交通出版社, 1990.

[82] Gunter Hellmuth. 西德联邦铁路的长大货物运输[J]. 黄万程译. ETR, 1982 (10): 699-707.

[83] 安宇鸣, 张仁颐. 重大件海洋物流的典型货盘及装运方式[J]. 物流科技, 2007, (12): 37-39.

[84] 敖福龙, 邹均平, 艾小飞. 论和谐公路[J]. 中外公路, 2008, 28(2): 1-4.

[85] 曹文君. 知识库系统原理及其应用[M]. 上海: 复旦大学出版社, 1996.

[86] 陈福金, 郑榕华. 海上货物运输[M]. 北京: 人民交通出版社, 2009.

[87] 陈忠达. 关于入世后我国道路大件运输新技术新工艺开发应用的构想[J]. 上海公路, 2003(3): 29-31.

[88] 陈忠达. 我国道路大件货物运输发展战略之探讨[J]. 上海公路, 1995(4): 7-10.

[89] 陈忠达. 中国道路大件运输的回顾及展望[J]. 上海公路, 1999(S1): 175-179.

[90] 邓健芳. 超限超重货物装载加固可拓实例推理研究[D]. 长沙: 中南大学, 2012.

[91] 董晶晶. 大件物流组织与运营研究[D]. 西安: 长安大学, 2008.

[92] 杜志刚, 崔显忠. 山区公路典型小半径曲线安全改造[J]. 浙江交通职业技术学院学报, 2008, 9(3): 4-8.

[93] 符卓, 聂靖. 求解带装载能力限制的开放式车辆路径问题的遗传算法[J]. 系统工程, 2008, 26(2): 78-83.

[94] 符卓. 开放式车辆路径问题及其应用研究[D]. 长沙: 中南大学, 2003.

[95] 高轶. 基于模糊综合评判城市社区评价模型仿真研究[J]. 计算机仿真, 2012, 29 (7): 206-208.

[96] 葛锋. 铁路超限货物运输决策分析[D]. 成都: 西南交通大学, 2001.

[97] 龚艳平. 透视重大件运输市场[J]. 中国远洋航务公告, 2001(10): 31-33.

[98] 郭君. 核反应堆压力容器的大件运输方案设计[D]. 大连: 大连海事大学, 2003.

[99] 郭亚军, 易平涛. 线性无量纲化方法的性质分析[J]. 统计研究, 2008, 25(2): 93-100.

[100] 韩梅. 直线上圆柱体货物超限等级的判定方法研究[J]. 铁道学报, 2001, 23 (6): 11-15.

[101] 贺竹磬, 孙林岩. 联合运输研究综述[J]. 长安大学学报, 2006, 8(4): 32-36.

[102] 侯栋梁. 大件货物运输方案制定研究[D]. 成都: 西南交通大学, 2009.

[103] 胡思继. 铁路行车组织[M]. 北京: 中国铁道出版社, 2009.

[104] 胡毓达. 多目标决策使用模型和优选方法[M]. 上海: 上海科学技术出版社, 2010.

[105] 黄贤俊. 重特大件货物驳运的安全控制[J]. 世界海运, 2003, 26(5): 3-4.

[106] 贾振军. 货物多式联运的风险分析及控制[D]. 重庆: 重庆交通大学, 2009.

[107] 江南, 李夏苗, 朱永辉, 等. 论铁路车流径路的数学问题[J]. 中国铁道科学, 2004, 25 (5): 121-124.

[108] 焦锋利. 阔大货物运输安全综合评价研究[D]. 成都: 西南交通大学, 2009.

[109] 金广谦, 胡业平, 曹文生, 等. 大件运输中旧桥快速加固技术与应用[A]. 中国公路学会桥梁和结构工程学会 2002 年全国桥梁学术会议论文集[C], 2002.

[110] 鞠殿明. 超限货物运输基本理论及应用的研究[D]. 北京: 北方交通大学, 1997.

[111] 鞠殿明, 刘争光, 崔海涛. 大件运输实务[M]. 北京: 中国财富出版社, 2018.

[112] 康凯, 牛海娇, 朱越杰, 等. 基于粒子群蚁群算法求解多式联运中运输方式与运输路径集成优化问题[J]. 物流工程与管理, 2009, 31(10): 61-65.

[113] 康凯, 牛海娇, 朱越杰, 等. 多式联运中运输方式与运输路径集成优化模型研究[J]. 计算机应用研究, 2010, 27(5): 1672-1675.

[114] 雷定猷, 游伟, 张英贵, 皮志东. 长大货物多式联运路径优化模型与算法[J]. 交通运输工程学报, 2014, 14(1): 75-83.

[115] 雷定猷. 货物装运优化理论与应用研究[D]. 长沙: 中南大学, 2005.

[116] 雷定猷. 阔大货物装运决策系统模型与算法[J]. 铁道学报, 1997, 19(3): 9-13.

[117] 雷定猷. 全国铁路超限货物调度决策支持系统研究报告[R]. 长沙: 中南大学, 2004.

[118] 雷雨顺, 金嘉晨, 黄玲波, 等. 重大件货物的装卸工艺及其发展[J]. 中国水运, 2010 (03): 80-82.

[119] 李德月.超重车运输中的桥梁承载能力评估[J].华东公路,2001,(2):6-7.

[120] 李方豫,盖宇先.采用配重方式降低不均匀超限货物等级的研究[J].兰州交通大学学报,2005,24(8):127-130.

[121] 李浩.基于遗传算法的大件物流运输方案选择优化研究[J].青岛:中国海洋大学,2011.

[122] 李江涛.大件货物运输绑扎安全监测系统研究[D].武汉:武汉理工大学,2010.

[123] 李君.确定铁路综合限界的方法研究[D].长沙:中南大学,2007.

[124] 李陆勋,黄新.重大件公路运输主要影响因素的确定[J].江南大学学报,2012,11(3):311-315.

[125] 李笑红,王久梗.圆柱体货物超限位置及超限程度确定方法的研究[J].北京交通大学学报,1997,21(6):629-632.

[126] 李兴举,魏振民,张连普.大件运输安全技术[M].北京:中国财富出版社,2018.

[127] 李忠.铁路阔大货物装载加固方案计算机辅助决策与管理信息系统[D].兰州:兰州交通大学,2000.

[128] 梁社德.路基防护与支护施工探讨[J].现代商贸工业,2010,22(17):342-342.

[129] 梁伟明.铁路开办超限超重货物运输影响因素分析[J].铁道货运,2008,(12):43-45.

[130] 刘婕,余冬梅.多目标决策中权重的一种综合集成确定法[J].甘肃科技,2007,23(7):66-68.

[131] 刘仁文.公路大件货物运输阶段的安全问题研究[D].成都:西南交通大学,2011.

[132] 罗建.公路大件运输线路选择方案及模型研究[J].西华大学学报,2013,32(4):71-76.

[133] 罗燕.长大货物联运路径优化问题研究[D].长沙:中南大学,2020.

[134] 孟惠荃.提升码头靠泊能力的探析[J].港口科技,2006(7):22-23.

[135] 孟琳.公路大件运输组织方法及安全保障技术研究[D].长春:吉林大学,2013.

[136] 缪吉伦,张旭进,王召兵.山区河流重大件码头装卸工艺设计[J].水运工程,2009(3):80-84.

[137] 牛琳璇,许冰心,巩伟.铁路超重货物运输的制约因素与相关建议[J].铁路运输与经济,2010,32(5):62-64.

[138] 农静,季令,叶玉玲,等.铁路车流径路优化分布式算法[J].中国铁道科学,2008,29(3):115-121.

[139] 彭松,贾阳.月球车全局路径规划中的 A * 算法改进[J].航天器工程,2010,19(4):80-85.

[140] 祁文祥,陆志强,孙小明.带软时间窗的集货与送货多车辆路径问题节约算法[J].交通运输工程学报,2010,10(2):99-103,109.

[141] 乔国会,张东杰,聂钦中,等.大件货物公路运输线路选择方法研究[J].物流技术,2010:55-57.

[142] 秦紫燕.乡村公路路基改造探讨[J].科学之友,2011(13):87-88.

[143] 沈小燕.道路危险货物运输风险分析及路线优化研究[D].西安:长安大学,2009.

[144] 石佩.工程物流中重大型设备多式联运实现方法研究[D].武汉:武汉理工大学,2011.

[145] 苏印,李铁柱.国际多式联运线路选择的方法研究[J].交通运输系统工程与信息,

2006, 6(2)：91-94.

[146] 苏晨, 谢新连, 马梦知, 等. 大件运输船舶发展现状与动态[J]. 船舶工程, 2012, 34 (3)：1-5.

[147] 孙丽娜. 大型构件海上运输安全性分析[D]. 大连：大连理工大学, 2006.

[148] 汤波, 雷定猷, 张英贵. 铁路超限超重货物运输径路综合优化模型与算法[J]. 计算机应用研究, 2012, 29(8)：2876-2881.

[149] 汤波. 铁路超限超重货物运输优化研究[D]. 长沙：中南大学, 2012.

[150] 田锋. 简述化肥项目中大件设备运输应注意的问题[J]. 化学工业, 2007, 25 (7)：29-35.

[151] 王涛, 王刚. 一种多式联运网络运输方式的组合优化模式[J]. 中国工程科学, 2005, 7 (10)：46-50.

[152] 王德新. 公路路基的施工质量控制[J]. 价值工程, 2011, 30(10)：50-50.

[153] 王花兰. 铁路阔大货物装载加固方案的比选[J]. 兰州铁道学院学报, 1999, 18 (1)：125-130.

[154] 王金宝. 铁路超限货物运输径路选择研究[D]. 北京：北京交通大学, 2009.

[155] 王金华. 基于运输合理化的多式联运路径优化[D]. 上海：上海交通大学, 2010.

[156] 王久梗. 阔大货物装载加固计算机辅助设计系统的研究[D]. 北京：北京交通大学, 2004.

[157] 王新宇, 陈治亚, 张英贵, 等. 基于实例的客运站股道运用实时决策推理方法[J]. 计算机应用研究, 2012, 29(4)：1270-1274.

[158] 吴丽丽. 重大件公路运输若干问题的研究[D]. 哈尔滨：东北林业大学, 2007.

[159] 徐盛, 雷定猷, 张英贵. 超限超重货物运输径路决策模型和算法[J]. 铁道货运, 2009 (8)：31-33.

[160] 徐肖豪, 李成功, 赵嶷飞, 等. 基于人工势场算法的改航路径规划[J]. 交通运输工程学报, 2009, 9(6)：64-68.

[161] 许少白. 大件设备公路运输中有关问题的探讨[J]. 福建电力与电工, 2001(4)：26-30.

[162] 闫秋莲. 科学考察船实验室模块化研究[D]. 上海：上海交通大学, 2005.

[163] 杨海, 林宣财, 吴善根, 等. 长大陡坡路段改造工程总体方案研究[J]. 公路, 2008, (7)：35-37.

[164] 杨瑞臣, 周永付, 云庆厦. 寻找车辆最优路径的混合算法[J]. 交通运输工程学报, 2005, 5(1)：102-105.

[165] 杨治, 胡金柱, 胡龙江. 基于知识库和实例推理的构建检索方法[J]. 计算机工程, 2005, 31(21)：159-161.

[166] 叶章云. 重大件货物吊装及积载的计算机辅助设计研究[D]. 大连：大连海事大学, 2002.

[167] 尹朝庆, 尹皓. 人工智能与专家系统[M]. 北京：中国水利水电出版社, 2002.

[168] 游伟, 雷定猷. 铁路超限超重货物装载加固可拓实例推理方法[J]. 计算机工程与应用, 2013, 49(18)：24-28, 44.

[169] 曾传华, 林兰刚. 公路大件运输基础[M]. 北京：中国铁道出版社, 2014.

[170] 张辉辉. 公路桥梁大件运输关键问题研究[D]. 武汉：武汉理工大学, 2011.

[171] 张俭. 海铁大件运输遭遇瓶颈[J]. 中国物流与采购，2009(23)：26-27.

[172] 张运河，林柏梁，梁栋，等.优化多式联运问题的一种广义最短路方法研究[J]. 铁道学报，2006，28(04)：22-26.

[173] 赵晋. 铁路超限超重货物运输管理信息系统的研究[D]. 长沙：中南大学，2008.

[174] 赵娟.一体化运输技术政策研究[D]. 西安：长安大学，2007.

[175] 赵玉菊.大型设备的水、陆联合运输[J]. 石家庄铁路工程职业技术学院学报，2003，(3)：44-49.

[176] 郑艳召，夏培，韩梅.大件运输装备[M]. 北京：中国财富出版社，2018.

[177] 中国铁路长大货物运输编辑委员会.中国铁路长大货物运输[M]. 北京：中国铁道出版社，2001.

[178] 中华人民共和国国家统计局.货物周转量(2008—2012年) http：//data. stats. gov. cn/workspace/index? m=hgnd[EB/OL]. 中华人民共和国国家统计局网，2013-5-2.

[179] 中华人民共和国国务院.中华人民共和国内河交通安全管理条例[S/OL]. http：//www. gov. cn/banshi/2005-08/23/content_25608. htm，2002-6-28.

[180] 中华人民共和国交通运输部. 超限运输车辆行驶公路管理规定[S/OL]. http：//www. gov. cn/ gongbao/content/2000/content_60295. htm，2000-04-01.

[181] 中华人民共和国交通运输部. 国内水路货物运输规则[S/OL]. http：//www. gov. cn/gongbao/content/2001/content_60819. htm，2000-08-28.

[182] 中华人民共和国交通运输部.国内水路运输管理规定[S/OL]. http://www. gov. cn/ flfg/2014-02/11/content 2589245. htm，2014-03-01.

[183] 中华人民共和国建设部. 内河通航标准[S/OL]. http：//www. mohurd. gov. cn/ wifb/200803/t20080317_156737. html，2004-03-01.

[184] 中华人民共和国交通运输部.道路货物运输及站场管理规定[S/OL]. https://xxgk. mot. gov. cn/2020/jigou/ysfws/202006/t20200623_3314982. html，2005-08-01.

[185] 中国国家铁路集团有限公司.铁路货物装载加固规则[S/OL]. http://www. nra. gov. cn/igzf/flfg/gfxwj/fbsj/2016/201802/ 20180222_52480. shtml，2018-02-22.

[186] 中国国家铁路集团有限公司.铁路超限超重货物运输规则[S]. 北京：中国铁道出版社，2018.

[187] 周文.铁路超限货物运输方案辅助决策系统的研究[D]. 成都：西南交通大学，2003.

[188] 周文升.铁路货物装载加固管理信息系统研究[D]. 长沙：中南大学，2010.

[189] 朱福喜，朱三元，吴春香.人工智能基础[M]. 北京：清华大学出版社，2006.

[190] 宗成强.道路运输超限货物在途安全评估方法研究[D].武汉：武汉理工大学，2011.